Karl Spindler
Das geheimnisvolle Schiff

Die Fahrt der Libau zur irischen Revolution

Karl Spindler

Das geheimnisvolle Schiff

Die Fahrt der Libau zur irischen Revolution

ISBN/EAN: 9783954271320
Erscheinungsjahr: 2012
Erscheinungsort: Bremen, Deutschland

© maritimepress in Europäischer Hochschulverlag GmbH & Co. KG, Fahrenheitstr. 1, 28359 Bremen. Alle Rechte beim Verlag und bei den jeweiligen Lizenzgebern.
www.maritimepress.de | office@maritimepress.de

Bei diesem Titel handelt es sich um den Nachdruck eines historischen, lange vergriffenen Buches. Da elektronische Druckvorlagen für diese Titel nicht existieren, musste auf alte Vorlagen zurückgegriffen werden. Hieraus zwangsläufig resultierende Qualitätsverluste bitten wir zu entschuldigen.

Das geheimnisvolle Schiff

Die Fahrt der „Libau"
zur irischen Revolution

Erster authentischer Bericht über die Entstehung der irischen Oster-Revolution von 1916 im Zusammenhang mit Sir Roger Casement

von

Kapitän Karl Spindler

1921

August Scherl G. m. b. H. / Berlin

Inhaltsverzeichnis.

	Seite
Vorwort	7
Freiwillige vor!	9
Das geheimnisvolle Schiff	14
Letzte Vorbereitungen und Ausrüstung der „Libau"	21
Die Ausfahrt der „Libau"	29
Unter falscher Flagge	34
In Erwartung des Feindes	45
Die ersten feindlichen Anzeichen	53
Ernste und heitere Stunden	61
An der Grenze des Eismeeres	72
Quer durch die Hauptblockade	79
Im Orkan zwischen den Riffen	93
Ein alter Bekannter	103
Zukunftsträume	110
Glücklich am Ziel	117
24 Stunden im irischen Hafen	122
Unangenehmer Besuch	137
Eine wilde Jagd	152
Das Spukschiff in der Falle	161
Der Untergang der „Libau"	175
Baralong II?	183
Soldat oder Pirat?	191
Vergebliche Fluchtversuche	200
Die Flucht	218
Vor dem Prisengericht	251

Vorwort.

Das vorliegende Buch ist kein Erzeugnis dichterischer Phantasie, sondern nur eine knappe Schilderung eigener Erlebnisse — nackte Tatsachen, die z. T. leider nur allzu wahr sind. Was ich als Kommandant der „Libau" und später als Kriegsgefangener in England erlebt habe, birgt so viel sensationelle Romantik in sich, daß die einfache Wiedergabe des Erlebten genügt, um selbst die abenteuerlustigsten Leser, vor allem auch unsere heranwachsende Jugend, zufriedenzustellen. Verschiedene Gründe machten es leider unmöglich, das Buch in seiner ursprünglichen, umfangreicheren Form erscheinen zu lassen. Vielleicht bietet sich später eine Gelegenheit dazu. Die notwendig gewordene Kürzung des Buches zwingt mich jedoch, an dieser Stelle auf folgende drei Punkte besonders hinzuweisen, nämlich:

1. daß Deutschland völkerrechtlich befugt war, die Iren in ihrem Freiheitskampf zu unterstützen,
2. daß — entgegen der bis heute bestehenden englischen Auffassung — unser Kaiser das „Libau"-Unternehmen weder angeregt noch befürwortet hat, und
3. daß meine Unternehmung lediglich darum nicht bis zum Ende durchgeführt werden konnte, weil schnöder Verrat dies unmöglich gemacht hat.

Die ausländische und besonders die englische Presse hat monatelang die „Libau"-Unternehmung in Verbindung mit der irischen Revolution besprochen. In Ermangelung authentischen Materials wurde dabei der Phantasie reichlich Spielraum gelassen. Nur die englische Regierung wußte infolge ihres ausgezeichneten Spionageapparates Genaueres, behielt dies aber aus guten Gründen für sich. Kurz bevor bzw. nachdem ich mit der „Libau" die deutschen Gewässer verlassen hatte, um Waffen und Munition zur Unterstützung des Aufstandes gegen

England nach Irland zu bringen, war der Regierung in London bereits unser deutscher Plan bis in alle Einzelheiten bekannt. Nach englischen Angaben steht unumstößlich fest, daß Wilson selbst (der damals noch angeblich neutral war) England vor der Ankunft der „Libau" gewarnt hat. Einer Meldung der Kölnischen Zeitung zufolge sollen damals dem deutschen Botschaftssekretär v. I. in Washington in der Untergrundbahn Papiere entwendet worden sein, die unsere geheimen Irlandpläne betrafen!. Wenn es mir trotzdem gelungen ist, die englische Blockade im Kattegatt-Skagerrak, in der Nordsee und im Nordatlantik bis hinunter zur irischen Westküste zu durchbrechen, so habe ich das zum nicht geringen Teil der aufopfernden Hingabe und Pflichttreue meiner Besatzung zu danken. Die Geschichte vom „geheimnisvollen Schiff", dem „neuen fliegenden Holländer", wie man uns drüben nannte, hat England monatelang in Aufregung gehalten, und wir dürfen uns rühmen, den Engländern sehr viel Sorge bereitet zu haben.

Begreiflicherweise konnte in Deutschland während des Krieges über die ganze Angelegenheit nichts veröffentlicht werden. Wenn ich heute, vier Jahre nach der schmachvollen Hinrichtung Roger Casements in England, dies Buch der Öffentlichkeit übergebe, so geschieht das nicht, um die vielen „Enthüllungen" der letzten Zeit um eine weitere zu bereichern, sondern lediglich, weil es mir Pflicht und Bedürfnis ist, der kleinen tapferen Schar, die mich damals begleitet hat, in dieser Form zu ersetzen, was ihr das Vaterland, das sie bei ihrer Rückkehr wiederfand, wie auch das irische Volk, für das sie ihr Leben eingesetzt und gelitten, bis heute schuldig geblieben ist. Möchten vor allem meine jungen Leser aus meiner Erzählung lernen, daß zum herzhaften Bestehen einer so wichtigen und gefährlichen Fahrt, wie es die der „Libau" war, nicht nur Mut und Keckheit gehört, sondern vor allem ein kerniges Pflichtbewußtsein und echte deutsche Mannestreue!

Berlin, November 1920. *Der Verfasser.*

I.

„Freiwillige vor!"

Wir schrieben den 21. März 1916.

Es war wieder einmal echtes Wilhelmshavener Sonntagswetter. „Aus allen Löchern pfiff es", wie der Seemann sagt. Eine Bö jagte die andere; düstere, bleigraue Wolken fegten unaufhaltsam durch die Luft. Der Regen prasselte gegen die Fensterscheiben, daß sie oft zu zerspringen drohten.

Ich war gerade vom Vorpostendienst zurückgekommen und wollte es mir in meiner Wohnung bequem machen, da klopfte es an die Tür. Eine Ordonnanz brachte mir ein dringendes Schreiben meines Chefs. Ich prüfte noch einmal die Adresse: „An Kommandant, Vorpostenboot ‚Polarstern'". Also kein Zweifel möglich. Mein Chef wünschte mich um fünf Uhr nachmittags zu sprechen. „Ich habe einen gleichen Brief an alle Herren Offiziere bringen müssen", berichtete die Ordonnanz weiter. Gott sei Dank! Da brauchte man sich wenigstens nicht vorher sein Sündenregister zu überlegen, denn für gewöhnlich sind solche dringlichen, sonntäglichen Einladungen eines hohen Chefs für den so freundlichst Eingeladenen wenig erfreulich. Immerhin machte ich mir meine Gedanken, was es wohl geben könne.

Der weite Weg im strömenden Regen hatte sich gelohnt. Unsere Flottille hatte den Auftrag erhalten, die freiwillige Besatzung (bestehend aus einem Offizier, fünf Unteroffizieren und 16 Mann) für ein Sonderunternehmen zu stellen, über dessen

Zweck und Ziel aus militärischen Gründen zunächst noch nicht das Geringste verlautbart werden konnte. Größte Eile war anbefohlen.

Von uns wollten natürlich alle mit. Nach Beendigung der Sitzung sah mich mein Chef verstohlen von der Seite an und sagte: „Ich habe Sie zum Kommandanten dieses Unternehmens vorgeschlagen. — Sind doch einverstanden?"

Daß ich nicht „Nein" sagte, bedarf kaum der Erwähnung, war es doch seit langem schon mein sehnlichster Wunsch, einmal „etwas ganz Besonderes" zu erleben. Ich hielt mich in diesem Augenblick für den glücklichsten Menschen auf der Welt. Leider konnte ich auch jetzt noch nichts Näheres erfahren. Nur daß das Unternehmen ganz geheim war, niemand von der Besatzung verheiratet sein durfte, daß eine bestimmte Altersgrenze für die Mitglieder der Besatzung festgesetzt war, und daß Leute ohne Angehörige den Vorzug hatten Das ließ immerhin auf eine recht delikate Aufgabe schließen.

Um fünf Uhr am nächsten Morgen lief die II. Halbflottille der Nordseevorpostenflottille zum Patrouillendienst aus. Dicker Nebel lagerte über dem Hafen und wahrscheinlich auch draußen über der Nordsee, wo die Kameraden auf Ablösung warteten. Das Wetter war kalt und unfreundlich. Für uns, die wir schon zwei lange, an Sturm und Nebel reiche Kriegswinter hinter uns hatten, nichts Neues mehr. Es sollte das letzte Mal sein, daß ich den „Polarstern" und die übrigen Boote der Gruppe auf Vorposten führte.

In der Schleuse versammelte ich die Besatzungen meiner Boote. Mit einer gewissen Absicht versuchte ich, den Leuten, trotzdem ich selbst nichts Genaues wußte, das Unternehmen so gefährlich wie möglich hinzustellen, damit jeder es sich reiflich überlegen sollte.

„Freiwillige vor!"

Es war eine Freude, zu sehen, mit welcher Begeisterung die Leute vortraten; wie der heiße Wunsch, etwas Großes zu erleben, in aller Augen zu lesen war. Die zurückblieben, das waren die Verheirateten, und auch darunter waren viele, denen es schwer fiel, zurückbleiben zu müssen; trotz Weib und Kind. Aber das durfte nicht sein, solange noch Jüngere da waren, die für keine Familie zu sorgen hatten, denn hier ging es aller Voraussicht nach um Kopf und Kragen.

Es war schwer, die richtige Wahl zu treffen. Keinen mochte ich zurückweisen. Aber alle konnten sie leider nicht mit. Jede der aus sechs Booten bestehenden Gruppen der Flottille sollte eine Anzahl Leute dazu stellen. Die gesamte Besatzung des „Geheimschiffes" durfte aber aus bestimmten Gründen die kleine Zahl von 22 Köpfen nicht übersteigen.

Nach mehrmaliger Sichtung war schließlich die Wahl getroffen. Es waren brave, zuverlässige und — was nicht unwesentlich war — recht stämmige Leute, von denen jeder es getrost mit zweien aufnehmen konnte.

Ohne etwas Nennenswertes draußen erlebt zu haben, kehrten wir nach vier Tagen vom Patrouillendienst wieder zurück. Schon vor dem Einlaufen erhielt ich durch Winkspruch von der Signalstation die erfreuliche Mitteilung, daß meine Ernennung zum Kommandanten der „Libau" — so sollte das geheimnisvolle Schiff heißen — verfügt war. Nun ging's Hals über Kopf. Einlaufen, Durchschleusen, im Bauhafen festmachen, und dann auf dem Flottillenschiff melden, das war eins. Aus den Freiwilligen der übrigen Gruppen wurden die brauchbarsten Leute ausgesucht und dann die endgültige Besatzung zusammengestellt. Der Flottillenchef, Korvettenkapitän Forstmann, verabschiedete uns mit einer kurzen, kernigen Ansprache, und gleich darauf ging's ans Packen, denn schon am kommenden Mittag sollten wir mit der Bahn nach irgendwohin fahren. Mehr wußten wir nicht, denn es war und blieb vorläufig alles „G. G.", wie es bei der Marine kurzweg heißt, d. h. „ganz geheim". Unsere heiligste Pflicht war es darum jetzt, über das Wenige, das wir wußten und später vielleicht noch erfahren sollten, strengstes Stillschweigen zu bewahren. Weder Angehörige noch Kameraden durften über unser Vorhaben etwas er=

fahren. Jedes unbedachte Wort konnte, von Spionen aufgefangen, das Gelingen des Unternehmens vereiteln und uns selbst das Leben kosten. Es war bestimmt worden, daß unsere Angehörigen nach unserer Abreise Mitteilung erhalten sollten, wir seien in besonderer Mission tätig und würden frühestens vor Ablauf eines Jahres ein Lebenszeichen von uns geben können.

Am nächsten Mittag brachte uns der Schnellzug nach dem schon erwähnten „Irgendwohin" — Hamburg. Auf der Werft, wo wir erwartet wurden, harrte unser die erste Überraschung — unsere zukünftige Wohnung. Kein mit allen neuzeitlichen Schikanen ausgerüstetes Patrouillenboot, wie wir es uns ausgemalt hatten, sondern ein für unsere Vorpostenbootsbegriffe recht stattlicher Dampfer lag da vor uns in der Abendsonne. Die verschiedenen „Ahs" und „Ohs", die meine wackeren Seemänner von sich gaben, bewiesen, daß sie ebenso angenehm enttäuscht waren wie ich selbst.

So ein „ganz großer Ozeandampfer", wie einer der Leute ihn nannte, war's nun freilich nicht, wenngleich er infolge der hohen Aufbauten und weil er völlig leer war, hoch aus dem Wasser ragte, was ihm ein bedeutend größeres Aussehen verlieh. Das Schiff war bereits von der Werft instandgesetzt worden. Bei Durchsicht der Schiffspapiere gab's die zweite Überraschung. Die „Libau" — warum das Schiff diesen Namen bekommen hatte, soll später noch erwähnt werden — war ein noch fast neuer, englischer Dampfer. Er hatte unter dem Namen „Castro" ehemals der Wilson-Line in Hull gehört, die später (Oktober 1916) infolge enormer Schiffsverluste während des Krieges den Rest ihrer Flotte an eine andere englische Reederei verkaufen mußte. „Castro" war bei Kriegsausbruch von einem unserer Torpedoboote als Prise eingebracht worden. Nach eineinhalbjähriger Untätigkeit sollte er nun wieder Verwendung finden.

An Bord war noch alles in demselben Zustande, in dem die Mannschaft seinerzeit ihr Schiff verlassen hatte; ein wüstes Durcheinander von Gerätschaften, herausgerissenen Schiebladen,

Papieren usw. Maschinen und Kesselanlage, welche die Werft überholt hatte, sowie die gleichfalls instand gesetzten Wohnräume für Kapitän, Offiziere und Besatzung machten im Gegensatz hierzu einen tadellosen Eindruck. Auf der Brücke dagegen und im Kartenhaus — bei uns das Heiligtum jedes Schiffes — sah es ziemlich wüst und verwahrlost aus. Von einem englischen Trampdampfer überraschte uns das nicht weiter. Nach Erledigung der notwendigen Besprechungen fand die formelle Übernahme des Schiffes statt. Am nächsten Morgen sollten wir unsere erste Fahrt antreten.

Ein Posten sorgte dafür, daß keine unberufenen Personen an Bord kamen. Urlaub gab es nicht mehr von jetzt ab. Wir hatten also Muße genug, uns an Bord häuslich einzurichten. Bei dem Wenigen, was wir vorläufig mit uns hatten, war das schnell gemacht. Die einzigen, die darin eine Ausnahme bildeten, waren der Schiffskoch und der Steward. Zwei tüchtige Matrosen, Allerweltskerle, die an Deck ebenso brauchbar waren wie in Kombüse und Pantry. Letztere Räumlichkeiten der „Libau" waren denn auch wahre Salons für ihre Begriffe. Hatten sie doch auf den kleinen Vorpostenbooten in einem nur einen Quadratmeter großen Raum ihres Amtes walten müssen. In stürmischen Tagen oft bis ans Knie im Wasser stehend, mit beiden Händen sich und ihr Geschirr festhaltend, hatten sie sich dort allmählich zu einer Art Akrobat ausgebildet. Nun konnten sie sich einmal nach Herzenslust ausdehnen, und so kramten und ordneten sie bis in die späte Nacht hinein.

Als ich zur Ruhe ging und über die Geschehnisse der letzten Tage nachdachte, fiel mir auf einmal ein, wie ich mir vor kaum zwei Jahren, als ich noch vierter Offizier auf einem Lloydschnelldampfer war, in Gedanken so oft ausmalte, welch herrliches Gefühl es sein müßte, in jungen Jahren schon Kapitän eines Überseeschiffes zu sein. Damals glaubte ich das Ziel meiner Wünsche noch in endlos weiter Ferne. Nun stand ich plötzlich vor der Erfüllung. Ich habe in dieser Nacht vorzüglich geschlafen; zum letztenmal für viele Monate.

II.

„Das geheimnisvolle Schiff."

Vom Hamburger Ufer läuteten die Glocken ihren Sonntagsgruß zu uns hinüber, als wir am nächsten Morgen mit Hilfe zweier Schleppdampfer vom Kai ablegten. Um unseren Charakter als Marineschiff zu verbergen, hatten wir die deutsche Handelsflagge gesetzt, die stolz am Heck flatterte. Draußen auf dem Strom wurden die Schlepper losgeworfen, und dann ging es mit flotter Fahrt elbeabwärts. Ein Blankeneser Fährdampfer gab uns eine Zeitlang das Geleit.

Den Fahrgästen mochte es wohl aufgefallen sein, daß auf unserem „Handelsschiff" nur uniformierte Marineleute zu sehen waren. Vielleicht hatten sie auch bemerkt, daß der frühere englische Name unseres Schiffes mit noch frisch glänzender, schwarzer Farbe überstrichen war. Jedenfalls erkannten wir an dem eifrigen Tücherschwenken und den ermunternden Zurufen der Passagiere, die uns „Glückliche Fahrt" wünschten, daß man in uns einen Hilfskreuzer vermutete. Mir war diese schlichte Ovation, so freundlich sie auch gemeint war, durchaus nicht angenehm, da jedes kleinste Auffälligwerden später leicht zum Verhängnis für uns werden konnte. War man doch in dieser Zeit vor Spionen nirgends sicher.

Unterwegs kompensierten wir mit großer Sorgfalt die Kompasse. In schneller Folge passierten wir die Brunsbütteler Kanalschleusen, Cuxhaven mit der ehrwürdigen „Alten Liebe",

Kriegsschiffe und Fahrzeuge aller Art, die den Strom belebten und eine stattliche Anzahl von Netz- und Minensperren, welche die Elbmündung gegen feindliche U-Boote schützten. Da wir erst am nächsten Mittag in Wilhelmshaven erwartet wurden, ging ich nach Sonnenuntergang bei Neuwerk zu Anker. Und das war auch gut, denn kurz darauf setzten heftige Schneegestöber ein, die fast kein Ende nehmen wollten und uns die Weiterfahrt sehr erschwert hätten. Ein alter Bekannter von mir, das kleine Kanonenboot „Fuchs", ging kurz darauf in der Nähe zu Anker und genoß mit sichtlichem Wohlbehagen den Vorteil, im Schutz unseres hohen Schiffsrumpfes zu liegen. Am nächsten Morgen fuhren wir weiter. Das Schneetreiben hatte seit Mitternacht etwas nachgelassen, setzte aber, wie um uns zu ärgern, gerade dort wieder ein, wo wir es zu Zwecken der Orientierung am wenigsten gebrauchen konnten. Das war doppelt unangenehm, weil das vollkommen leere Schiff gegen den starken Wind und Seegang kaum fünf Seemeilen pro Stunde machen konnte und die Strömung stark nach den Sandbänken der Weser und Jade versetzte. Glücklicherweise bekamen wir nach einigen Anstrengungen die Ansteuerungstonne in Sicht, so daß wir in die Jade einlaufen konnten. Beim Passieren des Flaggschiffes ließ ich durch Winkspruch dem Flottenchef meine Ankunft melden. Kurz darauf machte die „Libau" am Kai fest. Unsere erste kurze Fahrt, gewissermaßen die Probefahrt, war zu Ende.

Für die nächsten Tage gab es eine Menge Arbeiten aller Art. Ein paar besonders ausgesuchte, zuverlässige Werftarbeiter verrichteten die technischen Arbeiten, die von meiner Mannschaft nicht ausgeführt werden konnten. Sonst durfte niemand das Schiff betreten oder verlassen; selbst den höchsten Offizieren war der Zutritt versagt. Vor neugierigen Augen waren wir nach Land zu geschützt, da wir neben der viel höheren und größeren „Möwe" lagen, die kurz zuvor von ihrer ersten, ruhmreichen Fahrt zurückgekehrt war.

Alle Ausrüstungsgegenstände, die an Bord kamen — und

es waren deren nicht wenige — wurden von meinen Leuten am Kai in Empfang genommen. Somit war alles für die Geheimhaltung des Schiffes getan, soweit es eben möglich war. Es ließ sich naturgemäß nicht umgehen, daß der „Geheimnimbus", mit dem wir uns umgeben mußten, die Aufmerksamkeit der nahebei gelegenen Schiffe auf sich zog, vor allem die unserer Kameraden von den Vorpostenbooten, die nicht weit von uns lagen und die uns Dunkelmänner mit nicht geringem Staunen betrachteten, wahrscheinlich auch ehrlich beneideten. Viele neugierige Fragen wurden an uns gestellt, sobald nur einer von uns den Kopf über die Reeling steckte. Ich hatte deshalb meine Leute instruiert, hier und da — natürlich unter scheinbar größter Zurückhaltung und unter dem bekannten Siegel der Verschwiegenheit — das Gerücht zu verbreiten, wir gingen nach Libau. Um das noch zu bekräftigen, wurden Bug und Heck mit dem Namen „Libau" bemalt. Ich wußte zwar selbst noch immer nicht, wohin die Fahrt gehen sollte, doch hatte ich schon herausgemerkt, daß wir jedenfalls n i c h t nach Libau fahren würden.

Das Unternehmen fing jetzt an, von Stunde zu Stunde geheimnisvoller für uns zu werden. Eine unserer Ladeluken war fest verschlossen und durfte vorläufig von niemand der Besatzung, auch von mir selbst nicht betreten werden. Wie schon in Hamburg, hatte ich zur Sicherheit auch jetzt wieder Tag und Nacht eine Wache davorgestellt.

An mehreren Stellen des Schiffes gab es große, eiserne Schiebetüren, die nach bestimmten Räumen führten bzw. führen sollten, denn wenn man sie mühsam zurückschob, stand man plötzlich vor einer schwarzen Wand, die stumm gegen jeden weiteren Eintritt protestierte. Das Merkwürdigste aber ging in einem der Wohnräume vor sich, wo Arbeiter damit beschäftigt waren, unter dem Polster eines Sofaschrankes einen Eingang zu schaffen nach einem der unteren Schiffsräume. Das Sofa war zwei Meter lang und etwa 70 Zentimeter breit. Wenn man die Polster abnahm, stand man vor einer gewöhnlichen Holzkiste, die an jeder Ecke einen herausnehmbaren Deckel hatte. Unter den Deckeln lag schmutzige Wäsche, und wenn man diese entfernte, stieß man wieder auf ein herausnehmbares Holzstück. Darunter befand sich ein gleichgroßer Ausschnitt im Eisendeck. Die sämtlichen Ausschnitte hatten Mannlochgröße, waren — was das wichtigste war — nur für den Eingeweihten erkennbar und so eingerichtet, daß man sie im Gebrauchsfalle schnell entfernen und durch die Einsteigelöcher in den Unterraum gelangen konnte. Eine Leiter unter jedem Loch war im Nichtgebrauchsfalle so aufgehängt, daß man sie, wenn man in den dunklen Raum hineinsah, nicht erkennen konnte. Mit einem kurzen Handgriff war sie in die richtige Lage gebracht. Elektrische Taschenlampen hingen in greifbarer Nähe unter dem Eisendeck. Der geheimnisvolle Raum selbst bot für etwa 50 Menschen hinreichend Platz und reichte von Bordwand zu Bordwand. Die eine Wand des Raumes wurde durch eine eiserne Schottwand gebildet, die andere durch ein maskiertes hölzernes Schott, das so täuschend ähnlich ausgeführt und angestrichen war, daß man es für ein wasserdichtes, eisernes Schott halten mußte, durch das es weder Ein- noch Ausgang gab. Nur wer damit Bescheid wußte, konnte von der Innenseite ein paar Planken herausnehmen und dadurch ins Freie gelangen. Eine ähnliche Einrichtung befand sich in einem noch tiefer gelegenen Raum, der mit Reservekohlen aufgefüllt war, deren Existenz wir während der Fahrt verbergen mußten. Es fehlte also nicht an allerlei reizvollen Überraschungen. —

Während an Bord emsig für die Fahrt gerüstet wurde, mußte ich am nächsten Tage dienstlich nach Berlin, wo ebenfalls allerlei Vorbereitungen im Gange waren. Hier erfuhr ich jetzt endlich näheres über die Bestimmung der „Libau".

Sir Roger Casement, der bekannte Führer der irischen Sinn-Feiner, dem die Engländer als einem der eifrigsten Vertreter des irischen Freiheitsgedankens schon seit langem auf den Fersen waren, befand sich seit einiger Zeit in Deutschland.

Casement, der ein glühender Patriot war und England bis aufs Blut haßte, glaubte durch den Weltkrieg die Gelegenheit gekommen, um sein irisches Vaterland von jahrhundertelangem englischen Joch befreien zu können. Die damalige militärische Lage der Zentralmächte berechtigte zu der Hoffnung, daß sie die Oberhand in diesem Kriege behalten würden. Wenn das irische Volk sich also jetzt zum bewaffneten Aufstand gegen England entschloß und zähe genug war, um mit ausreichenden Waffen- und Munitionsvorräten den Kampf bis zum Ende durchzuführen, so war die damalige Situation für die Verwirklichung des irischen Freiheitsgedankens zweifellos die günstigste, die Irland je gehabt hat und jemals wieder haben wird. Roger Casement hatte, wie aus seinen früheren Schriften ersichtlich ist, diesen Weltkrieg und die sich damit für Irland ergebenden Aussichten schon seit vielen Jahren kommen sehen. Von jeher ein Freund und Verehrer Deutschlands, schien ihm ein Zusammenarbeiten mit Deutschland die einzige Rettung für sein Vaterland. Er hatte deshalb vor und während des Krieges in Wort und Schrift eifrig Propaganda für diesen Gedanken gemacht. Nach seinen eigenen Angaben stand ein großer Teil des irischen Volkes hinter ihm: es war dies die sogenannte „Sinn-Fein-Partei".

Die treibende Kraft der ganzen Bewegung war aber — hauptsächlich wohl auf Grund der größeren Bewegungsfreiheit — die Partei der republikanisch gesinnten Iren in den Vereinigten Staaten. Infolge der englischen Schreckensherrschaft in Irland, die eine Reihe von Hungersnöten und ein immer größer werdendes soziales Elend zur Folge hatte, waren in der letzten Hälfte des vorigen Jahrhunderts nahezu 5 000 000 Iren nach Amerika ausgewandert. Der Grund ihrer Auswanderung spricht schon dafür, daß der größte Teil von ihnen und ihren Nachkommen erbitterte Feinde Englands sind.

Die bedeutendsten Vertreter dieser amerikanischen Iren wandten sich seinerzeit an den damaligen deutschen Botschafter in Washington, Graf Bernstorff, mit der dringlichen Bitte, ihr Gesuch um eine militärische Unterstützung deutscherseits bei dem geplanten Aufstande in Irland zu befürworten. Die gewünschte Unterstützung in Gestalt einer Truppensendung mußte von deut=

scher Seite abgelehnt werden. Wohl aber erklärte sich Deutschland nach eingehender Prüfung der Angelegenheit, auf Vorschlag des Grafen Bernstorff bereit, ein Schiff mit Waffen und Munition nach Irland zu schicken. Einerseits sollte damit Deutschlands Bereitwilligkeit, den unterdrückten Iren zu helfen, durch die Tat bewiesen werden. Auf der anderen Seite hoffte man, daß ein energisch durchgeführter irischer Aufstand den Iren nicht nur die Erfüllung ihrer Wünsche brächte, sondern daß dadurch auch der Krieg um Monate verkürzt würde. Man ging dabei von der Annahme aus, daß England gezwungen sein würde, größere Truppenkörper nebst Material aus der Front herauszuziehen und ins eigene Land zurückzuholen, um des Aufstandes Herr zu werden. Eine gleichzeitig einsetzende Flottenaktion an der Ostküste Englands sollte die Landung des Schiffes begünstigen, indem sie die Aufmerksamkeit vom Westen Irlands ablenkte. Die Frage war also erstens: Wird das Schiff durch die Blockade kommen und eine Landung ermöglichen können? Und zweitens: Werden die Iren stark und energisch genug sein, den Aufstand erfolgreich durchzuführen? Beides ließ sich mit Sicherheit nicht beantworten. Darum war sowohl die Schiffsmission wie der anschließend daran geplante Aufstand von vornherein ein großes Risiko. Das eine Unternehmen ohne tatkräftige Mitwirkung des anderen hatte keinen Zweck bzw. konnte keinen Erfolg haben. Angesichts der erst kurz zuvor erfolgten Rückkehr der „Möwe" und der wenig später erfolgten Ausfahrt des Hilfskreuzers „Greif", den die Engländer leider erwischt hatten (allerdings um den Preis eines doppelt so großen Hilfskreuzers, den der „Greif" mit in die Tiefe nahm), war mit einer noch mehr verschärften Blockade zu rechnen. Die Aussichten für meinen Blockadedurchbruch waren somit die denkbar ungünstigsten. Um so mehr, als ich bei zunehmendem Mondlicht den Durchbruch wagen mußte, weil die Iren sich darauf versteift hatten, daß die Landung zu Ostern erfolgen sollte. Ostern hat für die streng katholischen Iren eine ganz besondere Bedeutung. Im Kalender stand auf Ostern d. Is. gerade „Vollmond". Für die Landung also das unangenehmste, das ich mir wünschen konnte.

Casement, der naturgemäß mit seinen Landsleuten jenseits des Wassers in engster Fühlung stand, hatte im Einverständnis mit diesen bereits die notwendigen Schritte in Deutschland getan.*)

Der Plan war also bis in alle Einzelheiten besprochen worden und wurde mir in verschiedenen Sitzungen mit Sir Roger Casement genau mitgeteilt. Ich wußte also nun, daß ich zu einer Aufgabe ausersehen war, die die größten Anforderungen an Umsicht und Tatkraft stellte. Daß ich mich ihrer freute, war selbstverständlich.

---

*) Es sei an dieser Stelle ausdrücklich bemerkt, daß Deutschland auf Grund der Bestimmung des Völkerrechts vollkommen befugt war, den Iren die nachgesuchte Unterstützung zu geben.

III.

Letzte Vorbereitungen und Ausrüstung der „Libau".

Da Casement starke Bedenken gegen seine Mitreise auf der „Libau" äußerte, wurde schließlich beschlossen, ihm und zwei von seinen Begleitern ein U=Boot zur Überfahrt zu stellen. Die Begleiter waren der irische Leutnant Monteyth und der irische Sergeant Bailey. Letzterer entpuppte sich später als ein großer Halunke. Das U=Boot sollte Casement und seine Begleiter an einer verabredeten Stelle in Tralee zu mir an Bord bringen. Unter Casements Anweisung sollte ich dann einlaufen. Um Zweck und Reiseziel der „Libau" noch mehr als bisher zu verschleiern, war gleichzeitig bestimmt worden, daß ich am nächsten Tage Wilhelmshaven verlassen und nach der Ostsee dampfen sollte. Die Güterzüge mit der Munition und Waffen= ladung, die schon seit Tagen auf dem Nebengleis verschiedener mitteldeutscher Bahnhöfe lagen, ohne daß die Bahnbehörden Näheres über ihren Bestimmungsort wußten — eine ganz be= sonders erwähnenswerte Vorsichtsmaßregel — wurden in der darauffolgenden Nacht telegraphisch nach Lübeck beordert, so daß sie fast zu gleicher Zeit mit uns dort eintrafen.

Ich ließ sofort alle Arbeiten am Schiff abbrechen, meine persönliche Ausrüstung an Bord schaffen, und dann meldete ich mich beim Flottenchef, Admiral Scheer, der mich mit herz= lichen Worten verabschiedete und mir und meinen Leuten recht glückliche Fahrt und Heimkehr wünschte. Um 2 Uhr nach= mittags fuhren wir bereits die Jade abwärts. Wach= und Sperrkommandos waren benachrichtigt, uns schnellstens und ungehindert passieren zu lassen. — Beim „Roter Sand"= Leuchtturm, der uns bei Nebelwetter so manches Mal, oft in letzter Minute noch, den Weg gewiesen hatte, fand die erste Metamorphose statt. Die geheimnisvolle Luke wurde geöffnet und ein paar große Kisten heraufgeholt, deren Inhalt wir an Deck ausbreiteten. Es waren vollständige Bekleidungsgarnituren für die Besatzung: norwegische Uniformen, d. h. einfache blaue Anzüge, Mützen, Sweater, Wäsche usw., alles echt bis ins kleinste. Sogar die schwarzen Knöpfe hatten norwegischen Firmenaufdruck! In wenigen Minuten war die Kostümierung beendet, und was nun folgte, entbehrte nicht einer gewissen Komik, denn wir nahmen uns in dieser Verkleidung teilweise sehr skandinavisch, teilweise aber auch sehr merkwürdig aus, weil natürlich nicht alle Kleidungsstücke der Größe ihrer Besitzer angepaßt waren. Einer der Heizer, ein langer Bayer, fragte erstaunt, warum die Heizer nicht auch solche schönen großen Messer bekämen wie die Matrosen. Als ich ihm erklärte, das seien nur Arbeitsmesser, später bekämen sie alle richtige Dolche und Pistolen, war er sichtlich beruhigt. Eine Folge dieser Metamorphose war, daß von nun ab jeglicher militärische Ton im Umgang und Benehmen fallen mußte, denn wir mußten uns, um unsere Rolle durchzuführen, jetzt allmählich an den Ton gewöhnen, der auf solchen Colliern üblich ist. Ich hatte geglaubt, daß die Leute sich mit Leichtigkeit darin finden würden. Das war aber nicht der Fall. So sehr ich das unter den jetzigen Umständen gewünscht hätte, so freute ich mich im stillen doch, daß es ihnen so außerordentlich schwer fiel, den gewöhnten militärischen Schliff abzulegen, und ich bedauerte aufrichtig, daß mein früherer Chef nicht Zeuge davon sein konnte. Ich entsinne mich noch, wie mein Bursche Bruns, der jetzt auf den schönen Namen Heinrich hören mußte, in seiner neuen Kriegsbemalung mit einer Tasse Kaffee auf der Brücke erschien, die Hacken zusammenklappte und, mit der linken Hand an der Hosennaht, ganz militärisch fragte: „Wünschen Herr Leutnant auch Milch?" Ich sah ihn eine Weile prüfend an und sagte dann mit erkünstelter Grobheit: „Nein, der Herr Leutnant wünscht jetzt keine Milch mehr, aber dein Kaptein will jetzt 'n beten Melk hebben, du Döskopp!" worauf er sofort die Situation begriff, mir ziemlich unsanft die Tasse in die Hand drückte und beinahe ärgerlich sagte: „Na, denn also — da Kaptein!" Im nächsten Augenblick verbesserte er sich jedoch schon wieder und stotterte verlegen, halb hoch-, halb plattdeutsch: „Verzeihung, Herr — Herr Leutnant. Aber dat sall ja woll nu so sein müssen." Derartige köstliche Vorfälle ereigneten sich in Zukunft des öfteren noch. Daß sich von jetzt ab niemand mehr rasieren durfte, war selbstverständlich. Je struppiger der Bart wuchs, desto vorteilhafter! Für unser Unternehmen natürlich!

Einer Gruppe heimkehrender Vorpostenboote winkten wir noch Lebewohl, dann ging's zum zweiten Male in die Elbe hinein; bei Nacht passierten wir den Kaiser-Wilhelm-Kanal. Der frühe Morgen sah uns schon beim Bulker Feuerschiff und kurz darauf dampften wir beim herrlichsten Frühlingswetter durch die eigenartige Fahrrinne des Fehmarn-Sundes. Einige Stunden später lagen wir bereits in Lübeck.

Die Maklerfirma H. hatte den Auftrag erhalten, den Dampfer „Libau", der angeblich im Auftrage einer bestimmten Behörde nach „Libau" gehen sollte, zu beladen und auszurüsten. Mir fiel bei den nun folgenden Besprechungen mit der Firma H. die Aufgabe zu, mein eigenes Ich zu verleugnen, denn ich mußte jetzt die Maske eines Trampdampferkapitäns aufsetzen. Eine Aufgabe, die mir, wie ich gestehen muß, nicht sonderlich lag, und die, obwohl ich mir die redlichste Mühe gab, leider schon mit einem Fiasko anfing. Als ich nämlich in Zivilkleidung das Bureau des Herrn H. betrat, erhob sich der alte Herr sogleich und begrüßte mich mit einem freundlichen „Guten Tag, Herr Kapitän-Leutnant!" Hm! das war sauer! Ich erklärte Herrn H., daß ich weder Marineoffizier noch überhaupt jemals Soldat gewesen sei, worauf er mich einen Augenblick durch seine große Brille musterte und dann mit einem etwas ungläubigen „Sooo? — Na dann, bitte, Herr — Ka—pi—tän" zum Sitzen einlud.

„Aber wie kommt es denn, daß ein so junger, kräftiger Mensch wie Sie nicht beim Militär ist?" fragte er, noch ehe ich dazu kam, meine geschäftlichen Fragen anzubringen. „Herzleiden", antwortete ich kurz, denn der alte freundliche Herr fing an, mir unangenehm zu werden. Wieder dieses langgezogene „Sooo?", das mich rasend zu machen drohte. „Eine schöne Havanna gefällig?" fragte er verschmitzt. Ich wußte im Augenblick nicht, ob er nur höflich sein oder mich foppen wollte. Erst nachdem ich fortgesetzt den barschen, ungeschliffenen Menschen markierte, gelang es mir, das Gespräch endlich auf die geschäftlichen Angelegenheiten zu bringen. Wir haben uns im Laufe der nächsten Tage prächtig verstanden, und ich gedenke an dieser Stelle gern der wertvollen Unterstützung der Firma H. und ihrer Vertrauensleute bei der Ausrüstung der „Libau".

Die Hauptschwierigkeit war das Stauen der Ladung. Selbst unter Berücksichtigung des Kohlen- und Wasserverbrauchs bis zur Ankunft in Irland war der uns erlaubte Tiefgang ein äußerst beschränkter; die Ladung mußte, um gegebenenfalls mit geringen Hilfskräften und Mitteln schnell herausgeschafft werden zu können, entgegen den üblichen Vorschriften und Gebräuchen gestaut werden. Dadurch wurde die „Libau" aber zu toplastig, d. h. sie bekam zuviel Obergewicht, was bei stürmischem Wetter leicht zum Kentern des Schiffes hätte führen können. Ich mußte mich also notgedrungen entschließen, das ohnehin schon beträchtliche Gewicht noch um weitere 200 Tonnen Kohlen zu vermehren. Das hatte andererseits ja auch wieder den Vorteil, daß ich diesen „Ballast" später vielleicht noch einmal gut würde gebrauchen können. Wie gut diese Maßnahme war, sollte sich später noch zeigen. Sie hat uns vor dem sicheren Untergang bei den Rockalls bewahrt.

Wie alle unumgänglich notwendigen Leute, waren natürlich auch die Ladungsarbeiter besonders ausgesucht worden. Nachdem Kohlen, Proviant, Wasser usw. an Bord geschafft waren, wurde mit dem Stauen begonnen. Stück für Stück mußte mit größter Vorsicht übergehievt werden, damit keine

Kiste zerbrach, denn niemand durfte von ihrem Inhalt Kenntnis bekommen. Die Kisten waren zu diesem Zweck mit den üblichen schwarzen und roten Lademarken versehen. Die Arbeiter werden sich allerdings schon ihre Gedanken gemacht haben, denn was beabsichtigte wohl in diesen Zeiten ein deutscher Frachtdampfer mit Stückgütern, auf denen Namen wie Genua, Neapel als Bestimmungsort angegeben waren! Für alle Fälle ließ ich auch hier in Lübeck das Gerücht verbreiten, die „Libau" ginge nach Libau. Natürlich immer unter dem in diesem Falle außerordentlich bewährten Siegel der Verschwiegenheit, denn dann durften wir gewiß sein, daß das Gerücht bald in der Stadt herum war. Ich selbst vertraute sogar gesprächsweise einmal jemand an, ich beabsichtigte, in Libau Truppen an Bord zu nehmen, die einen Putsch in Finnland machen sollten. Das klang durchaus glaubwürdig. Am nächsten Vormittag bereits wurde ich von einem der mit der Ausrüstung beauftragten Herren ganz vertraulich gefragt, ob es wahr sei, daß ich in Libau Truppen für Finnland an Bord nehmen sollte; in der Stadt würde das erzählt. Tableau! ich hoffte jetzt nur noch, daß das Gerücht auch einigen englischen Spionen zu Ohren kommen möchte, und wenn dann noch die Russen bei Libau auf der Lauer nach uns liegen würden, so war alles in schönster Ordnung.

Allerlei echt norwegisches Inventar, möglichst mit Firmenaufdruck, norwegische Bücher und selbst die letzten Christianiaer Zeitungen tauchten plötzlich in den Kammern der „Libau" auf. Unangenehm, aber nicht zu vermeiden war es, daß so viele skandinavische Schiffe mit uns im Hafen lagen. Man konnte nie wissen, wer da an Bord war. Alle irgendwie verdächtigen Sachen packten wir in den jetzt zu unserer Verfügung stehenden Raum mit dem „Eingang durch die schmutzige Wäsche", den „Zauberkasten"" wie er bei der Mannschaft kurzweg hieß. Dieser Zauberkasten sollte uns später noch wertvolle Dienste leisten. Die gesamte d e u t s ch e Ausrüstung, die wir benötigten, während der Fahrt aber vor unberufenen Augen verbergen mußten, wie Uniformen, Waffen, Sprengpatronen, Brandbomben, alle deutschen nautischen Instrumente, Bücher, Seekarten, Flaggen (auch die vielen Flaggen fremder Nationen, die wir eventuell gebrauchen mußten) wanderten in diesen Raum. Mit unserer gesamten Ausrüstung hätten wir es — ausgenommen den Kohlenvorrat, der auf 45 Tage berechnet war —, bequem sechs Monate lang aushalten können, ohne etwas ergänzen zu müssen. Die Reichhaltigkeit der Ausrüstung, die Kaptlt. K. mit besonderem Geschick zusammengestellt hatte, fand ihren Grund zum Teil in dem Umstande, daß wir die meisten Gebrauchsgegenstände in zwei- bis dreifacher Auflage haben mußten; deutsch, englisch und vor allem norwegisch. Vom Kompaß bis zur kleinsten Sardinenbüchse! Bei einer eventuellen Durchsuchung des Schiffes hätte jeder kleinste Gegenstand deutschen Ursprungs, ja selbst ein Hosenknopf mit deutschem Firmenaufdruck, zum Verräter an uns werden können. Auch eins der eigenartig gebauten norwegischen Fischerboote hatten wir an Deck stehen. Auf jede Möglichkeit war Bedacht genommen; es fehlte an nichts. Handwaffen und Werkzeuge aller Art, elektrische Taschenlampen, Verbandzeug, ein reichhaltiges Flaggenmaterial, Farben, Pinsel und Segeltuch, um das Aussehen des Schiffes jederzeit verändern zu können, Holz und Zement für allerlei Zwecke, Bettwäsche, Gardinen und Geschirr, wie es auf norwegischen Schiffen üblich ist, kurz, alles war da. Daß wir auch ein paar deutsche Kriegsflaggen und Wimpel besaßen, war selbstverständlich. Alle Fässer, Kisten und Konservenbüchsen mit norwegischer Aufschrift fanden an besonders auffälligen Stellen ihren Platz.

Die Ausrüstung mit Papieren war ganz vortrefflich. Außer deutschen Papieren für unsere Konsulate im neutralen Auslande, die mir eventl. von Nutzen sein konnten, hatten wir ein reich assortiertes Lager von norwegischen Schiffs- und Maschinenjournalen, Musterbüchern, Zertifikaten, Ladungspapieren usw. an Bord, die als Ausweis für Schiff, Besatzung und Ladung dienten und an Echtheit nichts zu wünschen übrigließen. Außerdem noch eine Anzahl Briefe, zum Teil von meinem angeblichen Bergener Reeder, worunter einer ganz besonders interessant war. Ich wurde darin ersucht, vor dem Verlassen von Christiania schnell noch eine nachträglich angekommene Ladung Grubenholz für Cardiff mitzunehmen, da mein Reeder mit dieser für England so kostbaren Ladung ein tüchtiges Geschäft machen könne. Mein Reeder bat mich dringend, entgegen den englischen Vorschriften, nicht den üblichen Dampfertrack sondern möglichst außerhalb desselben in freien Gewässern zu fahren, weil die deutschen U-Boote in letzter Zeit gerade auf den Dampfertracks wieder so entsetzlich gehaust hätten! Dieser Brief konnte mir — wenn ich den dazu nötigen Dummen fand — gegebenenfalls dazu verhelfen, meine ungewöhnliche Reiseroute zu begründen.

Nachdem die Hauptladung, Waffen und Munition, im Schiff untergebracht war, ging es ans Stauen der sog. „Scheinladung". Diese bestand außer dem schon erwähnten Grubenholz aus Badewannen, Emaillegeschirr in Kisten, Holztüren, Fensterrahmen und ähnlichen nützlichen Dingen, die ebenfalls alle mit den Lademarken Genua—Neapel versehen waren. Es braucht wohl kaum erwähnt zu werden, daß nur diese Scheinladung als die eigentliche Schiffsladung in den Ladungspapieren aufgeführt war, denn sie sollte ja unsere andere gefährliche Ladung verdecken. Aus diesem Grunde wurde sie so über die andere Ladung gestaut, daß man sie nur mit großen Schwierigkeiten entfernen konnte und man sich erst einige Fuß tief in die Luke hineinarbeiten mußte, ehe man auf die Munition stieß.

Während diese Arbeiten im Innern des Schiffes vor sich gingen, war mein Erster Steuermann mit seinen Leuten eifrig damit beschäftigt, dem Äußern des Schiffes ein Aussehen zu geben, daß man in ihm schwerlich etwas anderes als einen ganz gemeinen Tramp vermuten konnte. Überall, sowohl am Schiffsrumpf als auch an den Aufbauten, glänzten die roten Mennigeflecken, deren Anzahl meist um so größer ist, je kleiner das Schiff. Auf Reinlichkeit und Ordnung wurde, dem Charakter des Schiffes entsprechend, kein Wert mehr gelegt. Der Name „Libau" war inzwischen wieder übermalt worden.

Nachdem das Gerücht über unsere beabsichtigte Landung
in Finnland so schnell seine Kreise gezogen hatte, konnte es nicht
weiter auffallen, wenn wir unseren Namen aus Furcht vor russischen Spionen verbargen.

Unterdessen war ich einige Tage in Berlin, wo noch allerlei
Wichtiges zu erledigen war. Es war noch immer ungewiß, ob
das Unternehmen überhaupt stattfinden sollte. Innerhalb 24
Stunden sollte es sich entscheiden. Schwer bepackt mit Paketen
aller Art, mit denen ich mich vorsichtshalber in einem reservierten
Abteil einschloß, verließ ich Berlin, von den besten Wünschen
aller begleitet, die ein Interesse am Gelingen unserer Fahrt
hatten. Noch am Abend meiner Rückkehr erhielt ich telegraphisch
den Befehl zum Auslaufen. Gottlob! nun hatten wir endlich
Gewißheit! Eine kleine Abschiedsfeier mit meiner Besatzung
bildete den Schluß des Tages.

Am nächsten Vormittag waren wir seeklar. Die Zeit der
Abfahrt hatte ich aus bestimmten Gründen auf sechs Uhr nachmittags festgesetzt. Als letztes Stück Ausrüstung wurde mittags
noch ein großer Hund an Bord gebracht, Rasse „Frag=mich=nicht".
Alt und gebrechlich war er auch, aber es war wenigstens ein
Hund, der auf einem Trampdampfer nicht fehlen darf. Darum
hatte ich ihn noch schnell gekauft. Somit war alles fertig zur
Abfahrt. Das einzige, was uns allen leider fehlte, das war —
eine auch nur annähernd mäßige Kenntnis der norwegischen
Sprache! Da mußte uns der liebe Gott nötigenfalls helfen bzw
so weit in den nächsten Tagen noch Zeit dazu war, ein Metoulasprachführer, den ich für alle Fälle besorgt hatte. Das Fehlen
dieser Sprachkenntnisse konnte unsere Zuversicht nicht trüben:
letzten Endes konnten wir es ja mit Plattdeutsch versuchen
Die Engländer sind nie große Sprachhelden gewesen. Sollten
wir wirklich von einem englischen Schiff später mal untersucht
werden und dieses nicht gerade einen norwegischen Dolmetscher
an Bord haben (was an der norwegischen Küste allerdings leicht
möglich war), so mußte der Bluff gelingen.

IV.

Die Ausfahrt der „Libau".

Die Uhr vom nahen Kirchturm ließ gerade sechs kräftige Schläge ertönen, als die „Libau" unter Handelsflagge vom Kai ablegte. Da nur ein paar Eingeweihte um unsere Abfahrt wußten, war der Abschied von der deutschen Heimat still und schmerzlos. Eine wohltuende sonntägliche Ruhe lag über dem Hafen. Daß die Ausreise an einem Sonntag stattfinden konnte, betrachteten meine Leute nach altem Seemannsaberglauben als ein besonders gutes Zeichen. Travemünde wurde kurz vor Dunkelwerden passiert. Ein kurzer Abschiedsgruß nach dem kleinen freundlichen Städtchen, und dann rasselte der Maschinentelegraph auf „volle Kraft voraus!" Die Fahrt ins Ungewisse nahm hier ihren Anfang.

Ich machte jetzt die Besatzung, zunächst nur soweit es notwendig war, mit dem Zweck der Fahrt bekannt. Kurs, Ziel und Namensnennung irgendwelcher Personen verschwieg ich vorläufig, damit die Leute nur so viel wußten, wie der Situation entsprechend nötig war. Ich tat dies im Interesse der Besatzung, damit sie im Falle einer Gefangennahme offenen Auges sagen konnten, sie wußten nichts. Dann erhielt jeder einzelne einen norwegischen Namen und eine ebensolche Charge. Manchem bereitete die Aussprache nicht geringe Schwierigkeiten, aber dessenungeachtet hielt ich streng darauf, daß von nun ab kein deutscher Name mehr genannt wurde, damit die Leute sich gründlich an die neuen Verhältnisse gewöhnten.

Die Begeisterung, mit der die erstaunte Mannschaft jede meiner Erklärungen aufnahm, gaben mir das Vertrauen, daß ich in ihrer Wahl nicht fehlgegriffen hatte. Zur besseren Einprägung seines Namens, Geburtsortes, bzw. Datums und ähnlicher Dinge, die auf das Nationale jedes einzelnen Mannes genau paßten, gab ich jedem sein Musterbuch und seinen Heuerschein. Steuerleute und Maschinisten erhielten an Stelle der Bücher entsprechende Zertifikate und Patente. Die Besatzung des Hilfskreuzers „Libau", nunmehrigen Dampfskibs „Aud", wie der norwegische Name lauten sollte, setzte sich folgendermaßen zusammen:

	Deutsche Bezeichnung.	Norwegische Bezeichnung.
1.	Kommandant: Leutnant z. See d. R. K. Spindler	Kaptejn: Niels Larsen
2.	I. Offizier: Steuermann d. R. O. Heß	I. Styrmand: Ejlert Brodersen
3.	II. Offizier: Steuermann d. S. W. Düsselmann	II. Styrmand: Knut Hansen
4.	Obermaschinist: Maschinist d. S. P. Rost	Maskinenmester: Frederik Orgelboer
5.	II. Maschinist: Masch.-Mt. d. S. K. Hauenschild	II. Maskinist: Peder Stickling
6.	III. Maschinist: Masch.-Mt. d. R. W. Augustin	III. Maskinist: Gustav Kvige
7.	Obermatrose d. R. W. Bruns, Steward	Matros: Erik Johannsen, Steward
8.	Obermatrose d. R. R. Strehlau	Matros: Jacob Storhus
9.	Obermatrose d. S. P. Mathiesen	„ : Peder Pathiesen
10.	Matrose F. Schmitz	„ : Jens Christiansen
11.	Matrose A. Schabbel	„ : Henrik Skjoel
12.	Matrose d. S. A. Hoffmann, Schiffskoch	„ : Peder Kvakkel, Stibskot
13.	Signalgast K. Battermann	Matros: Niels Nielsen
14.	Oberheizer Chr. Meyer	Stoker: Christian Pedersen
15.	Heizer d. R. F. Schildknecht	„ : Ludwig Gjoelde
16.	„ „ „ P. Gußner	„ : Harold Buskap
17.	„ „ „ H. Dunker	„ : Cornelius Rasmussen
18.	„ „ „ G. Pöhlmann	„ : Halvard Svenske
19.	„ „ „ J. Kuligofski	„ : Jörgen Ard
20.	„ „ „ A. Böthling	„ : Gustav Asmussen
21.	„ „ „ G. Schmidt	„ : Frants Dahl
22.	„ „ „ H. Brock.	„ : Knut Holger.

Das, was nun zunächst an die Reihe kam und uns noch viele Tage lang zu schaffen machte, war, alle Gebrauchsartikel, wie Kleidungsstücke, Flaggen, Bücher, Instrumente usw., die durchweg noch zu frisch und neu aussahen, in einen möglichst abgenutzten und, ihrem Inhalt entsprechend, ehrwürdigen Zustand zu bringen. Insbesondere bezog sich das auf die Schiffspapiere, die diversen Briefschaften und unsere persönlichen Ausweise. Mit etwas Mühe und Sorgfalt ließ sich dies gut machen. Eine brennende Kerze zum Bräunen der Dokumente, etwas Staub von einer Fußmatte mit der Handfläche vorsichtig über das Papier gerieben, hier und da ein paar Öl- und Fettflecken, die ein Twistballen aus der Maschine lieferte, das waren die nicht sehr appetitlichen, aber recht brauchbaren Werkzeuge, deren wir uns dabei bedienten. Öfteres Falten, Knicken und Zerknittern des Papiers vervollständigten die Echtheit. Die Bücher wurden besonders schön bei diesem Verfahren, indem wir sie je nach dem Alter, das sie aufweisen mußten, ein oder mehrere Male auf den Boden warfen, so daß die Kanten sich abstießen und einzelne Blätter sich herauslösten. Meine Leute entwickelten bei der „Bearbeitung" ihrer Heuerbücher eine geradezu erstaunliche Geschicklichkeit. Zerrissen, beschmutzt, mit Heftpflaster und Papier zusammengeklebt, gaben sie mir die Papiere nach kurzer Zeit schon wieder zurück. Leid tat es uns allen um die schönen, neuen Kleidungsstücke, die nun unserer Verwüstungssucht anheimfielen und bald wegen der Teer- und Farbflecken und einiger roh eingesetzter Flicken nicht mehr wiederzuerkennen waren.

Die Barttracht hatte schon recht erfreuliche Fortschritte gemacht. Nur bei wenigen sproßte es etwas langsam, und da wurde mit etwas Öl und Kohlenstaub nachgeholfen. Wir mußten uns jetzt wohl oder übel daran gewöhnen, den zivilisierten Menschen abzustreifen, im Äußern wie auch im Benehmen, denn auf einem Tramp herrscht meistens ein rauher, aber herzlicher Ton. An den Ladeluken ließ ich Dutzende von Kreidestrichen, sog. Tallimarken, und Zahlen anmalen, um den Eindruck zu erwecken, als hätten die Ladungsanschreiber eifrig ihres Amtes gewaltet. Leere Konservenbüchsen und alte norwegische Zeitungen wurden überall an Deck und in den Wohnräumen verstreut. Wir versäumten mithin nichts, um unserem Schiff und uns selbst ein zweckentsprechendes Aussehen zu geben; eine Prozedur, die uns allen viel Spaß bereitete. Nun, wo die gespannte Erwartung und Ungewißheit der letzten Tage endlich von ihnen gewichen war und sie wußten, was auf dem Spiele stand und wie jetzt Tausende und aber Tausende mit banger Sehnsucht auf die Ankunft der „Libau" warteten, zeigten sich die Leute von einer fast ausgelassenen Fröhlichkeit. Die anfängliche Abschiedstimmung war schnell vergessen; an die vielen Gefahren, die uns bevorstanden, dachte niemand. Nur ein einziger Gedanke beseelte sie alle: Vorwärts, ins feindliche Land und dann mit Ruhm bedeckt nach Hause zurückkehren! Mit solch prächtiger Besatzung konnte man getrost schon dem Teufel entgegenfahren!

In der Nähe von Warnemünde ging ich um Mitternacht zu Anker. Leider hatte sich das schöne Wetter sehr zu unseren Ungunsten verschlechtert. Der immer stärker werdende Seegang zwang mich, meinen anfänglichen Plan, als Schwede durch den Sund zu gehen und erst im Kattegatt als Norweger aufzutreten, zu ändern. Das war aber wegen der Schwierigkeiten der Bemalung nur bei gutem Wetter möglich. Ich mußte deshalb heute schon die norwegische Maske aufsetzen. Schlaf gab es natürlich in dieser Nacht für niemand. Auf beiden Schiffsseiten wurden Stellagen übergehängt; ein paar Mann turnten hinunter und malten im Schein ihrer elektrischen Taschenlampen mit anderthalb Meter hohen Buchstaben den Namen „Aud = Norge" auf die Bordwand. Andere bemühten sich, vorn und hinten auf jeder Seite eine norwegische Flagge von zwei mal drei Meter Umfang aufzupinseln, während der Rest, die Nichtkünstler, am Bug und Heck mit Schablonen arbeiteten und den kleineren Namen „Aud=Bergen" anbrachten. Leider erlitten diese Arbeiten viele Störungen, weil in dieser Nacht zahlreiche

Dampfer und Fischerfahrzeuge in der Nähe passierten, so daß wir beim Näherkommen derselben jedesmal abblenden mußten. Erschwerend war es auch, daß die immer höher gehende See — es war allmählich ein steifer Nordwest aufgekommen — oft über die Stellagen schlug, uns bis an die Brust durchnäßte und, was das Unangenehmste war, die mühsam aufgetragene Farbe mit einem Schlage wieder abwusch: Aber unverdrossen und gestärkt durch ein paar wärmende Aquavits arbeiteten wir weiter, denn bis zum Hellwerden mußte die Arbeit fertig sein. Als der Tag zu grauen begann, tänzelte der „Aud" fix und fertig und seelenvergnügt auf den Wogen der Ostsee.

V.

Unter falscher Flagge.

Lustig flatterte die norwegische Flagge am Heck, als der „Aud" kurz nach Sonnenaufgang die Anker lichtete. Wir kamen uns in unserer neuen Rolle zunächst recht spaßig vor. Mit möglichst gemessenen Schritten (denn auf einem Trampdampfer hat man keine Eile) und einem leichten Wiegen des Körpers in den Hüften ging ein jeder daher, rauchte inbrünstig an einem kurzen Pfeifenstummel und spuckte mit seemännischer Eleganz nach den vier Himmelsrichtungen. Die Arme waren natürlich so tief wie möglich in die Taschen vergraben.

Nach dem Passieren des Gjedser Feuerschiffes wurde Kurs auf Falsterbö gesetzt. Die Rettungsboote hingen von jetzt ab ausgeschwungen; teils zu unserer eigenen Sicherheit, teils, weil es in diesen Zeiten so üblich war. Es gab an diesem Tage noch eine Menge zu tun, denn vor Mitternacht gedachte ich schon in feindlichen Gewässern zu sein. Bis dahin mußten auch die letzten Vorbereitungen beendigt sein, die für eine eventuelle Begegnung mit dem Feinde notwendig waren. Um jederzeit das Schiff sprengen zu können, ließ ich an geeigneter Stelle große Sprengkörper anbringen und in einer quadratmeterdicken Zementschicht vermauern. Je härter der Widerstand, desto größer würde die Wirkung der Explosion sein. Die Drahtleitung, welche die Zündung bewirken sollte, wurde durch allerhand Ecken und Winkel nach dem Oberdeck geleitet, wo sie vor fremden Augen absolut sicher war. Damit keine Unvorsichtigkeit begangen werden konnte, ließ ich die Zünder an anderer Stelle unterbringen. Für unsere Handwaffen, Munition und Werkzeuge suchten wir an Deck und in den Wohnräumen die besten Verstecke aus, die vor Feuchtigkeit und Entdeckung gleich gut geschützt waren. Das hatte zwei Vorteile. Erstens konnten bei uns selbst im Falle einer Durchsuchung keine Waffen gefunden werden, und zweitens hatten wir jederzeit und in jedem Teile des Schiffes die Möglichkeit, uns dieser Gegenstände bedienen zu können. Letzteres kam besonders dann in Frage, wenn ein englisches Prisenkommando auf den Gedanken kommen sollte, uns irgendwo auf unserem eigenen Schiff einzusperren. Wir konnten uns dann in einem günstigen Augenblick mit Leichtigkeit wieder befreien. Unser Koch kam dabei auf einen ganz besonders pfiffigen Gedanken. In der Annahme, daß etwa ein Prisenkommando uns alle, aber niemals den Koch einsperren würde — denn selbst der grimmigste Engländer hat nach einer gewissen Zeit das Bedürfnis, etwas zu essen —, benutzte er das Ofenloch einer unbenutzten Herdplatte, um darin eine wahre Sammlung von Mordwerkzeugen und Brecheisen unter einem Haufen Asche zu verstecken. „Ik sal den Engelschen schon wiesen, wat 'n richtigen dütschen „Smuttje" is!" (Ich werde den Engländern schon zeigen, was ein richtiger deutscher Koch ist), meinte er mit treuherzigem Grinsen und kam sich bei dem Gedanken, uns später befreien zu können, nicht wenig stolz vor.

Dolche, Revolver, Munition und kleinere Werkzeuge wurden in besonders gefertigten Segeltuchtaschen unter Tischplatten, Schubladen und Stühlen verborgen; an Deck zwischen Tauwerk, Ketten und Rohrleitungen. Äxte und Brecheisen fanden hinter Schränken, Heizungsanlagen und Ladewinden gute Unterkunft.

Auch Matratzen und Kopfkissen erwiesen sich als sehr geeignet dazu. In der Maschine fand sich reichlich Gelegenheit zwischen Reserveteilen und Aschehaufen.

So war denn auf dem ganzen Schiff, von der Kommandobrücke bis hinunter zu den Kohlenbunkern, nicht ein Plätzchen, an welchem nicht irgendein gefährliches Instrument lauerte. Kriegsflaggen und Wimpel wurden in ähnlicher Weise versteckt. Die reichliche Verteilung der alkoholischen Getränke war schon wesentlich einfacher. Bei allen Untugenden, die wir uns zugelegt hatten, waren wir auch noch ausgiebige Freunde des Alkohols geworden! Aber nur scheinbar. Es war, wie unsere ganze Maskerade, nichts weiter als ein kleiner Bluff, ein ganz teuflisch ausgedachter Trick! Mit dem Whisky und allen seinen Bekannten, als da sind: Genever, Aquavit, Korn, Kümmel usw., haben die alten Seeleute und besonders die Engländer und Skandinavier es gemäß dem Sprichwort: „Wer Sorgen hat, hat auch Likör" von jeher gut gehalten. Warum sollten also wir eine Ausnahme machen? Nicht genug damit, gaben wir uns sogar den Anschein von ganz besonders eifrigen Verehrern des Alkohols, indem wir in jeden Wohnraum verschiedene Marken dieser edlen Spirituosen stellten, teils volle verkorkte Flaschen, teils halbvolle, die „verbraucht" gemacht wurden, und das einzige, womit wir von der Echtheit einmal abwichen, war, daß wir sie wie die ausgestellten Gegenstände eines Museums behandelten: „Ansehen, aber nicht berühren!" Die Engländer ahnten ja gar nicht, wie liebevoll wir alles für ihren Empfang vorbereitet hatten! Was lag denn näher, als daß ein englisches Prisenkommando, wenn es an Bord kam, sich mit Wollust auf den Whisky stürzen würde, der ihm aus allen Ecken einladend entgegenlachte? Und noch dazu echter, teurer „White horse" und „Aquavit"! Je mehr sie sich damit anfreundeten, desto besser für uns, denn dann hatten wir leichte Arbeit und konnten vielleicht unnötiges Blutvergießen vermeiden. Aus diesem Grunde hatten wir ein absolut ungefährliches, aber recht sicher und dauerhaft wirkendes Schlafmittel in der Kajüte versteckt, das im Bedarfsfalle sowohl den Alkohol als auch die Speisen würzen sollte. Selbstverständlich bildeten die Whiskyflaschen nicht den einzigen Zimmerschmuck. Norwegische Vorschriften und Verordnungen aller Art, Kalender und ähnliches prangten an den Wänden. Wer eine Photographie besaß, schnitt den unteren Teil mit der deutschen Inschrift herunter und schmückte damit sein Heim. Auf künstlerisches Arrangement wurde kein Wert gelegt. Eine Ausnahme machte nur unsere kleine, gemütliche Messe, an deren Eingang als eine Erinnerung an frühere Zeiten die auch auf vielen skandinavischen Schiffen übliche Bezeichnung „Officers Messroom" zu lesen war. Was an Wäsche, Porzellan, Glas, Silber, Nickel- oder Zinngeschirr mit der Aufschrift „Wilson-Line" noch vorhanden war, flog in hohem Bogen über Bord. Es gab kaum ein Stück des alten Inventars an Bord, das nicht den Namen der Reederei trug. Schade um alle die schönen Sachen; aber es ließ sich nicht ändern. Ersatzinventar ohne Aufschrift hatten wir genügend an Bord. Die Namen der Boote und Rettungsgürtel waren bereits übermalt, die Inschriften der Bootsriemen wurden abgehobelt.

Als letzte Arbeit kam dann die Entfernung aller überflüssigen deutschen Gegenstände und aller deutschen Inschriften an die Reihe, denn ein noch so norwegisch aussehender Matrose hätte nie und nimmer sein Deutschtum verleugnen können, wenn er z. B. einen Ring am Finger trug, der mit dem eisernen Kreuz geschmückt war oder mit der Aufschrift „Gold gab ich für Eisen". Man glaubt gar nicht, wieviel Hunderte von Gegenständen man am eigenen Leibe oder in seinem Besitz hat, die mit irgendeinem Firmenaufdruck versehen sind. Ein kleines Bild von dieser mühevollen Arbeit gibt die folgende Aufzählung nur einiger dieser vielen Kleinigkeiten, die ich der Kuriosität halber erwähnen möchte. Da waren z. B.: die Firmenläppchen in den Hüten, Mützen und Anzügen, in Wäsche und Schuhen; die Aufschriften an Zahnbürsten, Haarbürsten, Kämmen, Seife, Taschenmessern, Brieftaschen, Geldbörsen, Knöpfen, Bleistiften, Radiergummis, Stahlfedern, Zigaretten und den dazugehörigen Schachteln; die Etiketten der Zahnpastatuben, sogar der abschraubbare Kopf derselben! Tabakpakete, Zigarrenkisten, Streichhölzer usw. Alle diese Gegenstände wurden entweder so lange bekratzt und beschnitten, bis der Name unkenntlich war, oder sie wurden, wie z. B. Uhren, Ringe usw., gesammelt und im Zauberkasten verborgen. Dort hingen auch zu beiden Seiten der Leiter, sofort greifbar, unsere deutschen Uniformen.

Eine weitere notwendige Maßnahme war das Einexerzieren der sog. Rollenmanöver. Unter „Rollen" versteht man bei der Marine die Verteilung der Schiffsbesatzung auf bestimmte Stationen, wie sie z. B. bei Ausbruch eines Feuers, bei „Mann über Bord" usw. erforderlich ist. Für uns kamen hier außer den üblichen Rollen als Wichtigstes noch die verschiedenen Alarmrollen hinzu. Vom sicheren Funktionieren der letzteren hing für uns sozusagen alles ab. Ich verwendete daher den Rest des Tages auf die gründliche Einstudierung dieses Manövers. Vor allem kam es darauf an, beim Sichten eines verdächtigen Schiffes alle deutschen Instrumente, wie Ferngläser, Sextanten, und Gegenstände, wie Seekarten, Loggbücher und andere zur Navigation benötigten Dinge, schnellstens verschwinden zu lassen und statt ihrer das entsprechende norwegische Material sichtbar aufzulegen. Beim ersten Alarmzeichen mußten also die verdächtigen Sachen in einen großen Sack wandern, den „Alarmbüdel", wie die Leute ihn bezeichneten, der zu diesem Zweck auf der Brücke hing. Ein Matrose brachte den Sack blitzartig nach der Kajüte, wo der Koch bereitstand, die Sachen in Empfang zu nehmen und für ihre Weiterbeförderung ins Geheimfach zu sorgen. Von der Leiter aus sorgte der Steward für das endgültige Verschwinden. In kaum zwei Minuten war das alles geschehen, und kein Mensch konnte mehr ahnen, daß unter dem Sofa der Eingang zu unserem größten Heiligtum war. Während dieses Kunststück vor sich ging, wurde an Deck und in der Maschine „gefechtsklar" gemacht. Mathiessen, der etwas Dänisch konnte und einen ziemlich skandinavischen Typus hatte, übernahm das Ruder auf der Brücke, um nötigenfalls mit dem wachhabenden Styrmand die Rollen vertauschen zu können. Ein Styrmandskostüm hing zu diesem Zweck im Kartenhaus bereit. Ein Heizer hatte den angenehmen Auftrag, mit möglichster Unbefangenheit auf der Vorderluke zu sitzen, gemächlich sein Pfeifchen zu rauchen und mit dem Hunde zu spielen, damit er kräftig bellte. Die gesamte übrige Besatzung, mit Ausnahme der Wachmaschinisten und Heizer, hatte schnell und unauffällig unter Deck zu verschwinden, in die Kojen zu kriechen und sich schlafend zu stellen.

Das Manöver klappte vorzüglich. Wer von weitem dieses Bild der Ruhe und des tiefsten Friedens auf unserm verwahrlost aussehenden „Aud" sah, konnte unmöglich ein Haar in der Suppe finden. Besondere Signale, entweder leise von Mund zu Mund oder durch Sprachrohr und Maschinentelegraph übermittelt, wurden verabredet für den Fall, daß ein Prisenkommando bereits an Bord war und sich die Notwendigkeit ergeben sollte, das Schiff zu sprengen. Das Wort „Tyske" (d. h. Deutsch) hieß: „Achtung! Klar bei Kriegsflagge, Uniformen und Waffen!" Der weitere Befehl zur Ausführung und zum Überfall würde durch die jedesmalige Situation bedingt werden; „Pedersen skall tom Kaptejn kom" (d. h. Pedersen soll zum Kapitän kommen) bedeutete: „Klar zum Sprengen! Zünder aufsetzen!" Maschinentelegraph dreimal auf „Stopp" gelegt, hieß: „Sprengen!"

Nachdem ich die Überzeugung hatte, daß jeder einzelne mit den Signalen und seinen Funktionen, die wir später fast täglich übten, vertraut war, konnte ich das Weitere getrost der Zukunft überlassen. Mittlerweile waren wir, unter mehrfachen Kursänderungen, an der dänischen Küste entlang in die Nähe von Falsterbö gekommen, wo eine ausgedehnte Minen- und Schiffssperre lag. Es wimmelte hier von Kriegsfahrzeugen aller Art. Ein Vorpostenboot gab uns den Kurs an, damit wir ohne Gefahr durch die Sperrlücke fahren konnten, welche an jeder Seite durch einen kleinen Dampfer gekennzeichnet war.

„Torpedoboot kommt aus Heck", ruft da jemand vom Bootsdeck nach der Brücke herauf. Im nächsten Augenblick schon hören wir hinter uns das wohlbekannte Rauschen einer Bugwelle und das Klingeln von Telegraphen.

„Zum Henker! Was will denn —"

„Woher kommen Sie, Kaptän?" ertönt es da unter mir. Ein Leutnant steht mit dem Sprachrohr in der Hand auf der Brückennock des schaukelnden Bootes, dessen Schornsteine gerade bis an unser Bootsdeck reichen. Das ganze Wachpersonal beschnuppert uns trotz der kurzen Entfernung neugierig durch die Gläser. Auch die übrigen an Deck stehenden Leute staunen uns verwundert an. Da es überflüssig ist, daß wir erkannt werden, gebe ich meinen Leuten einen Wink zu verschwinden, und stelle mich selbst kopfschüttelnd an die Reling, um dem Leutnant anzudeuten, daß mir die deutsche Sprache ein böhmisches Dorf ist.

„Natürlich," höre ich den kleinen Mann drunten brummen, „wieder so ein Duffel von Kaptän, der nichts weiter von der Welt kennt als sein Schiff und seine Sprache!" Nichtsdestotrotz versucht er's noch einmal, indem er mit schnarrender Stimme durch sein Sprachrohr ruft: „Sie da oben, wo kommen Sie her?"

Wieder dasselbe unbarmherzige Kopfschütteln. Es kostet mich eine wahre Anstrengung, bei den Worten des Sprechers, der mir, wie ich jetzt erkannte, vor einigen Tagen noch in Kiel auf der Straße begegnet war, ernst zu bleiben.

„Nischt zu machen!" knurrt er unwillig vor sich hin, dann sagt er etwas zu einem Signalgasten, worauf dieser nach hinten läuft, um kurz darauf in Begleitung eines Oberleutnants wieder zu erscheinen, der noch die unverkennbaren Zeichen eines behaglichen Mittagsschläfchens an sich trug. „Halloh, Capt'n," ruft er mir in geläufigem Englisch von weitem zu, „where are you coming from?" (Woher kommen Sie?)

„Danzig", antwortete ich kurz.

„Where are you bound for?" (Wohin sind Sie bestimmt?)

„Christiania."

Während der nun folgenden Pause drehe ich mich um und versuche mit dem Hund zu spielen, um damit anzudeuten, daß ich auf weitere Unterhaltung mit dem Torpedoboot keinen Wert lege. Da höre ich, wie der kleine Leutnant unten sagt: „Und ich will mich hängen lassen, wenn der Kerl kittelrein ist! Da stimmt irgend etwas nicht!"

Ungeduldig rücke ich mir mein buntes Halstuch zurecht und klopfe ganz ungeniert mit der kleinen Shagpfeife auf die Reling, so daß die Asche den beiden Sprechern unten direkt in die Augen fliegt.

„Flegel!" Das war alles, was ich noch hörte, denn schon in der nächsten Sekunde sackte das Boot achteraus, kam an der Backbordseite wieder aufgedampft und fuhr dann eine Zeitlang nebenher, wobei aller Augen ebenso eifrig unsere Decks und die frisch glänzenden Flaggen und Namen an der Bordwand betrachteten wie uns selbst. Mathiessen, der sich jetzt in den Vordergrund stellte, mochte am Ende aber doch alle Bedenken des wachsamen Bootes behoben haben, denn plötzlich rief der dicke Oberleutnant ein lautes „Allright, Capt'n!" und gab mir durch eine Handbewegung zu verstehen, daß ich weiterfahren könne. Er war sogar so liebenswürdig, bis zur Sperre vorauszufahren, damit ich „Duffel" nicht womöglich noch auf die Minen rannte. Bei der Sperre, der Grenze zwischen deutschem und dänischem Gewässer, drehte er dann in hohem Bogen — vielleicht argwöhnte er eine zweite Pfeifenladung — um den „Aud" herum und verschwand in südlicher Richtung, denn nicht weit vor uns kreuzten schon die dänischen Torpedoboote. Wir hatten unsere erste Probe gut bestanden!

Etwa 500 Meter hinter der Sperre kam von links her ein kleiner dänischer Dampfer mit der Lotsenflagge auf uns zugedampft. Aha, da kam also schon das erste Verhängnis! Ich wußte, daß in diesen Zeiten kein einziges Handelsschiff durch die Flintrinne und durch den Sund fuhr, ohne einen Lotsen zu nehmen, und hatte deshalb mit meinen Offizieren schon vorher besprochen, was wir in diesem Falle tun wollten. Nahmen wir einen Lotsen, so war es unmöglich, ihm für die mehrere Stunden dauernde Strecke den Norweger vorzuspielen, denn der alte und erfahrene Seebär würde nach wenigen Minuten den Braten gerochen haben. Verzichteten wir aber auf seine Mitwirkung, so war als bestimmt anzunehmen, daß er Argwohn schöpfen würde, falls der Zufall uns nicht gerade dem Allerdummsten in die Arme schickte. Nach langer Überlegung entschlossen wir uns aber doch für das letztere. Das Glück mußte uns ein bißchen dabei helfen. Und das tat es denn auch.

Schon von weitem bedeutete ich durch Abwinken mit der Hand, daß ich keinen Lotsen gebrauchte. Unser Freund, der sich wahrscheinlich auf ein gutes Lotsengeld freute, war aber recht hartnäckig und zeigte durch allerlei Flüche und Gestikulationen an, daß er mit aller Gewalt an Bord kommen wollte. Mein Obermaschinist sorgte infolgedessen dafür, daß der kleine Kerl kaum Schritt mit uns halten konnte. Um zu verhindern, daß er mich als erster anredete, rief ich ihm in englischer Sprache, die in der Schiffahrt allgemein üblich ist, durchs Sprachrohr zu: „I don't want a pilot, I know the water here!" (Ich wünsche keinen Lotsen, ich kenne das Fahrwasser hier.) Das hatte aber nur zur Folge, daß der gute Mann noch mehr als bisher lamentierte und auf die Bordwand zeigte, wo er eine Treppe zum Überklettern haben wollte. Um seinen fruchtlosen Versuchen, längsseit zu kommen, ein Ende zu machen, mußte Mathiessen ihm jetzt noch einmal auf dänisch zurufen: „Wir brauchen Sie nicht! Wir kennen die Fahrstraße!" Dann ließ ich etwas nach Backbord ausscheren, und unter Fluchen und drohenden Gebärden fuhr unser Freund endlich, nachdem er das Nutzlose seiner Bemühungen eingesehen hatte, davon. Mit großer Fahrt dampfte er nach dem dänischen Feuerschiff an der Einfahrt zur Flintrinne.

„Hm! Das kann fatal werden", meinte der Erste Offizier, indem er die vielen mitlaufenden und entgegenkommenden skandinavischen Dampfer durchs Glas betrachtete. Ich mußte ihm recht geben. Die Dänen waren damals wegen ihrer deutschfeindlichen Gesinnung bekannt. Das Feuerschiff hatte F. T.* — —! Wenn die Kerle uns also einen Strick drehen wollten, brauchten sie nur schnell an die Engländer zu berichten:

---
* Funkentelegraphie.

„Verdächtiger Dampfer passiert, nach Norden auslaufend", dann konnten wir darauf gefaßt sein, in spätestens fünf Stunden, nach dem Passieren von Helsingborg, die Bekanntschaft englischer Kreuzer zu machen. Um uns diese wenig berückende Aussicht auf die nahe Zukunft noch zu würzen, ließ uns der Zufall kurze Zeit darauf einen dänischen Schoner passieren, der gleichen Kurs mit uns fuhr. Die ganze Schonerbesatzung stand an Deck und betrachtete uns auffällig.

Donnerwetter! Das war ja derselbe Schoner, der in Lübeck beinahe sieben Tage dicht hinter uns gelegen hatte, als wir noch ein deutsches Schiff waren! Konnte man es dem alten Schonerkapitän verübeln, wenn er sich jetzt am Kopf kratzte: „Donnerkiel! Den Bruder kennst du doch?!" — —

Das war in der Tat eine sehr unangenehme Begegnung, der man in dem engen Fahrwasser noch nicht einmal aus dem Wege gehen konnte. Und sie wurde um nichts angenehmer, als der Schoner, nachdem wir schon längst die Flintrinne verlassen hatten, seinen Kurs direkt auf Malmö nahm, während wir dem Sundausgange zustrebten. Das konnte ein schöner Reinfall werden, wenn der Kerl jetzt in Malmö erzählte, was er soeben entdeckt hatte. Vielleicht saßen wir dann schon ein paar Stunden später an Bord eines englischen Kreuzers und konnten darüber nachdenken, wie schön es wohl gewesen wäre, wenn wir — —

Nein! Solche Gedanken durften nicht aufkommen. Dazu war es noch lange Zeit. Bis jetzt hatte noch alles tadellos geklappt. Das mußte genügen, um uns die alte Zuversicht zu erhalten. Mochten die Dänen tun, was sie wollten. Glück mußten wir in jedem Falle haben, um durch die Blockade zu kommen. —

Kopenhagen und Malmö mit ihrem großen Lichtmeer liegen schon lange hinter uns. In der Ferne tauchen bereits die ersten Feuer von Helsingborg auf. Wie alle Dampfer — es sind alles Skandinavier, die wir passieren — führen wir die vorgeschriebenen Laternen. — Kurz nach neun Uhr steuern

wir durch die schmale Sundenge zwischen Helsingborg und
Helsingör, deren Leuchtfeuer in sekundenlangen Intervallen
über unsere Köpfe hinwegblitzen. Als wir an der östlichsten
Ecke von Helsingborg vorbei sind, da, wo der Sund sich mit
dem Kattegatt vereinigt, empfängt uns eine frische, kräftige
Brise. Der Wind hat das Wasser in Aufruhr gebracht. Ein
leises Rauschen begleitet uns. Es klingt wie das Murmeln
von tausenden unbekannter Stimmen, die warnend ihre
Stimme aus dem Wasser gegen uns erheben wollen. Eine
Schonerbark unter vollen Segeln gleitet lautlos an uns vor=
über: sie führt keinerlei Lichter; gespensterhaft hebt sich die
Silhouette der aufgeblähten Segel gegen den dunklen Himmel
ab. Nach wenigen Sekunden ist sie im tiefen Dunkel ver=
schwunden, denn der „Aud" hat jetzt die Strömung mit sich
und läuft brillant; wie ein Pferd, das lange im Stall gestanden
und nun endlich auslegen darf. Da — was ist das? An Back=
bord werden die Umrisse eines Torpedobootes sichtbar. Ein
paar Scheinwerferblitze zucken durch die Luft und verschwinden
gleich darauf wieder. Dann geht ein neuer Blitz hoch, der Kegel
wird größer und immer größer. Jetzt hat er uns erwischt: tag=
hell ist der „Aud" beleuchtet; unsere Augen sind für Sekunden
vollkommen geblendet. Doch nur wenige Augenblicke währt
der Vorgang, dann verschwindet der Lichtkegel wieder, genau
so schnell, wie er kam.

Das dänische Torpedoboot, das die Sundeinfahrt bewacht,
um die dänische Neutralität zu schützen, hat uns einen Augen=
blick unter die Lupe genommen, um zu sehen, wie der Fremde
heißt, der zu nachtschlafender Zeit seine Ruhe stört. Es hat
seinen Namen gesehen: „Aud=Norge", dazu die blauweißroten
Flaggen auf der Bordwand. „Ein Norweger," sagt es sich,
„ungefährlich! Kann passieren!" — Es ist ahnungslos, weiß
nichts von dem, was wir im Schilde führen. Nur wir allein
wissen es. Und wir wissen auch, daß wir, noch kurze drei See=
meilen weiter, die schützende Neutralitätsgrenze verlassen und
dann in feindlichem Gewässer sind.

VI.

In Erwartung des Feindes.

Eine gute Viertelstunde nach dem Passieren des Torpedo=
bootes ist verstrichen; die Drei=Meilen=Grenze überschritten.
Wir sind auf feindlichem Gebiet. Vogelfrei! —
Die Wolken haben sich allmählich verzogen, hier und da
glitzert es am nächtlichen Firmament. Immer mehr Sterne
kommen durch, und die Luft wird klar und sichtig. Zur Rechten
tritt ein langer, schwarzer Streifen aus dem Dunkel hervor,
der sich aber bald, je weiter wir kommen, wieder von uns ab=
wendet. Es ist die felsige Küste, die hier in nordöstlicher
Richtung landeinwärts biegt. Die vorspringenden Kaps geben
einen guten Anhalt zur Navigierung, denn die Strömung ver=
setzt stark nach Osten, so daß fortgesetzt Kursänderungen not=
wendig sind. Von Zeit zu Zeit tauchen die Topplichter und
Seitenlaternen friedlicher Handelsdampfer vor uns auf, die
dem Sund zustreben. Wir halten scharf Ausguck. Jeder
Augenblick kann uns jetzt einem englischen Kreuzer, Zerstörer
oder U=Boot in die Arme führen. Vor wenigen Tagen noch
waren zwischen Lasö und dem Sund englische U=Boote in Be=
gleitung von Vorpostenbooten gesichtet worden. Zwischen
Skagen und Göteborg, im Skagerrak und an der norwegischen
Küste, besonders bei Lindesnaes und Jäderen, waren zahl=
reiche englische Streitkräfte, hauptsächlich Kreuzer und Zer=
störer, gemeldet worden. Wir hatten also alle Aussicht, mit

den Herren Engländern bald Bekanntschaft zu machen. Wir legten aber durchaus keinen Wert auf ein so frühzeitiges Zusammentreffen und ließen deshalb keine Vorsicht außer acht. Aus dem Kurs der gegenkommenden Dampfer war zu ersehen, daß sie fast alle die mitten im Kattegatt liegende Insel Anholt angesteuert hatten. Es war also nicht auffällig, wenn auch wir dasselbe taten. Gegen zwei Uhr nachts lag die Insel etwa fünf Seemeilen westlich von uns. Die Situation wurde jetzt schon etwas kritischer. Die englische Regierung hatte kurz vorher eine Vorschrift erlassen, welche allen neutralen Handelsdampfern gebot, in nicht mehr als zehn Seemeilen Abstand von den skandinavischen Küsten zu fahren, damit englische Kriegsschiffe eine bequeme Kontrolle hatten. Gegen diese bodenlose englische Unverschämtheit waren die kleinen Neutralen natürlich machtlos, und so blieb ihnen nichts übrig, als dem Befehl der Engländer nachzukommen. Der einzige „Neutrale", der es um diese Zeit wagte, die englische Vorschrift zu ignorieren, war der Norweger „Aud".

Zwei triftige Gründe hatten mich zu diesem Entschluß bestimmt. Erstens war die Fahrt an der schwedischen Küste entlang sehr zeitraubend, und zweitens rechnete ich damit, daß die Engländer einen Neutralen wohl kaum für so unverschämt halten würden, ihre Vorschrift zu mißachten. Mit Recht vermutete ich deshalb den Hauptteil ihrer Bewachungsstreitkräfte in direkter Nähe der Küsten. Wenn wir also Kurs mitten durch das Kattegatt und Skagerrak nahmen, gewannen wir beinahe 24 Stunden Zeit und entgingen wahrscheinlich einer peinlichen Untersuchung, die uns zudem noch beträchtlich aufgehalten hätte. Infolgedessen hielt ich zunächst Kurs auf die Mitte zwischen der Insel Lasö und Göteborg, um dann später oberhalb Paternoster ins Skagerrak einzulenken. Dieser Kurs hatte allerdings einen großen Nachteil. Wurden wir auf ihm gefaßt, dann konnte keine noch so geschickte Ausrede uns aus der Klemme helfen, weil unsere sämtlichen Papiere erst von Christiania ab Gültigkeit hatten, unserem angeblichen Aus=

gangshafen. Ein bißchen Glück mußten wir also schon haben, wenn die Geschichte gelingen sollte. Das Risiko war schließlich nicht größer, als wenn wir uns auf dem andern Kurs von einem englisch-norwegischen Dolmetscher auf den Zahn fühlen lassen mußten.

Sobald wir aus Sicht von Land und Schiff waren, ließ ich „Äußerste Fahrt" gehen. Das wichtigste war jetzt, so schnell wie möglich auf einen Kurs zu kommen, der unsere Ausfahrt von Christiania glaubwürdig erscheinen ließ. Wurden wir bis dahin gefaßt, dann war das Spiel verloren, im anderen Falle konnten wir uns vergnügt die Hände reiben. Also vorwärts!

Gegen Morgen wurde der Wind flauer und sehr unbeständig; der klare Himmel hatte sich fast ganz bedeckt. Im Westen und Nordwesten zeigte sich bereits ein schwacher Dunst über dem Wasser. Das waren die ersten Vorboten kommenden Nebels. Wer hätte sich wohl mehr darüber freuen können als wir! Alles stand an Deck und beobachtete mit Spannung jede kleinste Veränderung des Wetters. Die Leute der Freiwache hatten heute kein Bedürfnis nach Schlaf. Von Minute zu Minute wurde die Luft trüber. Ich ließ deshalb, entgegen der ursprünglichen Absicht, näher an die schwedische Küste heransteuern, um durch Landpeilungen noch einen genauen Schiffsort zu erhalten. Es war durchaus möglich, daß wir innerhalb der nächsten Tage vielleicht keine Gelegenheit mehr dazu hatten. Ich hatte nämlich nach eingehender Beratung mit meinen Offizieren beschlossen, auch später in der Nordsee außer Sichtweite von der Küste nordwärts zu dampfen, weil an der ganzen norwegischen Küste entlang, bis oberhalb Bergen, zahlreiche englische Bewachungsfahrzeuge gemeldet waren.

Es mochte etwa 8 Uhr morgens sein, als der im Mast befindliche Ausguck ein Schiff voraus meldete, das sich wenige Minuten später als ein kleiner Kreuzer älteren Typs entpuppte.

„Alarm!"

Im Nu war jeder auf seiner befohlenen Station. Es war

nur zu natürlich, daß wir in dem Kreuzer einen Engländer vermuteten. Seine kleine schmutzige Flagge ließ sich wegen der großen Entfernung noch nicht ausmachen. Was nun? Wir besaßen nicht ein einziges Papier, welches unsere Anwesenheit in dieser Gegend hätte rechtfertigen können. Da kam mir ein rettender Gedanke. „Quarantäneflagge klar! Maschine halbe Fahrt!" Sofort instruierte ich die Leute über meinen Plan. Jeder mußte sich den Hals mit dicken Tüchern umwickeln und sofort in die Koje kriechen, sofern er nicht an Deck oder in der Maschine nötig war. Auch wir auf der Brücke hüllten uns in dicke Mäntel und banden uns große Schals um. Falls der vermeintliche Engländer Miene machen sollte, heranzukommen, wollte ich die Quarantäneflagge hissen lassen und ihm ein Signal geben, daß wir aus Danzig kämen, nach Christiania wollten und Diphtheritis an Bord hätten. Eventuell wollte ich ihn bitten, unsere Ankunft in Christiania zu avisieren. Er würde sich unter diesen Umständen sicherlich hüten, an Bord zu kommen. Fürs erste waren wir dann vor ihm sicher. Das Weitere mußte sich finden. Mit ein wenig Glück wollten wir ihm später schon entkommen. Zum Überfluß ließ ich noch schnell eine Flasche Karbol an Deck ausgießen, so daß auch für den nötigen Krankenstubengeruch gesorgt war. Karbol ist zwar kein Mittel gegen Diphteritis, aber vielleicht konnte es doch zu unserer Rettung beitragen.

Mit hoher Fahrt kam der Kreuzer näher. Noch zehn Minuten, dann mußte er bei uns sein. Wir waren aufs äußerste gespannt, denn von dem Gelingen unseres Tricks hing jetzt alles ab. Plötzlich machte er eine scharfe Wendung und drehte nach Nordost ab, so daß seine Flagge ganz sichtbar wurde. Hurra, ein Schwede!

Ein Stein fiel uns vom Herzen. Die „Kranken" waren schnell wieder gesund, und die im „Zauberkasten" verschwundenen Sachen kamen der Reihe nach wieder ans Tageslicht. Die Generalprobe hatte gut geklappt. Kurze Zeit später tauchte dicht hinter dem Kreuzer, der scheinbar Übungsfahrten mit ein

paar U=Booten machte, eine kleine Insel auf, Paternoster Is=
land. Zur Rechten wurde auch schon ein Teil der Küste durch
den dicken Dunst sichtbar. Eine Signalstation nahm fast den
ganzen oberen Teil der kleinen Insel ein, die von mehreren
Rocks umgeben war. Um eventuellen Anfragen der Station
aus dem Wege zu gehen, bogen wir im größeren Abstande um
die Insel herum. Nun hatte ich allerdings einen genauen Schiffs=
ort; es schien mir jedoch vorteilhafter, ihn erst weiter nördlich
abzusetzen, ehe wir die große Schwenkung nach Westen machten.
Darum ging ich jetzt wieder näher an die Küste heran. Woran
es lag, daß wir bis jetzt noch nichts von unserem liebenswürdigen
Vetter gesehen hatten, weiß ich nicht. Vielleicht war das immer
unsichtiger werdende Wetter daran schuld. Wenn es so weiter
ging, dann durften wir am Nachmittag mit dichtem Nebel
rechnen.

Gegen Mittag waren wir in der Nähe des Hafens von
Göteborg, das weit landeinwärts liegt. Hinter einer hohen
vorgestreckten Landzunge kamen nacheinander acht kleine schwe=
dische Fischdampfer herausgedampft. Da sie auf westlichem
Kurs an uns vorüberdampften, brauchten wir keinen Argwohn
zu haben. Es war allmählich so diesig geworden, daß wir die
Küste kaum noch erkennen konnten. Mittags standen wir gerade
so weit nördlich, daß wir von hier aus genau mitten durch
das Skagerrak steuern konnten. Ein auf dem Festlande stehender
Leuchtturm und eine gleichzeitig vorgenommene Lotung ermög=
lichten eine genaue Eintragung des Schiffsortes auf der Karte,
und dann ging's mit Volldampf nach Westen. Wenn das diesige
Wetter noch sechs bis sieben Stunden anhielt, dann waren wir
so weit, daß wir ohne Scheu sagen konnten, wir kämen von
Christiania.

Petrus meinte es gut mit uns. Das Wetter blieb nicht nur
so, sondern es wurde noch zusehends schlechter, d. h. also, besser
für uns, denn nach weiteren zwei Stunden war es bereits so
unsichtig, daß man kaum noch zwei Schiffslängen weit sehen
konnte. Dicker Nebel! Ein unverhofftes Glück!

Es war überflüssig, das Maschinenpersonal besonders anzuspornen. Da unten wußten sie jetzt selbst, was von ihnen abhing, und so feuerten sie drauflos, was das Zeug halten wollte. Gegen drei Uhr war die Höhe von Skagen erreicht. Ich ging jetzt auf südwestlichen Kurs. Es kam jetzt lediglich darauf an, Augen und Ohren offenzuhalten, um etwa passierenden Schiffen beizeiten aus dem Wege gehen zu können, denn selbstverständlich verzichtete ich auf die Abgabe von Nebelsignalen, um nicht unnötig fremde Ohren auf uns aufmerksam zu machen. Jegliche Unterhaltung war wie von selbst verstummt. Unbeweglich stand jeder auf seinem Posten. Nur das leise Plätschern der Bugwellen und das monotone Stampfen der Maschinenkolben unterbrach die Ruhe. Viel zu langsam nach unserer Ansicht krochen die Minuten dahin. Aber doch brachte uns jede Minute ein gutes Stück weiter, denn der „Aud" lief wie ein Torpedoboot. So behauptete wenigstens der Obermaschinist. Nicht ganz zu Unrecht, denn es gibt ja auch heute noch steinalte Torpedoboote, mit denen man, wenn man ganz besonderen Dusel hat, noch elf bis zwölf Seemeilen herausschinden kann.

Wir mochten vielleicht zwei Stunden so gelaufen sein — für einen Collier eine sehr respektable Leistung —, als sich mit einem Male eine hohe, dunkle Masse vor uns aus dem Nebel heraushob, eine Bark unter vollen Segeln.

„Hart Steuerbord das Ruder!" Mit blitzartiger Geschwindigkeit sauste das Rad herum. Einen Augenblick lang sah es fast so aus, als sollte das Manöver nicht mehr gelingen, denn der „Aud" reagierte nur langsam auf die Ruderlage. Zum Glück aber hatte auch der Segler die Situation erkannt und „Hart Ruder" gegeben, so daß wir in einem Abstand von kaum 50 Meter aneinander vorbeischoren, ohne uns wehe zu tun. An der Gaffel des Seglers baumelte ein roter Fetzen, der früher einmal eine norwegische Flagge dargestellt haben mochte. Wir nahmen deshalb keinen Anstand, unsere „Landsleute" durch Mützenschwenken zu begrüßen. An Bord des Norwegers hatte man aber scheinbar kein Verständnis für diese Liebenswürdigkeit, denn nicht ein einziger dieser wackeren Seefahrer machte Miene, auch nur die Hand aus der Tasche zu nehmen. Wenn das vielleicht die Art war, wie norwegische Seeleute einander „Guten Tag" sagen, dann hatten wir unsere Rolle jedenfalls schlecht gespielt! Nach wenigen Augenblicken war unser „Landsmann" im Nebel wieder verschwunden.

Stunde um Stunde verging. Mitunter zerteilte sich der Nebel in langstreifige Schwaden, so daß man zeitweise bis auf 500 Meter weit sehen konnte. Das dauerte aber meist nur wenige Minuten. Gegen Abend waren wir so weit, daß wir schon mit einiger Sicherheit als ein von Christiania kommender Dampfer gelten konnten. Nötigenfalls konnte jetzt schon der im fünften Kapitel erwähnte Brief von meinem Reeder in Kraft treten.

Eine neue Aufgabe begann jetzt für uns mit der Führung der norwegischen Journale, damit wir auch hierin einer Untersuchung standhalten konnten. Es waren dies zwei Schiffstagebücher, für die Navigation und für die Maschine. Die ersten Seiten für die angebliche Liegezeit in Christiania waren nach dem Muster alter Journale bereits ausgefüllt. Wir mußten also, unter Zugrundelegung des augenblicklichen Schiffsortes, eine kleine Rückwärtsrechnung machen und ausknobeln, um welche Zeit der „Aud" Christiania verlassen, wann und wo wir den Lotsen Sowieso abgesetzt haben konnten usw. Diese Daten wurden jetzt in die entsprechenden Rubriken eingetragen. Unsere w i r k l i c h e n Kurse, Ortsbestimmungen, Maschinenleistungen, Kohlenverbrauch u. a. würden für die Folge natürlich wesentlich anders sein als die Angaben, welche das norwegische Journal der Echtheit halber aufweisen mußte. Das „Hintrimmen" dieser Bücher war deshalb später oft eine recht komplizierte Aufgabe. Über die sprachlichen Schwierigkeiten half der „Metoula-Sprachführer" hinweg. Auch die norwegischen und englischen Seekarten und nautischen Tabellen lagen von jetzt ab im Kartenhaus auf, mit den jeweils entsprechenden Kursstrichen und Nebenrechnungen versehen. Es war also gewissermaßen „Doppelte

Buchführung", die wir betrieben, denn für unsere eigenen Gebrauchszwecke verwendeten wir nach wie vor deutsche Seekarten und Bücher.

Über den bisherigen Erfolg unserer Fahrt freuten wir uns alle natürlich ganz gewaltig. So viel Glück hatte wohl niemand erwartet. Noch ein paar Stunden von diesem Nebel, dann waren wir in der Nordsee. Und dann mochten die Engländer, falls die Dänen uns inzwischen gemeldet hatten, mit ihren Flottillen getrost das Skagerrak absuchen. Im stillen freuten wir uns schon über die vielen Tonnen englischer Kohle, die dabei nutzlos draufgingen.

VII.

Die erſten feindlichen Anzeichen.

Gegen 9 Uhr abends trat leider ein erheblicher Umſchwung im Wetter ein. Ein leichter Wind aus Weſten zerteilte all=
mählich den Nebel, ſo daß es bald vollkommen klar und ſichtig war. Das paßte nun allerdings nicht in unſer Programm und hätte uns leicht die gute Laune verderben können, wären wir nicht ſo ausgezeichneter Stimmung geweſen.

Der Mond war ſchon aufgegangen, hielt ſich aber liebens=
würdigerweiſe noch hinter den Wolken verſteckt, ſo daß die Silhouette unſeres Schiffes nicht weit zu ſehen war. Gegen Mitternacht mußte Lindesnaes querab ſein. Hier ſollte, wie ſchon erwähnt, die ſtärkſte engliſche Küſtenbewachung ſein, weil alle von Norden, Oſten und Weſten kommenden Schiffe dieſe Südweſtecke Norwegens paſſieren mußten. Es war nicht ausgeſchloſſen, daß einige Wachtfahrzeuge weiter ſüdlich vor der Einfahrt zum Skagerrak patrouillierten und plötzlich im Dunkel vor uns auf=
tauchten. Um dann nicht unnötig Verdacht zu erregen, ließ ich Topp= und Seitenlaternen anzünden. Die Gläſer ließ ich vorher durch Ruß ſchwärzen, damit die Lampen höchſtens fünf bis ſechs Schiffslängen weit leuchteten. Wir konnten dann gegebenenfalls immer das Brennen der Laternen nachweiſen. Daß ſie ſo ſtark verrußt waren, konnte die Schuld des Lampen=
trimmers ſein. Im übrigen war das ganze Schiff, wie von jetzt ab ſtets, völlig abgeblendet. Jeder kleinſte Lichtſpalt, der nach außen drang, war durch Tücher ſorgfältig verdeckt.

Wiederum verrann Stunde um Stunde gespannter Erwartung, aber nichts ereignete sich, trotzdem der Mond zuweilen sein vorwitziges Gesicht über einer Wolke hervorsteckte und den geheimnisvollen Kauffahrer taghell beleuchtete. Von Viertelstunde zu Viertelstunde gab der Signalgast die Uhrzeit bekannt, damit wir im schwachen Schein einer abgeblendeten Taschenlampe die abgelaufene Distanz und den Schiffsort auf der Karte kontrollieren konnten. Noch eine halbe Stunde, noch eine Viertelstunde, dann mußten wir querab von Lindesnaes sein. „Ob's glücken wird?"

Die Beantwortung dieser stillen Frage blieb uns erspart, denn plötzlich blitzte es im Norden auf, und direkt über dem Horizont erschienen nacheinander eins, zwei, drei, vier Scheinwerfer, die ihre Lichtkegel kreuz und quer durcheinanderjagten. Mehrere Male streiften uns die Scheinwerfer. Als einer von ihnen plötzlich auf uns haften blieb, glaubten wir schon, er hätte uns erwischt. Es war aber nur eine Täuschung, denn einige Sekunden später ließ er wieder von uns ab und beleuchtete die Wasserfläche hinter uns. Doch kaum war er verschwunden, da kam schon wieder der nächste angesaust und nahm uns aufs Korn. Dieses neckische Spiel dauerte etwa fünf Minuten. Die kurze Spanne Zeit wurde uns aber zu einer Ewigkeit, denn mit jeder Sekunde erwarteten wir eine Granate, die uns zum Stoppen veranlassen sollte. Es geschah jedoch nichts. Erst als die Blitze sich nach und nach auf eine Stelle weiter östlich von uns konzentrierten und dann allmählich in die Wolken hinaufkletterten, atmeten wir erleichtert auf. Wir durften uns auf die nächste Überraschung vorbereiten. Niemand von uns bezweifelte, daß es daran in den nächsten Tagen nicht mangeln würde. Von unvorhergesehenen Zwischenfällen abgesehen, war fürs erste jetzt nichts Bedeutsames zu erwarten, denn wir befanden uns nun in der offenen Nordsee. Die verräterischen Positionslaternen wurden ausgelöscht. Aus zweien nahmen wir das Petroleum bis auf einen kleinen Rest heraus. Die waren dann, wenn eine Entschuldigung nötig sein sollte, einfach ausgebrannt.

Und die dritte war eben vom Winde ausgeblasen. Das kann immer schon mal passieren! Die Frage, welchen Kurs wir jetzt einschlagen sollten, hatten wir schon vorher nach reiflicher Überlegung erledigt. Der einzige Vorteil, den die Fahrt an der Küste entlang geboten hätte, war der, daß wir nötigenfalls schnell in die schützenden norwegischen Territorialgewässer flüchten konnten. Damit wäre aber eine Weiterfahrt so gut wie ausgeschlossen gewesen. Das Risiko einer Untersuchung war letzten Endes mitten in der Nordsee nicht größer als im Küstengewässer. Ich ließ deshalb Nordwest steuern, um zunächst von der Küste freizukommen. Für den Fall, daß uns ein Engländer in die Quere laufen und mit einem Prisenkommando beehren sollte, richtete ich von jetzt ab die Kurse so ein, daß wir immer eine gute Tagereise bis zu dem berüchtigten Hafen Kirkwall zu dampfen hatten, wohin die Engländer alle verdächtigen Schiffe dirigierten. Daß unser Schnelldampfer dann über eine Höchstgeschwindigkeit von fünf Seemeilen pro Stunde nicht hinauskommen würde, dafür sollte mein Obermaschinist schon sorgen. In 24 Stunden aber würden sich schon Mittel und Wege finden, um den ungebetenen Gästen zu beweisen, daß sie die Rechnung ohne den Wirt gemacht hatten.

Kurz nach Mitternacht frischte der Wind merklich auf, der Himmel bezog sich, und es dauerte gar nicht lange, da fegten bereits ein paar leichte Spritzer über die Back, die unser braver „Aud" unwillig von sich abschüttelte. Eine weitere Verschlechterung des Wetters war dem Barometer zufolge eigentlich nicht anzunehmen. Zu unserer Freude aber setzte bald darauf ein leichter Staubregen ein, der sich zeitweilig so verdichtete, daß man nur noch auf ganz geringe Entfernung in der Dunkelheit sehen konnte. Unser guter Stern hatte uns also doch nicht verlassen.

Die Nacht verlief ruhig und ohne Zwischenfall. Gegen Morgen wurden Wind und Seegang wieder schwächer. Mit den abziehenden Wolken hörte auch der Regen auf. Und als um 8 Uhr die neue Wache an Deck kam, leuchtete die Sonne schon von Zeit zu Zeit über eine glatte Wasserfläche, auf der weit und breit nichts zu sehen war als ein paar tiefliegende Regenschauer im Nordwesten. Wir benutzten diese Gelegenheit sofort, um mit Hilfe der Sextanten ein paar Sonnenhöhen zu messen. Ganz einwandfrei war die Messung natürlich nicht, weil über dem Horizont immer noch eine leichte Dunstschicht lagerte, wodurch eine genaue Beobachtung unmöglich wurde. Leider stellte sich bei der Beobachtung heraus, daß der norwegische Sextant, der noch von Anno dazumal stammte, nicht viel wert war und sich allen Versuchen, ihn zu verbessern, hartnäckig widersetzte. Wir waren also für die Folge auf den einzigen noch vorhandenen deutschen Sextanten angewiesen, der erklärlicherweise von jetzt ab wie ein rohes Ei behandelt wurde.

Während wir noch im Kartenhaus mit dem Ausrechnen des Bestecks (Schiffsortsbestimmung) beschäftigt waren, hörten wir plötzlich draußen den Ruf: „Zwei Schiffe an Backbord voraus!"

Hallo! Gleich zwei auf einmal, das war verdächtig! Es war kaum mehr nötig, das Alarmsignal zu geben, denn der größte Teil der Leute hatte den Ruf gehört und eilte von selbst auf die Stationen. Die gemeldeten Schiffe entpuppten sich als zwei Fischdampfer, die bisher durch eine Regenbö verdeckt waren. Die Entfernung zwischen ihnen und uns betrug höchstens 1—1½ Seemeilen. Eine Flagge war vorläufig nicht zu erkennen.

Es war bekannt, daß sich in letzter Zeit häufig englische Fischdampfer unter holländischer Flagge zu Kundschafterzwecken in der Nordsee aufhielten. Gewöhnlich operierten zwei solcher Dampfer zusammen. In dieser Annahme wurde ich jetzt bestärkt, als die beiden Fahrzeuge plötzlich Kurs änderten und mit hoher Fahrt auf uns zukamen. Ausweichen hatte keinen Zweck mehr; ich ließ also die beiden Fremden herankommen. Unsere Maschine machte inzwischen die für solche Fälle vorgesehene verminderte Umdrehungszahl. Ihres auffälligen Gebarens wegen hatten wir bestimmt damit gerechnet, daß die

Kerle uns mit einer Anfrage beläſtigen würden. Das geſchah aber nicht, ſondern ſie drehten etwa 600 Meter vor uns plötzlich ab, ſtoppten und ſetzten ihre Netze aus.

Wir waren jetzt ſo dicht heran, daß wir jeden Gegenſtand an Deck erkennen konnten. Merkwürdig! Es war weder eine Verkleidung zu ſehen, hinter der ein Geſchütz oder Torpedorohr hätte ſtehen können, noch eine Stenge oder Antenne für Funkentelegraphie. Das einzige, was in die Augen fiel, war eine kleine Blechflagge im Vorderwant, welche mit den holländiſchen Farben bemalt war. An Deck ſtanden nur ein paar Leute. Dagegen ſahen wir, daß in dem geſchützten Ruderſtand der beiden Boote mehrere Perſonen hockten, die uns durch ihre Gläſer unabläſſig beobachteten. Wir ließen uns aber dadurch nicht im geringſten ſtören und dampften ruhig und gelaſſen an ihnen vorbei. Armiert waren die Fahrzeuge jedenfalls nicht. Es beſtand demnach nur die Möglichkeit, daß ſie entweder echte Holländer oder — Spionagedampfer waren, die uns innerhalb der nächſten Viertelſtunde vermittels einer verſteckten F.-T.-Einrichtung melden würden. Es iſt möglich, daß dies geſchehen iſt, denn die „Times" brachte einige Wochen ſpäter ein Notiz, daß am 12. April ein verdächtiger Dampfer in Begleitung eines oder mehrerer U-Boote aus deutſchen Gewäſſern ausgelaufen ſei. Da dieſer „verdächtige" Dampfer kein anderer als unſer „Aud" ſein konnte, hat uns dieſe Notiz ſpäter viel Vergnügen gemacht. Man ſah wieder einmal mit aller Deutlichkeit, daß die Engländer in ihrer Angſt vor deutſchen U-Booten ſelbſt da ſolche ſahen, wo gar keine vorhanden waren.

Wir hatten durchaus nichts dagegen, als kurze Zeit darauf die Sonne wieder verſchwand und ein immer ſtärker werdender Nebeldunſt uns den Blicken der neugierigen „Holländer" entzog. Eine Meſſung der Sonne im Meridian war nun leider nicht mehr möglich. So berechneten wir denn mit Hilfe der am Vormittag gefundenen Länge das Mittagsbeſteck und ſetzten den ſo gefundenen Schiffsort von etwa 55° 35' Nord und 3° 30' Oſt in der Karte ab. Die paar Seemeilen, um die der Ort vermutlich nicht stimmte, waren ohne Belang, da wir uns vorläufig ja noch mitten in der Nordsee befanden. Von der Küste waren wir jetzt so weit entfernt, daß wir von Mittag ab schon nördlich steuern konnten.

Das Wetter blieb auch in der Folge recht unbeständig. Bald fiel leichter Regen, bald klarte es wieder auf. Ganz sichtig wurde es aber während des ganzen Tages nicht. Gegen 3 Uhr nachmittags kam im Nordwesten ein großer Dampfer in Sicht, der schnurstracks auf uns zusteuerte. „Hilfskreuzer oder Handelsschiff?" das war natürlich der erste Gedanke. Kurz nach dem Insichtkommen gab der Dampfer, der etwa 6000 Tonnen groß sein mochte, aus uns unerklärlichen Gründen hart Backbord Ruder und drehte auf östlichen Kurs. Die dicken Rauchwolken, die plötzlich seinem Schornstein entquollen, bewiesen, daß er mit äußerster Fahrt an uns vorbeizukommen hoffte. Durchs Glas erkannten wir jetzt auch, daß er einen großen weißen Namen und zwei noch größere norwegische Flaggen auf der Bordwand trug. Also wieder ein Landsmann! Aber dieses Mal einer, der seinem Kameraden nicht traute, denn je mehr wir uns ihm näherten, desto mehr steuerte er nach NO, auf diese Weise immer eine respektvolle Entfernung zwischen sich und uns lassend. Erst nachdem wir seine ursprüngliche Kurslinie passiert hatten, dampfte er wieder auf OSO, seinen alten Kurs, und war dann bald nur noch als kleiner Punkt am Horizont zu erkennen. Anscheinend hielt uns dieser Norweger, der von Schottland kam und vermutlich nach Stavanger oder Lindesnaes wollte, für nicht ganz sauber, weil wir auf einem so ungewöhnlichen Track fuhren. Vielleicht witterte er in uns einen verkappten Hilfskreuzer. Dann wäre die obenerwähnte „Times"-Meldung am Ende auf ihn zurückzuführen.

Ich muß sagen, daß diese Art von Seefahrt uns allmählich einen diebischen Spaß machte. Nicht nur, daß wir von den Engländern unbehelligt blieben, nun rissen sogar friedliche Handelsdampfer vor uns aus! Es sollte aber noch viel schöner kommen!

Als ob es selbstverständlich gewesen wäre, entlud der

Himmel mit Anbruch der Nacht die schweren bleigrauen Wolken, die sich allmählich zusammengeballt hatten. Beinahe zwei Stunden mußten wir die feuchte Ladung über uns ergehen lassen, dann setzte zur Abwechslung wieder Nebel ein, so dick, wie wir ihn bisher noch nicht hatten. Wir entwickelten nachgerade einen solchen „Wetterdusel", daß ich fast geneigt war zu glauben, auf dieses unerhörte Glück würde über kurz oder lang eine große Enttäuschung folgen. Es schien mir ausgeschlossen, daß es in dieser Tonart bis nach Irland weitergehen könne. Auch meine Leute äußerten sich zuweilen in diesem Sinne. Es waren aber glücklicherweise immer nur Augenblicksgedanken, die schnell wieder verflogen. Das nasse Wetter benutzten wir jetzt und auch später noch verschiedentlich, um insbesondere den norwegischen Instrumenten, Fernglässern und Seekarten und der nicht unbeträchtlichen Bibliothek, bestehend aus Signalbüchern, nautischen Handbüchern, Tabellen und Journalen, zu einem noch ehrwürdigern Aussehen, als es bisher möglich gewesen war, zu verhelfen. An andrer Stelle habe ich schon auf den Zweck und die Art dieses Verfahrens hingewiesen. Nicht nur zum besseren Verständnis meiner Leser, sondern auch in unserem eigenen Interesse, damit wir nicht ungerechtfertigterweise in ein schiefes Licht geraten. Es ist unter zivilisierten Menschen im allgemeinen nicht üblich, neue und kostbare Gegenstände mit Gewalt zu ruinieren und zu beschmutzen. Hier bei uns war es aber eine absolute Notwendigkeit. Es brauchte durchaus nicht der schlauste Engländer zu sein, um beispielsweise an drei nagelneuen Fernglässern oder an ein paar völlig unbenutzten nautischen Tabellen, die doch gewissermaßen zum täglichen Brot des Seefahrers gehören, sofort Verdacht zu schöpfen. Wir ersannen infolgedessen fast täglich neue Methoden, um unsere Maske zu vervollständigen. Die neueste war, daß, sobald es naß wurde, alles was zu der besagten Ausrüstung gehörte, auf die Kommandobrücke geschleift und dort auf dem großen Kartentisch ausgebreitet wurde. Der wachhabende Offizier sorgte dafür, daß alles hübsch gleichmäßig befeuchtet und aufgeweicht wurde, indem er von Zeit zu Zeit die

Seiten der Bücher umblätterte. Einzelne Stellen, die unsern abgelaufenen Kursen gemäß besonders stark benutzt sein mußten, z. B. die Azimuttabellen in den Breiten von 50—60° Nord, wurden besonders „abgegriffen" gemacht. Die dazu nötigen Fingerabdrücke am Rande lieferte der schon erwähnte Twistballen. Die Seekarten, die hübsch schwarzlackierten Instrumente und alles, was sonst noch zum täglichen Gebrauchsinventar gehörte, wurden in ähnlicher Weise bearbeitet.

Man sollte glauben, daß eine einmalige Kur dieser Art ausreichend gewesen wäre. Das war aber durchaus nicht der Fall. So mußten sich die armen Bücher während der nächsten Tage noch manche recht unsanfte Behandlung gefallen lassen.

VIII.

Ernste und heitere Stunden.

Vier volle Tage waren wir nun schon unterwegs und hatten von der „Grand Fleet" der Engländer außer ein paar Scheinwerferkegeln noch nichts zu Gesicht bekommen. Mit der „meerbeherrschenden" Flotte war es also scheinbar nicht so weit her!

Unser kleiner „Aud" lief immer noch ganz brillant, trotz der etwas bewegten See. Die nächste englische Bewachungslinie mußten wir am kommenden Mittag erreichen. Falls sich in der Postierung dieser Fahrzeuge nichts geändert hatte, war für die Nacht kaum etwas Besonderes zu erwarten, es sei denn, daß ein von Schottland nach Norwegen steuerndes Kriegs- oder Handelsschiff unsern Kurs kreuzte. Da wir keine Topp- und Seitenlichter mehr führten, konnte uns jetzt nur angestrengteste Aufmerksamkeit vor einer Begegnung oder gar einem Zusammenstoß bewahren, denn es war klar, daß auch die englischen Schiffe mit abgeblendeten Lichtern fahren würden. Zuweilen, wenn sich der Nebel ein wenig lichtete, glaubten wir plötzlich den Schatten eines Schiffes zu erkennen. Hinterher aber erwies sich diese Annahme stets als falsch. Entweder hatte die etwas erhitzte Phantasie uns dieses Trugbild vorgezaubert, oder es war eine optische Täuschung. Man hat das oft bei solchem Wetter, weil an der Stelle, wo sich der Nebel zerteilt, der schwarze Schatten des Wassers hervortritt, der durch die Strahlenbrechung etwas gehoben erscheint.

Von Mitternacht ab ließ ich Nordkurs steuern, um die

etwa 60 Seemeilen östlich der Shetland-Inseln ausgelegte Kreuzerlinie zu umgehen und gleichzeitig immer noch genügend weit von der norwegischen Küste abzubleiben. Auch hier oben sollten an der Küste vereinzelt Kriegsschiffe stehen, und es war nicht ausgeschlossen, daß diese Patrouillenkette inzwischen noch verstärkt war.

Die einzige, aber nicht unangenehme Abwechslung unserer eintönigen Wache in dieser Nacht war — eine gute Tasse Kaffee, die unser braver „Smuttje" uns alle zwei Stunden auf die Brücke brachte. Natürlich bekamen auch die Leute von der Wache dann jedesmal ihr Teil ab. Das war etwas wahrhaft Erfrischendes und brachte den vom ewigen Stehen und Ausguckhalten erschlafften Körper wieder auf die Beine. Mit dem zunehmenden Morgengrauen verzog sich leider auch der schützende Nebel, dessen wir gerade jetzt so sehr bedurften. Zum Glück ließ er aber seine Spuren zurück, so daß die Luft im großen und ganzen recht trübe blieb. Wenn es auch zeitweise 7—8 Seemeilen weit sichtig war, so bestand doch die Aussicht, daß die Wetterverhältnisse während der nächsten Stunden wenigstens nicht besser wurden. Um von der Nachtwache ein wenig auszuruhen, hatte ich mich auf dem kleinen Sofa im Kartenhaus langgestreckt. (Soweit man bei einer Bank von 1.60 Meter Länge und einer Körperlänge von 1.84 Meter von „langstrecken" reden kann.) Viel Ruhe war mir aber nicht vergönnt, denn schon kurz darauf wurde ich geweckt. „Na, was gibt's denn wieder?"

„Herr Kapitän, ich glaube, wir sind in ein Minenfeld geraten!" war die hastige Antwort des Signalgasten, der keuchend vor mir stand.

„Unsinn! Wie soll hier auf 500 Meter Wassertiefe ein Minenfeld hingeraten?"

„Jawohl, Herr Kap'tän, ich glaube, es sind treibende."

Während meiner Tätigkeit in der Nordseevorpostenflottille hatte ich zuviel mit Minen, insbesondere mit englischen Minen, zu tun gehabt, um mir in diesem Augenblick auch nur die geringsten Gedanken darüber zu machen. Als ich auf die Brücke kam, fand ich meine Vermutung dann auch bestätigt. Dichtbei, an Steuerbord, kam eine der bekannten englischen Hebelminen angeschwommen, die sich vermutlich irgendwo bei den Orkneys oder Shetlands losgerissen hatte. In einiger Entfernung davon trieben einige leere Konservenbüchsen und Kisten, die der gute Mann von weitem ebenfalls für Minen gehalten hatte. Es bestand also keine direkte Gefahr für das Schiff, die Hauptsache war guter Ausguck, denn es war ja nicht völlig ausgeschlossen, daß die Engländer hier aus irgendeinem Grunde Treibminen gelegt haben mochten. In der nächsten halben Stunde passierten wir noch mehrere dieser kleinen Ungeheuer, die ebenso stark verrostet waren wie die erste Mine. Sie hatten demnach schon ein beträchtliches Alter hinter sich. Daß sie so frei hier herumtrieben, ließ darauf schließen, daß weiter nördlich während der letzten Tage stürmisches Wetter gewesen sein mußte. Infolge ihrer schlechten Verankerung reißen sich die englischen Minen dann sehr leicht los.

Aus meiner Ruhe sollte an diesem Morgen nicht viel werden, denn kaum war ich wieder unten, da ging oben an Deck ein lautes Getrampel und Rufen los.

„Rauchwolken an Backbord querab!" Hm, was konnte das sein? Ein Dampfer wäre nicht ausgeschlossen gewesen. Näher aber lag der Gedanke an ein Kriegsschiff, weil wir nicht mehr weit von der Shetland=Linie entfernt sein konnten.

Eine Viertelstunde lang war nichts zu sehen als eine große Rauchmasse, die bald schwächer, bald stärker wurde. Eine Zeitlang sah es so aus, als ob der Qualm aus mehreren Schornsteinen käme. Um ganz sicher zu gehen, ließ ich den 1. Offizier mit einem vorzüglichen Zeißglas in den Vortopp hinaufklettern. Das hatte den gewünschten Erfolg. Wenige Sekunden später wurde von oben „ein hoher Gefechtsmast" gemeldet. Schornsteine waren noch nicht zu erkennen. Ein Kriegsschiff also! Jetzt wurde die Geschichte brenzlich.

„Alarm! Maschine möglichst rauchlos fahren! — Kurs

Nordost!" Noch weiter östlich als NO zu fahren, war vorläufig nicht ratsam, weil möglicherweise rechts von uns auch noch Kriegsschiffe stehen konnten und vorderhand nicht auszumachen war, in welcher Richtung der Kreuzer fuhr. Wir dampften also zunächst in der angegebenen Weise weiter. Das „Rauchlosfahren", das wir hier zum ersten Male versuchten, funktionierte wider Erwarten ausgezeichnet. Das war um so anerkennenswerter, weil weder die Handelsschiffe besondere Vorrichtungen dazu haben, noch das Personal (meine Mannschaft bestand fast ausschließlich aus Reservisten) darauf geschult ist.

Die nun folgenden Minuten waren sicherlich die gespanntesten während der ganzen bisherigen Fahrt. Der Kreuzer schien mit Volldampf näherzukommen, denn jetzt war auch schon von der Brücke aus der Mast mit den hohen Funkenstengen erkennbar. „Ein zweiter niedriger Mast wird jetzt sichtbar!" meldete der Ausguck.

Aus der beschriebenen Stellung der Masten zueinander ist ersichtlich, daß der Engländer ungefähr Nordost steuert. Ob er uns am Ende schon gesehen hat? — Ich gebe weitere vier Strich Steuerbord, so daß wir jetzt auf Ostkurs liegen. Vielleicht ist ein Entkommen noch möglich. Der große Unterschied in der Höhe der Masten läßt keinen Zweifel mehr, daß wir es hier mit einem der allerneuesten und schnellsten englischen Kreuzer zu tun haben. Wenn er uns bemerkt, ist jeglicher Fluchtversuch zwecklos. Wir dürfen aber damit rechnen, daß die Wachsamkeit des Engländers eine wesentlich geringere ist als die unsrige. Es ist ja leicht erklärlich, daß man in dem eintönigen Vorpostendienst abstumpft, wenn man tagaus, tagein immer dieselbe Strecke abfährt und höchst selten einmal etwas erlebt. Immer nur Wasser und Himmel und Himmel und Wasser, das wirkt auf die Dauer einschläfernd! Und so war es auch in der Tat!

Mit einem wahren Jauchzer verkündet plötzlich der Ausguck, daß der Kreuzer abdreht. Als wir näher hinsehen, gewahren wir in der Tat, daß der hohe Gefechtsmast, der anfänglich östlich von dem niedrigen Mast sichtbar war, jetzt in nordwestlicher Richtung davon steht.

Es war somit klar, daß der Kreuzer auf Westkurs gedreht und, was das beste war — uns nicht entdeckt hatte! Kurze Zeit später war von den Masten schon nichts mehr zu sehen, und bald kringelten sich nur noch ein paar kleine Rauchwolken über dem dunstigen Horizont. Alles das kam derartig schnell und überraschend, daß wir noch gar nicht so recht unser Glück begreifen konnten. Waren die Engländer denn eigentlich mit Blindheit geschlagen? Das rauchlose Fahren hatte uns also tatsächlich vor dem Gesehenwerden bewahrt. Einen natürlichen Schutz hiergegen boten allerdings auch unsere auffallend niedrigen Masten, die nach Art der Collier nur wenige Meter höher als der Schornstein waren. Eine sofort vorgenommene Berechnung des Schiffsortes ergab, daß wir uns rund 75 Seemeilen östlich von den Shetlandinseln befanden. Eine leichte Nebelwand hatte den Kreuzer jetzt vollkommen unsern Blicken entzogen, und da sich rundum nichts Auffälliges regte, durften wir mit ziemlicher Sicherheit annehmen, es hier mit dem Schlußkreuzer der Vorpostenlinie zu tun zu haben, die wenige Wochen vorher der heimkehrenden „Möwe" beinahe zum Verhängnis geworden war. Nur schien die Kette jetzt etwas weiter nach Osten ausgedehnt zu sein. Wenn nun nicht zufällig an der norwegischen Küste noch ein paar Engländer standen, die uns den Weg versperrten, dann durften wir diese Shetlandblockade als passiert betrachten. Welche Bedeutung das für uns hatte, läßt sich am besten daran ermessen, daß gerade diese Linie dazu bestimmt war, die Nordsee nach Norden abzusperren, um Durchbruchsversuche deutscher Hilfskreuzer zu verhindern.

Ein großes Hindernis war somit jetzt überwunden. Die nächste Schwierigkeit lag für mich in der Frage: Welcher Kurs ist jetzt der ratsamste? Das blieb auch in Zukunft stets eine der kniffligsten Fragen. Der kürzeste Weg wäre fraglos die Route zwischen Schottland und den Orkneyinseln oder zwischen den Orkneys, Shetlands und den Faröerinseln hindurch gewesen.

Die Entfernung zwischen diesen Küsten war aber sehr gering und sicherlich stark bewacht. Der weit größere Umweg über Island würde rund 8½ Tage in Anspruch nehmen bei einer Durchschnittsgeschwindigkeit von 10 Seemeilen pro Stunde bis zum Ziel. Voraussetzung dabei war natürlich, daß keinerlei Hindernis eintrat. Diese Möglichkeit bestand natürlich immer. Welchen Kurs ich auch nehmen würde, überall war der Weg versperrt. Es kam also nur darauf an, den zu wählen, der die meisten Aussichten bot, durchzukommen.

Außer der soeben passierten Linie, die östlich der Shetlands patrouillierte, stand noch eine Vorpostenlinie nördlich von den Shetlands, die mehrere hundert Seemeilen ausgedehnt war. Zwischen Island und Faröer war die Hauptblockade, eine rund 200 Seemeilen ausgedehnte Kette von nur großen und starken Hilfskreuzern, die sehr dicht besetzt war. Das dritte Hindernis was das Eis nördlich von Island. Den letzteren Weg behielt ich mir, um nichts unversucht zu lassen, zunächst als Reserve vor, falls alle anderen sich als aussichtslos erweisen sollten; es war leider nicht möglich gewesen, vor der Abfahrt genaue Berichte über die augenblicklichen Eisverhältnisse bei Island zu bekommen. Hatte sich das Eis aber noch nicht oder nur teilweise gelöst, dann war ein Durchkommen ausgeschlossen; wir liefen nur Gefahr, fest zu geraten. Dann aber waren wir wahrscheinlich für immer verschollen. Menschliche Berechnung allein konnte hier nicht den Ausschlag geben. Wind und Wetter und allerhand Zufälligkeiten gaben oft den Dingen eine ganz andere Wendung als beabsichtigt war. Das Glück spielte immer eine ganz besondere Rolle bei dieser Fahrt wie auch bei allen anderen Blockadefahrten deutscher Schiffe. Darum wäre es unsinnig, wenn jemand sich rühmen wollte, das Gelingen einer solchen Fahrt lediglich seiner eigenen Tüchtigkeit zuzuschreiben. Tüchtigkeit allein half da nichts.

Es wäre auch unzweckmäßig gewesen, wenn ich mich für mehr als einen Tag an einen bestimmten Plan gebunden hätte. Der Weg zwischen Island und Faröer hindurch war zwar nicht der kürzeste, aber wir rechneten aus, daß wir, wenn kein größeres Hindernis eintrat, bequem zur rechten Zeit am Ziel sein konnten. Wir hatten dann sogar noch zwei Tage „im Sack", wie der Seemann sagt, d. h. zwei Tage in Reserve. Lieber war mir aber, der Kürze halber, der Weg zwischen Faröer und den Orkneys hindurch. Ich beschloß deshalb, zunächst an der nördlich von den Shetlands stehenden Linie entlang zu dampfen und bei günstiger Gelegenheit einen Durchbruch zu versuchen. Der Barometerstand ließ auf ruhiges Wetter schließen. Das wichtigste war jetzt ein genauer Schiffsort. Seit dem Verlassen von Paternoster hatten wir kein genaues Besteck mehr gehabt. Die Strömung konnte uns allmählich stark versetzt haben; alle unsere Berechnungen stützten sich nur auf Schätzungen. Ob die Sonne bis zum Mittag durchkommen würde, war sehr fraglich. Es hätte auch nichts genützt, denn über der Kimm (Horizont) lag noch so starker Dunst, daß eine Sonnenmessung unmöglich war. Es blieb also nichts anderes übrig, als die Küste anzusteuern, um durch Lotungen oder Landpeilungen genau festzustellen, wo wir uns befanden. Also mit Volldampf ostwärts, Kurs auf Bremangerland, am Nordfjord! Fast genau zu dem vorher berechneten Zeitpunkte hatten wir durch Lotung die sogenannte 100=Faden=Grenze gefunden und damit den Längengrad unseres Schiffsortes. Soweit stimmte also unsere Rechnung. Nun fehlte noch die Breite. Schneller als wir es zu hoffen wagten, kam uns auch hier das Glück zu Hilfe.

Es mochte etwa eine halbe Stunde vor Mittag sein, als sich die Nebelschwaden vor uns mit einem Male lichteten. Ein breiter, schwarzgrauer Streifen zeigte sich überm Wasser, der von Minute zu Minute länger und höher wurde — Land! Deutlich waren die scharfen Umrisse der hohen Steilküste zu erkennen. Und dann — man hätte glauben können, auf einer Bühne zu sein, wo man Wolken und Nebelstreifen mit recht merkwürdiger Schnelligkeit verschwinden läßt — stiegen die Nebel plötzlich hoch, als flüchteten sie vor dem Fremden, der in sie hineinzudampfen wagte; die Sonne blinzelte durch die Wolken, und kaum zehn Minuten später tat sich ein Panorama von bezaubernder Schönheit vor uns auf.

Aus klarem, tiefblauem Wasser, das fast spiegelglatt war, weil der Wind abgeflaut hatte, reckten sich majestätisch die hohen, schneebedeckten Berge Bremangerlands. Auf den Bergkuppen und den Spitzen der steilen, scharf gezackten Felsen glitzerte der Schnee unter den wärmenden Sonnenstrahlen. Hier und da strömten kleine Wasserbäche über die nackten, grauen Felswände ins Meer hinab oder bahnten sich ihren Weg durch tiefe Schluchten, die wie schwarze Kreidestriche an den Bergen herunterliefen. Nach Osten zu, wo das Gebirge höher wurde, reihte sich Gletscher an Gletscher. Man hätte sich getrost in die Alpen versetzt denken können.

Nach und nach traten auch die vielen Inseln deutlicher hervor, die dem Festlande vorgelagert sind. Weil nichts Verdächtiges auf dem Wasser zu sehen war, ging ich noch etwa eine Stunde lang bis dicht an die Küste heran. Menschliche Behausungen gab es hier nicht; auch keine Leuchttürme oder dergleichen. Mit Hilfe der Segelhandbücher und Karten, in denen gute Silhouetten dieses Küstenstriches abgebildet waren, fanden wir aber bald unsere Position heraus.

Die unvermutete Änderung des Wetters warf natürlich alle vorher gefaßten Pläne wieder über den Haufen. Es wäre vermessen gewesen, bei solch klarem Wetter die Shetlandsblockade durchbrechen zu wollen. Es war mittlerweile so klar geworden, daß man mit bloßem Auge etwa 15 Seemeilen weit sehen konnte; heller Sonnenschein und kaum noch ein Wölkchen am Himmel. Ich hielt es deshalb für das beste, in sicherem Abstande von der Shetlandlinie zu dampfen und zu warten, bis das Wetter sich wieder änderte. Der nunmehr abgesetzte Kurs führte auf den Punkt zu, an dem sich der Polarkreis mit dem Nullmeridian schneidet. Einige hundert Seemeilen nordöstlich von den Faröerinseln; also ein beträchtlicher Umweg. Gegen Abend des nächsten Tages hoffte ich, diese Stelle erreicht zu haben.

Unser „Aud", der bis hierher so brav gelaufen und allen Anforderungen entsprochen hatte, fing jetzt auf einmal an, zu bocken. Schon am Morgen, kurz bevor der Kreuzer in Sicht kam, hatten wir eine Viertelstunde lang stoppen müssen, weil eine Packung an der Maschine herausgeflogen war. Gerade, als wir den neuen Kurs aufnehmen wollten, flog jetzt wieder eine Packung heraus. Außerdem hatte sich ein Lager warm= gelaufen. Es stellte sich heraus, daß die Maschine doch nicht so intakt war, wie es ursprünglich aussah. Der Obermaschinist bat mich dringend, baldmöglichst ein paar Stunden zu stoppen, um die verschiedenen Reparaturen ausführen zu können. Das fehlte mir gerade noch! Von der Maschine hing aber letzten Endes alles ab. Ich vertröstete ihn deshalb auf morgen, wo voraussichtlich bessere Gelegenheit war, und ließ heute nur das Notwendigste reparieren.

Der Umstand, daß bis zu dieser Stunde unsere Fahrt in vollem Umfange geklappt hatte, war die Veranlassung zu einer allgemeinen Freude und Ausgelassenheit. Das herrliche Früh= lingswetter — nach den naßkalten Tagen eine große Wohltat — tat das seinige dazu. Die dicken Mäntel und Peajacketts, die in den letzten Tagen nicht vom Leibe heruntergekommen waren, wurden schleunigst ausgezogen und, Innenseite nach außen, in die Sonne gehängt. Es war so warm, daß man getrost in Hemdsärmeln gehen konnte. Nirgends war ein feind= liches Anzeichen zu entdecken; es war, als gondelten wir im tiefsten Frieden an der Küste entlang, um die Schönheiten Nor= wegens zu genießen, etwa, wie man es auf einer Vergnügungs= reise nach dem Nordkap macht. Die ganze Situation erinnerte mich lebhaft an meine erste Kap=Horn=Umsegelung mit dem Schulschiff „Herzogin Sophie Charlotte". Als wir damals an der Küste von Feuerland, der südlichsten Spitze von Süd= amerika, entlang fuhren, bot sich uns ein ganz ähnliches Bild. Nur war es etwas belebter durch die vielen Albatrosse und Kaptauben, auf die wir wegen des außergewöhnlich guten und ruhigen Wetters Jagd machten. Um die gute Stimmung noch mehr zu heben, ließ ich das Grammophon auf die Brücke holen. Seit der Abfahrt von Lübeck hatte es noch nicht zur Geltung kommen können. Um so größer war jetzt die Freude, und wenn das Programm durchgespielt war, fingen wir wieder von vorn an. Währenddessen stand der brave „Smuttje" schweißtriefend in der Kombüse und kochte große Töpfe voll Kakao, den ich zur Feier des Tages anstatt Kaffee bestellt hatte. Wir waren nicht wenig überrascht, als er uns dazu noch einen selbstgebackenen Sandkuchen präsentierte. Das Material dazu hatte er sich, ohne etwas davon zu sagen, zurzeit vom „Polarstern" mitgebracht. Eine wahre Perle von einem Koch, genau wie sein Pantry= kollege Bruns. Wenn die beiden während ihrer freien Zeit an der Küchentür standen und sich „Döntjes" erzählten, dann inter= essierten sie sich für alles, was auf dem Wasser vor sich ging. Manchesmal habe ich mit heimlichem Vergnügen ihren Ge= sprächen von der Brücke aus zugehört, wenn sie die Aussichten der Fahrt besprachen oder darüber diskutierten, ob der „Alte" wohl weiter „so'n Schwein" haben würde, oder ob das wohl an der „Navigatschon" läge! Die Bezeichnung „der Alte" machte mir besonders viel Spaß. Ich fühlte mich zwar noch gar nicht so alt, nahm ihnen aber diese Bezeichnung nicht weiter übel. Es ist eine jahrhundertealte Überlieferung in der Marine, daß der Befehlshaber eines Schiffes unter der Besatzung kurzweg der „Alte" oder der „Olle" heißt, auch wenn er ein blutjunger Leutnant oder gar Fähnrich ist.

Wenn die beiden nun so zusammen an der Reling standen und die schwierigsten Probleme zu lösen versuchten, dann taten sie doch kaum einen Zug aus ihrem abgekauten Pfeifenstummel, ohne dabei einen Blick übers Wasser streifen zu lassen, und nicht selten gewahrten sie den einen oder andern treibenden Gegen= stand auf dem Wasser, der uns auf der Brücke entgangen war. Auch die übrigen Leute der Besatzung waren unausgesetzt be= strebt, das Wachpersonal im Ausguck zu unterstützen. Kaum einer machte wohl einen Schritt über Deck, ohne zuvor mal einen Rundblick über den Horizont zu tun. So wußten wir oben auf der Brücke, daß immer noch einige Augenpaare mehr auf der Hut waren.

Die Zukunftsausſichten bildeten heute natürlich das Hauptgeſprächsthema. Welche Ausſichten werden ſich uns bieten? Wie wird das Wetter werden? Ob wir wohl noch mehr Kreuzer treffen, und ob wir am Ende doch noch eine Unterſuchung durchzumachen haben werden? Das waren die Fragen, die uns jetzt beſchäftigten. Wenige Wochen waren erſt vergangen, ſeitdem die „Möwe" faſt an der gleichen Stelle, an der wir vormittags den Kreuzer paſſierten, auf ihrem erſten Heimwege die Blockade durchbrochen hatte! Uns allen ſtand noch das Bild vor Augen, wie ſie, begleitet von der Hochſeeflotte, ihren Einzug in Wilhelmshaven gehalten hatte. Ein Triumphzug ohnegleichen. Herrgott! Wenn es uns gelänge, es der „Möwe" gleich zu tun! Der bloße Gedanke daran ließ alle Herzen höher ſchlagen.

Langſam ging der Tag zur Neige; das Grammophon war längſt in ſeinem Kaſten verſtaut, und alles ging wieder ſeinen alten Gang, denn mit Einbruch der Dunkelheit begann auch wieder der Ernſt des Lebens. Nur etwas hatte ſich ſeit dem Vormittag geändert oder beſſer geſagt, noch mehr verbeſſert: unſere Stimmung und unſere Zuverſicht!

Wunderbar war die Nacht. Tauſende und aber Tauſende von Sternen bedeckten den klaren Himmel und erhellten die weite, endloſe Waſſerfläche, auf der ſich nur hier und da ein leiſer Luftzug bemerkbar machte. Sonſt war alles ringsherum totenſtill. Anfangs unterhielten wir uns noch eine Weile, dann verſtummte auch die Unterhaltung. Jeder ging ſeinen eigenen Gedanken nach. Es war ja auch das richtige Wetter zum Träumen! Man dachte an die Heimat, an die Lieben, die man zurückgelaſſen! Was aus ihnen wohl werden würde? Und aus uns? Man ſann und ſann und ſchmiedete Pläne, brauchbare und vermeſſene, denn immer wieder traten einem die glänzenden Taten der „Möwe" vor Augen. Ja, wenn auch wir erſt wieder auf dem Heimweg wären! — — —

IX.

An der Grenze des Eismeeres.

Als am nächsten Morgen die Dämmerung einsetzte und der erste rötliche Schimmer am Horizont den nahenden Sonnenaufgang verkündete, hatte sich an der Situation vom Tage zuvor noch nichts geändert. Nur, daß die Berge und Gletscher im Südosten mittlerweile verschwunden waren, weil wir jetzt einige 150 Seemeilen weiter nördlich standen.

Herrlich war der Sonnenaufgang. Anfangs nur mit einem winzigen roten Fleckchen über dem Horizont hervorlugend, dann immer höher und breiter werdend, reckte sich die mächtige Sonnenscheibe über den scharf abgegrenzten Wasserspiegel. Zuerst langsam, dann scheinbar schneller, kam allmählich das ganze Sonnenbild zum Vorschein. In langer, schnurgerader Linie fielen die gleißenden Strahlen übers Wasser und tauchten unser Schiff in eine Flut von Gold und Purpur, die das Auge fast blendete. Über dem Wasser ging unterdessen ein farbenprächtiges Schauspiel vor sich. An der Stelle, wo die Sonne emporkam, nahm die rötlichgelbe Färbung, die nach dem Zenit und nach den Seiten in fahle, gelbgrüne und bläuliche Streifen überging, eine wunderbar goldglänzende Tönung an, die sich von Sekunde zu Sekunde änderte. Die kleinen Zirruswölkchen leuchteten bald lila, bald rosa oder purpurfarben, während die Randungen der Wolkengebilde goldgelb schimmerten. Unaufhörlich und mit solcher Schnelligkeit änderte sich dieses Farbenspiel, das es einem Maler nicht möglich gewesen wäre, die einzelnen Farbentöne schnell genug auf der Leinwand festzuhalten. Erst, als die Sonne höher stieg, verblaßten allmählich die frischen, saftigen Farben, und kaum eine Viertelstunde später hatten Himmel und Wasser wieder ihr Alltagskleid angenommen.

Wir benutzten die günstige Gelegenheit, um durch Peilungen des Sonnengestirns die Deviation der Kompasse zu kontrollieren. Das Ergebnis war befriedigend. Gegen 9 Uhr vormittags tauchte an Steuerbord ein kleiner Segler auf, der scheinbar nördlichen Kurs steuerte, aber nicht vom Fleck kam, weil der Wind ihm diesen Gefallen nicht tat. Der Segler war etwa drei Seemeilen von uns entfernt. Wir erkannten in ihm einen kleinen Schoner, der augenscheinlich zum Fischfang hier draußen war. Also ungefährlich. Das gute Wetter ermöglichte am Mittag eine genaue Berechnung des Schiffsortes.

Es ist eine alte Erfahrungssache, daß die Menschen nie recht zufriedenzustellen sind. So war es auch mit uns. Regnete es oder war es neblig, dann verwünschten wir zuweilen das Wetter und flehten zu Petrus, daß er uns ein bißchen Sonne schicken möchte, damit wir das astronomische Besteck aufmachen konnten. Und war dann die Sonne glücklich da, wie jetzt, dann wünschten wir sie zu allen Teufeln. Aber immer erst, nachdem wir vorher die Vorteile des jeweiligen Wetters bis zur Neige ausgenutzt hatten. Wenn der gute Petrus da schließlich die Geduld verlor, konnte man es ihm nicht übelnehmen! Deshalb ließ er uns heute scheinbar mal ein bißchen zappeln und sandte uns Undankbaren weder ein bißchen Regen noch den weit mehr ersehnten Nebel.

Gegen 4 Uhr nachmittags hatten wir, wie die astronomische Beobachtung ergab, den Polarkreis erreicht. Nun war guter Rat teuer, denn die Luft war noch genau so klar wie am Morgen, die See spiegelglatt, und nichts ließ auf eine baldige Änderung schließen. Eis hatten wir bisher nicht gesichtet, trotzdem wir jetzt an der Grenze des Eismeeres waren. Daraus ließ sich annehmen, daß der Weg nördlich um Island noch nicht passierbar war, sonst hätte das Eis sich schon losgerissen. Dieser Weg war also zum mindesten unsicher. Ein Durchbrechen der Blockade war aber unter den augenblicklichen Verhältnissen gänzlich aussichtslos, um so mehr, als in Kürze Vollmond war und man hier im hohen Norden eigentlich gar nicht mehr von Nacht reden konnte. Die Zeit vom Dunkelwerden bis Hellwerden dauerte in dieser Breite kaum zwei Stunden. Ich entschied mich deshalb kurzerhand, die Maschine zu stoppen und den nächsten Tag abzuwarten. Ewig konnte dieses Wetter ja doch nicht andauern. Wenn nicht, dann hatten wir immer noch Zeit, weitere Pläne zu schmieden, denn ich hatte noch zwei Tage Spielraum. Vorläufig lagen wir ziemlich sicher, denn es war kaum anzunehmen, daß sich ein feindliches Fahrzeug hierher verirren würde. Wenn die Engländer so hoch im Norden noch deutsche Schiffe erwarten wollten, dann hätten sie ihre Vorpostenkette schließlich bis zum Nordpol auslegen müssen.

Das erste, was jetzt geschah, war die so dringend notwendige Maschinenreparatur, die etwa drei Stunden in Anspruch nahm. Alles wurde noch einmal gründlich nachgesehen, denn man konnte nicht wissen, welche Strapazen unserer Maschine noch bevorstanden. Wenn auch für den Augenblick keine direkte Gefahr bestand, so blieben Brücke und Ausguck doch regelmäßig besetzt. Allen Möglichkeiten mußte Rechnung getragen werden; vor Überraschungen war man jetzt nirgends sicher. So seltsam es klingen mag, so muß ich doch hier erwähnen, daß wir nicht nur vor Engländern, sondern auch vor — d e u t s c h e n U-Booten auf der Hut sein mußten. Bevor wir ausliefen, waren die in Betracht kommenden U-Boote über die „Libau" unterrichtet worden. Leider aber konnte dieser Befehl nicht rechtzeitig an alle Boote gelangen, weil einige auf Fernfahrten begriffen und nicht zu erreichen waren. Die Warnung, die ich vor der Abreise von Berlin mit auf den Weg bekam, war also nicht unberechtigt. Das konnte ja heiter werden, wenn wir plötzlich von einem deutschen U-Boot abgeschossen wurden. Am Ende traf man dann noch einen Kameraden!

Um mir den „Aud" mal von außen anzusehen, ließ ich ein Boot aussetzen. Wie lohnend das war, sollte sich bald zeigen. Als Schiff sah der „Aud" ganz ordentlich aus auf dem Wasser; das ließ sich nicht abstreiten. Aber — o Graus — was waren das für merkwürdige weiße, rote und blaue Striche und Punkte auf der Bordwand! Wir glaubten unseren Augen nicht recht zu trauen. Gerade, als ob ein kleiner Junge mit großen Zügen ein paar Buchstaben aufgemalt hätte, die von links nach rechts bergab gingen und mit einem riesigen Punkt endigten; so sah das „Aud=Norge" aus. Das war ja eine schöne Kleckserei! Und zu beiden Seiten, da, wo von Rechts wegen die norwegischen Farben prangen sollten, schien ein Maler seinen ganzen Farb= kasten ausgeschüttet zu haben! Angesichts der schwierigen Ver= hältnisse, unter denen der Anstrich stattgefunden hatte, war das Mißlingen der Arbeit nur zu begreiflich und ebenso, daß bei dem hohen Seegang der untere Teil der Farben abgewaschen und die obere Partie ziemlich durcheinandergelaufen war. Was mich nur wunderte, war, daß man uns mit dieser karnevalistischen Bemalung bisher ungehindert hatte passieren lassen. Nun war mir auch klar, warum das deutsche Torpedoboot und die Schiffe, denen wir im Sund begegneten, uns so mißtrauisch von allen Seiten begafft hatten! Ich machte ein paar photographische Aufnahmen, und dann ließ ich schnell an Bord zurückrudern. Stellinge, Farben usw. wurden herausgeholt, und nun ging's außenbords! Nach zehn Minuten hing die ganze Besatzung an beiden Seiten der Bordwand und „malte", wie es an Bord heißt, denn „anstreichen" gibt es nur bei den Landratten — weil das jeder kann. Der Janmaat sucht für derlei Sachen gern einen hübscheren Namen, weil seine Arbeit ihm mehr „Kunst" ist. Nach etwa zwei Stunden war alles fertig. Die wachfreien Offiziere und Maschinisten und ich selbst hatten eifrig mitgepinselt und die Buchstaben vorgezeichnet. Nun sah das Bild schon wesentlich anders aus. Befriedigt zogen wir die Stellagen an Deck, und dann ließ ich Feierabend machen. Ein paar Stunden ungestörter Ruhe taten uns allen gut, denn der schwerste Teil der Fahrt stand uns noch bevor. Der Koch mußte zum Abend ein Extraessen für alle Mann liefern: Labskaus mit Mixed Pickles, das Leibgericht aller Seefahrer. Dazu erhielt jeder eine Flasche Bier. Das Grammophon ersetzte die Tafelmusik. Mein 2. Offizier leitete das Konzert stimmungsvoll ein mit der Weise: „Still ruht der See."

Ja, das stimmte allerdings! Leider! Ein kräftiger Nordwester mit viel Regen wäre mir in diesem Augenblick lieber gewesen. Die See war so ruhig und glatt wie auf einem Ententeich. Eine langgezogene, westliche Dünung, in welcher der „Aud" bedächtig auf und nieder stampfte, war die einzige Bewegung, die zu verspüren war. Die dickgeballten, schneeweißen Wolken spiegelten sich mit klarer Deutlichkeit auf dem tiefblauen Wasser. Gegen Abend bezog sich der Himmel mit einem dünnen Schleier kleiner zerrissener Windwolken, die langsam von Westen aufkamen. Aha! Das war das beste Anzeichen kommenden Wetterwechsels. Um auf alles gerüstet zu sein, machten wir die Seekarten und Journale bis zum heutigen Datum fertig, und zwar so, als ob wir zwischen den Shetland- und Färöerinseln hindurch gewollt hätten. Wenn wir dann demnächst auf anderem Kurs getroffen würden, mußte uns die Ausrede helfen, wir hätten im Nebel während der letzten Tage kein Besteck gehabt und seien vom Kurs abgegangen, um nicht auf die Felsen von Faröer zu laufen.

Das, was innerhalb der nächsten 24 Stunden zu geschehen hatte, bedurfte reiflicher Überlegung. Ich hielt deshalb in der kleinen Messe einen Schiffsrat ab. Die Blockadelinie, welche vor uns stand und die wir unbedingt durchbrechen mußten, falls wir nicht nördlich um Island herumgehen wollten, war die stärkste aller Bewachungsketten. Es war anzunehmen, daß auf ihr mindestens 10—12 große Hilfskreuzer standen. Die Strecke Faröer—Island beträgt an der engsten Stelle rund 200 Seemeilen. Wenn die Schiffe also eine Durchschnittsgeschwindigkeit von nur 15 Seemeilen besaßen, war kaum zu erwarten, daß wir ungesehen durchschlüpfen würden, wenn nicht dicker Nebel uns begünstigte. Der Abstand zwischen den hin und her kreuzenden Schiffen konnte nur ein ganz geringer sein. Wohl selten in meinem Leben habe ich so viel Koppelkurse und Entfernungen berechnet wie an diesem Abend. Alle verfügbaren Seekarten und Segelhandbücher mußten herhalten, stundenlang lagen wir mit Bleistift und Zirkel über den großen Karten, rechneten und stellten Erwägungen an. Aber es kam immer wieder auf dasselbe hinaus: Der Durchbruch m u ß t e gewagt werden, denn alle anderen Wege waren zu ungewiß. Es blieb also dabei: Morgen sollte der Durchbruch stattfinden — falls bis dahin die Wetteraussichten einigermaßen versprechender waren als heute.

Wir sahen nach dem Barometer. Herrgott! Sollte es möglich sein?! Die Nadel war in den letzten vier Stunden um beinahe zwei Millimeter gefallen! Da pfeift es auf einmal durchs Sprachrohr neben meiner Koje.

„Na, was gibt's?"

„Herr Kap'tän, an Backbord kommt eine Wasserhose. Kommt sehr schnell auf!" ruft da jemand von der Brücke. Kaum waren wir an Deck, da zog das Ungetüm schon vorüber, eine hohe schwarze Wassersäule von vielleicht fünf Meter Durchmesser, die sich nach der Mitte zu verjüngte und nach oben, je höher sie in die Wolken klomm, wieder breiter wurde. Auffallend war die große Geschwindigkeit, mit welcher dieses Naturwunder trotz völliger Windstille übers Wasser fegte. Welche Kraft in der Wassersäule steckte, sah man an dem starken Wirbel, der eine hochschäumende und brodelnde Kiellinie auf der Oberfläche zurückließ. Gut, daß sie nicht über unser kleines Schiff kam, sie hätte uns sicherlich ein unangenehmes Andenken hinterlassen!

Ich hatte mich gerade in meiner Kammer, deren Behaglichkeit ich sonst so wenig ausnutzen konnte, ein wenig zur Ruhe gelegt, als ich durch heftiges Gepolter über mir plötzlich aufgeschreckt wurde.

„Himmelkreuzdonnerwetter! Was ist denn nun schon wieder los?" Ich war noch nicht halb die Treppe hinauf zur Kommandobrücke, da flog mir ein harter Gegenstand an den

Kopf. Ah — — —! Es war nicht schwer, die Situation sofort zu begreifen, denn besagter Gegenstand, der mir eine dicke Beule an der linken Stirnhälfte beibrachte, war — das große internationale Signalbuch! Düsselmann und Rost hatten in ihrem Übermut (sie sagten allerdings: einem notwendigen Bedürfnis entsprechend) aufs neue den Zerstörungskampf mit den Büchern aufgenommen! Da nahm ich all meine Zornesausbrüche zurück und kletterte beruhigt wieder nach unten. Ob es nun Übermüdung und die Aufregung vor dem Bevorstehenden oder ob die Beule am Kopf daran schuld war, das weiß ich heute nicht mehr. Ich weiß nur, daß ich in dieser Nacht keine Ruhe finden konnte.

X.

Quer durch die Hauptblockade.

Am nächsten Morgen war das Barometer um weitere drei Millimeter gefallen. An Stelle der blendend weißen Wolken, die gestern noch wie riesige Schneemassen am Himmel gehangen hatten, kamen jetzt schmutzig graue Windwolken langsam von Westen heraufgezogen. Zuweilen strich ein leichter Hauch übers Wasser, bald von Norden, bald von Westen, bald wieder aus südwestlicher Richtung. Das war sehr erfreulich, denn nun war an einer baldigen Änderung des Wetters nicht mehr zu zweifeln. Der 2. Offizier suchte eifrig den Horizont ab und sagte dann etwas Unverständliches vor sich hin.

„Ich tippe auf einen kleinen, niedlichen Nordwester mit Regen," warf ich scherzend ein, „vielleicht auch Nebel. Riechen Sie noch nichts!"

„Hm!" brummte der Steuermann und kniff bedächtig die Nasenflügel zusammen, „das könnt' schon sein! Ich wollte es bloß noch nicht sagen, aber ich hatte auch schon so das Gefühl, als ob —"

„Na, sehen Sie, da sind wir uns ja wieder einig! Ich habe früher nie recht dran glauben wollen, aber die Praxis hat mich doch gelehrt, daß man den Nebel in der Tat oft riechen kann, bevor er da ist. Wollen's abwarten!"

Die 8-Uhr-Sonnenhöhe ergab 1 Grad westl. Länge. Wir waren also, trotz der gestoppten Maschine, seit gestern um die

Breite eines Längengrades durch die Strömung nach Westen versetzt worden. Die Breite hatte sich nur um einige Minuten nach Süden verschoben, wie wir einige Stunden vorher festgestellt hatten.

Ein dunkler Schatten, der sich im Süden auf dem Wasser bemerkbar machte, ließ uns eiligst die Gläser zur Hand nehmen. Wind! Südwind! Da kam er, der langersehnte! Nur wenige Minuten, dann war er bei uns. Während das Wasser sich langsam zu kräuseln begann, fing es auf der Kimm an zu flimmern. Die klare, scharfe Linie, welche die Grenze zwischen Wasser und Himmel anzeigte, schien stellenweise gehoben und bucklig — die ersten Vorboten des Nebels! Gegen 10 Uhr sprang der Wind mit zunehmender Frische nach Südwest um. Leichte Schleier, wie von verdunstendem Wasser herrührend, zogen von links und teilweise auch schon von vorn heran. Eine halbe Stunde später war der Horizont schon so trübe, daß eine Sonnenhöhe mit „dem" Sextanten nicht mehr zu nehmen war.

„Woll'n wir — —?" fragte Düsselmann, der die Wache hatte, und sah mich dabei verschmitzt von der Seite an, während seine rechte Hand schon auf dem Hebel des Maschinentelegraphen lag.

Ich überlegte einen Augenblick. „Ja! Los denn, in Gottesnamen! — Kleine Fahrt! Kurs Südwest!"

Der Telegraph klingelte; im Maschinen- und Heizraum wurde es lebendig. Schwer und langsam schlug die Schraube an, dann stiegen mit leisem Gurgeln kleine Schaumbläschen hinterm Heck auf, und der „Aud" setzte sich in Bewegung. Nun ging aufs neue das Rechnen und Distanzmessen los mit dem Resultat, daß ich zunächst bis zu einem bestimmten Punkt mit reduzierter Fahrt weiterlaufen wollte, um nötigenfalls immer noch den Nordweg wählen zu können. Wenn wir soweit waren und das diesige Wetter hielt an, dann wollte ich bei Nacht den Durchbruch wagen.

Am Nachmittag schätzten wir bereits Windstärke 3. Zeitweise tröpfelte es in ganz feinen Tropfen vom Himmel herab. Schade, daß wir noch fast eine Tagereise von der gefährlichen Stelle entfernt waren, sonst hätten wir in dieser Nacht schon durchbrechen können, denn der Mond hielt sich völlig hinter den Wolken versteckt. Das Barometer fiel langsam, aber stetig weiter. Vorläufig war es noch zu hoch, um auf Sturm deuten zu können, wenn es aber in dem bisherigen Tempo weiter herunterging, dann stand uns eine kleine und vielleicht unangenehme Überraschung bevor. Immerhin durften wir fürs erste zufrieden sein. Da wir uns jetzt dem Punkt näherten, der für mich den Scheideweg bildete, entschied ich mich für die südliche Route — die Blockadelinie.

Der Ausguck wurde jetzt doppelt besetzt. Selbst der Koch mußte jetzt mit „Wache schieben". Er freute sich sehr, auf der Brücke sein zu dürfen, so dicht bei der „Navigatschon"! Während des ganzen Krieges war ihm das noch nicht vergönnt gewesen. Noch mehr als sonst hieß es jetzt: Aufpassen! Vor uns standen die feindlichen Vorposten in beträchtlicher Zahl, und an Steuerbord voraus, an der Ostküste von Island, waren auch noch feindliche Hilfskreuzer gemeldet.

Am nächsten Tag schrieben wir den 16. April. Um 4 Uhr morgens stand im Tagebuch unter der Rubrik „Wetter" der Vermerk: „Bedeckt, zunehmend diesig, zeitweise dichte Regenschauer, Wind Südwest (4), auffrischend. Seegang entsprechend."

Wir setzten Kurs und Distanz ab: Rund 150 Seemeilen verblieben noch bis zu der Linie, auf welcher die feindlichen Kreuzer patrouillierten. Wenn wir genau auf die Mitte dieser Linie hielten, mußten wir bei einer Durchschnittsfahrt von 10 Seemeilen pro Stunde um acht Uhr abends an der fraglichen Stelle sein.

Das war außerordentlich günstig, denn um 8 Uhr ist an Bord aller Schiffe Wachwechsel; da ist die Aufmerksamkeit der Leute stets etwas abgelenkt. Außerdem war heute Sonntag. Auf den englischen Schiffen würde man sich deshalb sicherlich ein wenig zugute tun mit Hilfe von Whisky und ähnlichen schönen

Dingen. Das war besonders hier anzunehmen. Für so weit vorgeschobene Vorpostenleute, die sicherlich nicht allzuoft in ihrem eintönigen, aber beschwerlichen Dienst abgelöst wurden, war es ja sozusagen das einzige Vergnügen, welches sie sich leisten konnten. Außerdem war angesichts des trüben Wetters anzunehmen, daß es um acht Uhr schon zu dunkeln begann. Wir konnten dann bei Hellwerden bereits 60 Seemeilen hinter der feindlichen Linie und somit außer Sicht sein.

„Maschine äußerste Fahrt!" — Nun galt's!

Je mehr wir nach Westen dampften, desto mehr nahmen Wind und Seegang an Stärke zu. Spritzer fegten über die Back und zwangen uns bald, in die schützenden Ölmäntel zu flüchten. Die freudigste Überraschung aber brachte der Nachmittag, denn der Regen ging ganz langsam und unmerklich in einen immer dichter werdenden waschechten Nebel über. Um vier Uhr nachmittags konnte man kaum noch eine halbe Seemeile weit sehen. Unsere Chancen wuchsen von Minute zu Minute! Sollte uns wirklich ein solcher Dusel beschieden sein? Es wäre ja kaum faßbar! Wir dampften mit äußerster Fahrt nach Südwesten. Wer uns sah, mußte glauben, wir kämen aus dem nördlichen Eismeer. Das war schon in Friedenszeiten etwas Ungewöhnliches; um so mehr jetzt im Kriege. Was also, wenn jetzt plötzlich ein Engländer aus dem Nebel hervorschoß? Er würde uns wohl kaum glauben, daß wir ein harmloser Collier seien!

Um sechs Uhr war die Sichtweite höchstens 3—4 Schiffslängen. Die ganze Besatzung stand auf Ausguck. An Schlaf dachte niemand; die Aufregung hielt alle munter. Grau und schwer lag der Nebel auf dem Wasser. Nichts war zu sehen oder zu hören. Die fast unheimliche Stille wirkte wie Alpdrücken auf unsere erregten Sinne. Die Gläser kamen kaum noch von den Augen herunter. Alle paar Sekunden glaubte man, ein fremdes Geräusch vernommen oder etwas gesehen zu haben. Immer heftiger stampfte der „Aud" gegen die stärker werdende See an. Dicke Schaumköpfe brachen sich an seinem

Bug. Die Sprißer fegten schon über Brücke und Schornstein hinweg. Mit jeder Minute, die das Schiff vorwärts stürmte, in die feindliche Kette hinein, wuchs unsere Spannung. Kaum wagte man zu atmen.

„Uhrzeit, bitte!"

„7.10, Herr Kap'tän", kam es leise zurück.

„Aufpassen vorn! Gleich sind wir drin!"

Unwillkürlich, wie um noch besser sehen zu können durch den dicken Nebel, reckten alle die Köpfe weiter vor und suchten den dichten Schleier zu durchbohren. Der Zeiger der Uhr stand auf 7.15. Viel zu langsam vergingen uns die Minuten. Da — was war das — — ?

„Hart Backbord! Dreimal äußerste Fahrt! Alarm!"

Rums! Das Ruder fliegt mit einem Ruck hart zu Bord. Die Drähte vom Maschinentelegraphen knarren unter den Decksplanken, als ob sie zerreißen wollen. Wie ein Habicht auf seine Beute, so schießt der „Aud" in scharfem Bogen nach links, während an Steuerbord, kaum 300 Meter entfernt, eine dunkle, grauschwarze Masse sich gespensterhaft aus dem Nebel herausschiebt.

Verflucht! Ein Hilfskreuzer! Immer deutlicher werden seine Umrisse sichtbar, die beiden Masten, die hohen Aufbauten, ein dicker Schornstein.

„Halbe Fahrt! Süd zu West!" befehle ich dem Rudergänger. An ein Entrinnen ist nicht mehr zu denken. Wir waren entdeckt, denn der Engländer, den ich flüchtig auf 10 000 Tonnen Größe schätze, ändert im gleichen Augenblick Kurs und geht, kaum 200 Meter ab, auf parallelen Kurs. Er macht scheinbar nur wenig Fahrt, denn er bleibt zähe auf gleicher Höhe mit uns. Na, nun kann die Komödie beginnen!

Meine Leute sind sofort nach dem ersten Alarmzeichen in die Kojen geklettert; die Geheimsachen sind geborgen; wir selbst gehen klopfenden Herzens, äußerlich aber ganz unbefangen und gemächlich tuend, mit den Händen in der Tasche, auf der Brücke hin und her, spucken in die Gegend und qualmen wie die Schlote aus unseren kurzen Pfeifen. Im übrigen verrät nichts bei uns an Bord, daß wir uns durch das Erscheinen des Hilfskreuzers irgendwie beunruhigt fühlen. Stumpfsinnig, als sei das alles ganz selbstverständlich, sehen wir mit dem Glas zuweilen mal nach vorn und tuten wie ein braver Handelsdampfer alle zwei Minuten mit unserer heiseren Dampfpfeife, um den Vorschriften für Nebelsignale zu genügen. Nach dem unheimlichen Fremden sehen wir fast gar nicht hinüber. Auf einem Tramp ist man eben interesselos. So fahren wir eine ganze Weile lang ruhig nebeneinander her, ohne uns gegenseitig etwas anzutun. Ich brenne natürlich darauf, zu erfahren, was der Engländer jetzt macht. Um das unauffällig zu bewerkstelligen — es war klar, daß man uns da drüben jetzt mit allen verfügbaren Gläsern beobachtete — schicke ich den 1. Offizier ins Kartenhaus. Die Beobachtungen, die er durchs Fenster macht, teilt er mir durchs Sprachrohr nach oben mit.

„Auf Back und Vordeck mehrere große Geschütze — am Heck ebenfalls!" so lautet die erste Meldung. Allmählich wird es drüben auf dem Hilfskreuzer lebendig. Nach und nach kommen immer mehr Menschen an Deck, die uns begaffen. „Unser Besteck stimmt haarscharf!" meint der 2. Offizier mit sarkastischem Grinsen. In diesem Augenblick aber ein recht magerer Trost! Wir warten und warten auf ein Signal des Engländers, das uns zum Stoppen veranlassen soll, oder auf einen blinden Schuß, aber nichts dergleichen geschieht. Verdammt! Der Kerl will uns doch nicht etwa bis Faröer begleiten? Fast sieht es so aus, denn direkt vor uns, wenn auch eine halbe Tagereise entfernt, muß das felsige Eiland liegen.

Wieder warten wir eine ganze Zeitlang und harren der Dinge, die da kommen sollen. Als die Uhr halb acht zeigt, lasse ich laut und vernehmlich „Sieben Glasen" mit der Schiffsglocke anschlagen. Aus guten Gründen hatten wir bisher keinen Gebrauch von dieser allgemeinen Schiffssitte gemacht. Die Leute drüben an der Reling verschwinden langsam wieder. Natürlich! So ein dreckiger, kleiner Collier ist ja auch viel zu uninteressant. Außerdem ist es kalt und naß an Deck, und um acht Uhr ist Wachwechsel. Unten im verräucherten Mannschaftslogis aber wartet vielleicht der dampfende Grog!

Es fing an, dämmerig zu werden. Um den Engländer im Glauben an unsere Harmlosigkeit zu bestärken, ließ ich Topp- und Seitenlaternen anstecken. Das englische und norwegische Signalbuch lagen klar auf dem Flaggenkasten. Die in Frage kommenden Signale hatten wir schon aufgeschlagen. Aber es war umsonst. Der Engländer schien kein Verlangen zu haben, mit uns in Signalverkehr zu treten. Weder an den Geschützen noch an den Booten war etwas Auffälliges zu sehen, das zu irgendwelchen Vermutungen Anlaß geben konnte. Allmählich leerte sich auch die Brücke des Engländers, und nur die Deckoffiziere und das Brückenpersonal blieben zurück.

War das nun das Vorspiel zu irgendeiner größeren Überraschung oder hielten die Gesellen dort drüben uns am Ende wirklich für das, was wir äußerlich vorzustellen versuchten? Wer wir waren, konnten sie ja außenbords lesen. Der Kurs, auf dem sie uns vorhin antrafen, hätte sie aber doch zum mindesten stutzig machen müssen! Machten sie sich denn gar keine Gedanken darüber, daß ein Schiff von unserer Sorte unmöglich jetzt vom Nordpol kommen konnte?!

Ich muß offen gestehen, daß dieser Engländer, dessen Namen wir leider nicht ausmachen konnten, weil er übermalt war, mir das größte Rätsel meines Lebens gewesen und bis heute geblieben ist. Was wollte er? Warum fuhr er so stumpfsinnig neben uns her, wenn er doch nichts veranlaßte? Das waren die Fragen, die wir uns vorlegten und auf die wir keine Antwort fanden.

Acht Glasen! Wachwechsel! Auch auf dem Engländer zog die neue Wache auf. Er war jetzt so dicht bei uns, daß wir mit bloßem Auge jeden Vorgang auf seinem Deck erkennen konnten, trotzdem es zusehends dunkler und unsichtiger wurde. Herrgott! Wenn wir jetzt einen Torpedo oder ein U=Boot bei uns gehabt hätten! Eine günstigere Gelegenheit zum Torpedie=

ren war ja gar nicht auszudenken! Bums! Da steckte er die Nase tief ins Wasser und nahm eine gehörige Wasserladung über die Back. Ein paar riesige Bäche strömten aus den vorderen Schanzpforten. „Ich glaube, der Kerl hat Angst vorm Wasser", bemerkte einer meiner Leute. Das war allerdings ein Gedanke, der mir einleuchtete! Bei diesem Seegang — der Wind war mittlerweile auf Stärke 5—6 gestiegen — ein Boot mit einem Prisenkommando auszusetzen, das war dem Engländer vielleicht unangenehm. Noch dazu heute am Sonntag! Am Ende wollte er uns nur bis zum nächsten Kreuzer begleiten, der weiter südlich stehen mußte, und diesem die Arbeit überlassen. Dann blieb für uns nur die Aussicht, im Dunkel der Nacht zu entkommen. Das Prisenkommando sollte uns schon keine Schmerzen machen, darauf waren wir zur Genüge vorbereitet.

Auf die Dauer wurde mir der Engländer unheimlich. Ich überlegte, ob es ratsam sei, ihn per Morse=Lampe um genaue Angabe des Schiffsortes zu bitten. Irgend etwas mußte geschehen, damit ich erfuhr, was er mit uns vorhatte. Unter der Begründung, wir seien wegen Nebels schon seit langem ohne genaues Besteck, konnte man vielleicht mit ihm anbändeln. Da sahen wir plötzlich, wie der Brite auf hohe Fahrt ging, etwa 300 Meter vorausschoß und dann mit „Hartruder" an unserm Bug vorüber auf SSO=Kurs drehte! Aha, dachten wir, jetzt wird's ernst! Aber der Engländer dachte gar nicht daran, uns zu Leibe zu gehen. Immer mehr entfernte er sich nach Süden. Bald war er so im Nebel verblaßt, daß er nach wenigen Minuten nur noch als unförmiger dunkler Fleck zu erkennen war. Wir glaubten unseren Augen nicht trauen zu können. Als aber kurz darauf an der Stelle, wo eben noch der dunkle Fleck im Dunst verschwand, nichts wie Nebel und wieder Nebel zu sehen war, da ging ein Freudenschrei durchs ganze Schiff: Wir sind durch! Gerettet! Gerettet! —

Jetzt hieß es: Beine in die Hand genommen und Reißaus gemacht! Wieder rasselte der Telegraph auf äußerste Fahrt, die Lichter wurden gelöscht, und dann ging's mit Volldampf nach

Nordwest. Lachend meinte Düffelmann: „Ich glaube, wir haben dem Kerl zu jammervoll ausgesehen. Der hat im stillen gedacht: „Hoffentlich kommt der alte Bruchkasten noch glücklich bis zum nächsten Hafen!" Das war schon möglich! Auf jeden Fall hatte der Engländer einen unverzeihlichen Fehler begangen. Außer uns wird ihm das wohl niemand verziehen haben!

Um 8.15 war er davongedampft, nachdem er uns also genau eine Stunde lang begleitet hatte. Für uns kam es jetzt darauf an, so schnell wie möglich aus dem Bereich der Kreuzerlinie zu kommen und gleichzeitig einer Verfolgung durch schnelle Zerstörer zu entgehen; war es doch möglich, daß der Engländer sich nachträglich seiner Dummheit bewußt wurde. Auch mußten wir während der nächsten Stunde noch mit dem Zusammentreffen eines verirrten Hilfskreuzers rechnen, denn ich wußte vom eigenen Vorpostendienst, wie schwer es im Nebel oft ist, mit seinem Schiff genau auf Position zu bleiben, wenn Wind, Seegang und Strömung einem einen Streich spielen. Erst drei Stunden später, nachdem sich nichts weiter ereignet hatte, ließ ich westlichen Kurs steuern. Wir waren jetzt im Nord=Atlantik. Unserem Ziel ein gutes Stück näher!

Gegen Mitternacht wehte es so stark, daß wir alles seefest zurren mußten, damit die überkommenden Seen keinen Schaden anrichten konnten. Auf beiden Seiten des Decks wurden sog. Strecktaue zum Festhalten gespannt. Der Wind hatte unterdes auf West und später auf Westnordwest gedreht. Der Nebel war verschwunden. In immer kürzer werdenden Abständen jagten jetzt dichte Regenschauer über uns hinweg. Das Barometer fiel auffallend schnell. Das waren die untrüglichen Anzeichen eines baldigen Nordweststurmes. Immer heftiger stampfte unser kleiner „Aud" gegen die wilde See an und schüttelte unwillig die Wassermassen ab, die sich zischend über seinen Bug ergossen. Der breite Steven und die ungewöhnlich hohen Brückenbauten boten dem Winde zu viel Widerstand. Da war es denn kein Wunder, daß unsere Geschwindigkeit von

10 Seemeilen allmählich auf 5 und 4 Seemeilen pro Stunde herunterging. Wir kamen kaum noch vorwärts. Um nicht zu viel Fahrt zu verlieren, ließ ich etwas südlicheren Kurs steuern, jedoch nur so viel, um noch von der Blockadelinie freizukommen, die westlich von den Hebriden stand. Ich hatte noch genug von der Begegnung am Abend vorher. Man war doch im dicksten Nebel nicht sicher vor den englischen Spürhunden, und es war kaum anzunehmen, daß wir einen solchen Dummen zum zweitenmal fanden.

Wind und Seegang standen jetzt auf Nordwest. Wir „rollten", wie es seemännisch heißt. Und das nicht wenig! Bald lagen wir mit der rechten, bald mit der linken Seite im Wasser. In den Schränken und Spinden rumorte und polterte es von klirrendem Geschirr. Das Mittagessen war schon zwei Stunden vor der Zeit nebst Schüsseln und Kasserollen vom Herd gerutscht, und wir selbst hatten Mühe, uns bei dieser Art Karussellfahrt auf den Beinen zu halten.

Am Mittag pfiff es bereits mit Stärke 8. Na, das konnte ja erfreulich werden! In das Schiff hatte ich Vertrauen; das war stark und seetüchtig genug, um einen schweren Sturm aushalten zu können. Was mir aber sehr viel Kopfzerbrechen machte, das war die Ladung. Wie schon erwähnt, hatte sie nicht so seefest gestaut werden können, wie es unter normalen Verhältnissen die Sicherheit des Schiffes verlangte. Wegen der beständig überkommenden Seen war an ein Umstauen nicht mehr zu denken. Im Augenblick wären die Luken voll Wasser gewesen. Es blieb somit nichts übrig, als beizudrehen und ruhiges Wetter abzuwarten, falls das Schiff noch mehr ins Arbeiten kommen sollte. Immer schwerer rollten die Seen heran; eine Bö folgte der andern. Schwarzgraue, zerrissene Wolken jagten drohend über uns hinweg. Das Barometer sackte immer noch tiefer. Wir liefen in einen regelrechten Orkan. An astronomische Beobachtungen war nicht zu denken. Kein Gestirn am Himmel, weder gestern noch heute. Wind, Seegang und Strömung (die letztere ist gerade bei Island sehr

unberechenbar) hatten uns sicher schon beträchtlich aus dem
Kurs versetzt. Es war unmöglich, diese Versetzung genauer
als angenähert zu schätzen. In zwei, höchstens drei Tagen
mußten wir, wenn alles gut ging, am Ziel sein. Es war kaum
anzunehmen, daß das Unwetter in zwei Tagen vorüber war.
Um aber die Einfahrt von Tralee zu finden, m u ß t e ich auf
jeden Fall bald einen genauen Schiffsort haben, denn die irische
Küste war eine ununterbrochene Kette von nackten Felsen und
hohen, kahlen Bergen. Die wenigen Leuchttürme in der Nähe
der Tralee Bai waren aber vermutlich umgelegt oder ver=
deckt, um unseren U=Booten die Orientierung zu erschweren.
Es würde infolgedessen schwierig sein, das richtige Loch, d. h.
die Einfahrt zu finden, wenn man mit den dortigen Küsten=
verhältnissen nicht ganz genau Bescheid wußte. Da konnte also
nur ein genauer, vorheriger Schiffsort helfen. Aber woher den
bekommen?

Wir standen noch etwa eine Tagereise von den „Rockalls".
Diese Rockalls sind ein wahres Wunder der Natur. Mehr als
200 Seemeilen westlich von der schottischen Küste liegt da mitten
im Atlantischen Ozean ein langgestrecktes Riff, eine Sandbank
mit unzähligen kleinen „Rocks" (Felsen), wie der Name schon
sagt. Die Bank hat einen Durchmesser von etwa drei Seemeilen
und verläuft in ostwestlicher Richtung. An ihrem westlichen
Ende ragt ein kleiner Felsen aus dem Wasser, der nicht höher
und breiter ist als ein normales zweistöckiges Haus. Dieser
Felsen ist der einzige sichtbare Teil des Riffes; alle übrigen
Klippen ragen nur bis dicht unter die Wasseroberfläche. Da, wo
die Bank aufhört, hat der Atlantik eine Wassertiefe von mehreren
tausend Metern. Auf den großen, englischen Seekarten sind die
Rockalls nur mit einem Punkt angedeutet, der kaum so groß ist
wie der Kopf einer Stecknadel. Die Segelhandbücher geben an,
daß im Laufe der Jahre Dutzende von Schiffen an diesen Klip=
pen zerschellt und mit Mann und Maus untergegangen sind.
Die auf den Karten angegebenen Wassertiefen der Bank sind
äußerst spärlich und, wie ausdrücklich in allen Büchern steht,

sehr unzuverlässig, weil sich bis heute niemand die Mühe gegeben hat, dieses unwirtliche Eiland zu vermessen. Wer es nicht unbedingt nötig gehabt, der hatte diese Klippen gemieden. Ich war mir darum auch durchaus darüber klar, daß es ein großes Risiko war, diesen Felsen anzusteuern, auch wenn ich mich ihm mit der größten Vorsicht von Westen her näherte. Es genügte ja, wenn wir ihn aus der Ferne sahen. Dann ließ sich der Schiffsort schon feststellen. Die Frage war nur, ob das Wetter eine Fernpeilung erlauben würde. Aber vielleicht war uns auch hier das Glück günstig. In Friedenszeiten würde kein vernünftiger Seemann angesichts der augenblicklichen Verhältnisse seinen Kurs auf die Rockalls gesetzt haben, aber hier zwangen die Umstände dazu. Es nutzte nichts, wenn wir nachher dicht vorm Ziel waren und wegen unsichtigen Wetters die Einfahrt nicht fanden, auf der Suche danach womöglich noch englischen Kriegsschiffen in die Arme liefen. So entschloß ich mich denn schweren Herzens, Kurs auf die westliche Kante der Bank zu nehmen. Jetzt ging's auf Biegen oder Brechen!

Der Sturm heulte wie besessen; die Böen entluden dicke Hagelschauer. Wild tobte die See gegen unser kleines Schiff, das sich wacker dagegen wehrte. Längst lag das Dunkel der Nacht über dem aufrührerischen Element. „Windstärke 10 bis 11", lautet die Eintragung, die der wachhabende Offizier um 8 Uhr abends im Tagebuch machte. Mit 12 würde der Höhepunkt erreicht sein. Darüber hinaus gab es keine Skala mehr. Durch die fortgesetzten Regen- und Hagelschauer wurde die Luft zeitweise so getrübt, daß man nur mühsam sehen konnte. Da hatte der Mond ein Einsehen. Von Zeit zu Zeit lugte er verstohlen für ein paar Augenblicke hinter den Wolken hervor. Nur ein kleines Stückchen seiner Scheibe ließ er sehen, dann jagten die Wolken wieder darüber hinweg. Solch ein Stückchen genügte aber, um uns kurz vor Mitternacht erkennen zu lassen, daß wir ohne seine Hilfe wahrscheinlich in der nächsten Viertelstunde dem sicheren Verderben geweiht gewesen wären.

An Steuerbord, etwa vier Strich voraus, wurde ein dunkler Schatten sichtbar. Wir brauchten nicht lange zu raten, denn schon sahen wir, wenn auch undeutlich, einen langen schlanken Schiffskörper mit mehreren Promenadendecks, zwei hohen, dünnen Schornsteinen und zwei Masten. Es war zu dunkel, um mehr erkennen zu können. Infolgedessen ließ sich auch nicht feststellen, ob das Schiff ein friedlicher Passagierdampfer oder ein Hilfskreuzer war. Das einzige, was wir mit einer gewissen Schadenfreude beobachten konnten, war, daß er trotz seiner Größe — er mochte etwa 12 000 Tonnen groß sein — in der hohen See fast genau so schwer arbeitete und Wasser schluckte wie wir selbst.

Ungeachtet der Brechseen, die über unser Achterschiff segten, ließ ich sofort auf „Langsame Fahrt" gehen. Es war die einzige noch bleibende Möglichkeit. Der Zufall wollte es, daß eine plötzlich aufkommende Hagelbö uns einige Zeit vor dem Gesehenwerden schützte. Der Dampfer fuhr mit abgeblendeten Lichtern und machte nur wenig Fahrt. Die Vermutung war also naheliegend, daß wir es hier mit einem Kriegsfahrzeug zu tun hatten, das auf Patrouillendienst war. Ein Glück, daß wir ihn noch rechtzeitig entdeckt hatten! Ein Zusammenstoß in der Dunkelheit wäre sehr wahrscheinlich gewesen.

Eine Viertelstunde gespannten Wartens folgte. Oft wurden beide Schiffe minutenlang durch Hagel verdeckt. Infolge der geringen Fahrt rollten wir uns fast die Seele aus dem Leibe. Endlich kam Leben in den Dampfer. Er ging aus unerklärlichen Gründen auf eine höhere Geschwindigkeit und lief davon. Bald war nichts mehr von ihm zu sehen. Es hatte sich nicht vermeiden lassen, daß sich die Entfernung zwischen ihm und uns auf eine halbe Seemeile verringert hatte. Wenn da drüben also nicht alles, einschließlich Wachpersonal, geschlafen hatte, dann mußte der Brite uns gesehen haben. Strehlau, der am Ruder stand, drückte sich die Fingernägel ins Fleisch, um festzustellen, ob er nicht träumte. Trotzdem die Situation so ernst war, konnten wir uns das Lachen nicht ver=

kneifen. Wir bekamen allmählich das Gefühl, als sei die ganze englische Flotte behext. Die Engländer haben während des Krieges die außerordentliche Wachsamkeit ihrer Flotte stets mit großer Vorliebe betont. Ich kann mich des Gedankens nicht erwehren, daß sie zur Zeit unseres Durchbruchs noch im Winterschlaf gelegen hat.

XI.

Im Orkan zwischen den Riffen.

Kurz nach Mitternacht gab es einen gewaltigen Stoß durch das ganze Schiff. Eine heranrollende See hatte mit ihrer ganzen Breite den „Aud" auf die Seite geworfen, so daß alles, was nicht niet- und nagelfest war, über Kopf ging und wir selbst erbarmungslos nach der Leeseite geworfen wurden. Es dauerte geraume Weile, bis wir uns unter vielen Flüchen aus dem Wirrwarr von Armen und Beinen herausgekrabbelt hatten. Minutenlang dauerte es, bis die See sich verlaufen hatte. Vor- und Hinterdeck waren fußhoch überflutet. Die Pforten und Speigatten waren zu klein, um die Wassermassen schnell genug wieder hinauslassen zu können. Auf allen anderen Decks, bis zu den Booten hinauf, rauschte das Wasser von einer Seite zur andern, alles mit sich reißend, was im Wege lag. Die Freiwache mußte heraus und mithelfen, die losgerissenen Gegenstände zu bergen und wieder festzuzurren — soweit sie noch da waren. Vieles war auf Nimmerwiedersehen verschwunden. Die Boote waren zum Glück heil geblieben.

Die Böen wurden immer orkanartiger. Beidrehen? Das wäre unter normalen Verhältnissen sicherlich das verständigste gewesen. Aber wer konnte sagen, wie lange dieser Sturm noch anhalten würde. Das Barometer machte einen wahren Dauerlauf nach unten. Ein Ende dieses Unwetters war noch nicht abzusehen. Und das so dicht vorm Ziel! Was nutzte es, einen

Tag lang (den ich noch in Reserve hatte) beizudrehen, wenn der Sturm noch drei bis vier Tage wütete! Hier gab es also nur eine Möglichkeit: Weiterfahren, solange es eben geht! Wie mochte es wohl unten in den Laderäumen aussehen! Bis jetzt schien ja noch alles gehalten zu haben. Aber wehe, wenn eine der Balkenversteifungen brach, die schweren Kisten in die halbleeren Laderäume stürzten und das Schiff auf die Seite warfen. Dann waren wir verloren. Um die Wirkung der unaufhörlich gegen die Schiffswand prasselnden Wassermassen abzuschwächen, ließ ich Öl gießen. Gleichzeitig ließ ich zwei Strich südlicher steuern. Das hatte zur Folge, daß die Schlingerbewegungen des Schiffes geringer wurden und die Wellenberge sich schon hinter dem Heck brachen.

Ein wenig beruhigend war es, als endlich der Tag anfing zu grauen. Nun konnte man doch wenigstens eine Strecke weit sehen. Und das war jetzt die Hauptsache, denn wir liefen schnurstracks in Richtung auf die Rockalls. Da konnten nicht Augen genug auf der Hut sein, weil bei der wild tobenden See der Felsen sicherlich zum größten Teil unter Wasser lag. Das einzige, woran wir seine Lage zu erkennen hofften, war die vermutlich haushohe Brandung und die zahlreichen Vögel, die dort herumschwirren sollten. Aber ungünstig, wie der Tag angefangen hatte, schien er auch für uns zu bleiben. Es hatte den Anschein, als ob der Atlantik Hölle und Teufel entfesselt hätte. Anstatt besser, wurde es immer noch toller mit dem Wetter. Regen und Hagelschauer jagten in immer kürzeren Abständen über die hochschäumenden Wasserberge und erschwerten den Ausguck. Mit allen Möglichkeiten rechnend, ließ ich schon von acht Uhr vormittags ab das Lot auswerfen, um das Passieren des äußeren Randes der Bank rechtzeitig wahrzunehmen. Nach Loggbesteck — ein astronomisches hatten wir ja leider nicht mehr gehabt seit drei Tagen — mußte der Felsen um ein Uhr nachmittags Ost, zwei Seemeilen ab peilen. Eine genügende Abtrift für Wind und Seegang war dabei in Betracht gezogen.

10 Uhr vormittags. — Nichts zu sehen!

11 Uhr! Immer noch dasselbe Bild. Ringsumher nichts wie wildes, aufgeregtes Meer. Millionen von weißen Schaumköpfen, die langsam heranrollten, sich überschlugen, zischten, brausten und dann mit donnerartigem Getöse in die Tiefe stürzten. Aber brav und wacker hielt sich unser „Aud", so sehr er auch bebte und ächzte unter der schweren Last, die sich gegen ihn heranwälzte. Fast sah es aus, als ob die Wellentäler tiefer, langatmiger würden und die Brecher noch gewaltiger wie Grundseen, die sich auf Untiefen bilden. Waren wir am Ende schon —? Keiner wagte es auszusprechen, nur die immer häufiger werdende Benutzung der Ferngläser zeugte davon, daß alle in diesem Augenblick denselben Gedanken hatten. Aber weder Felsen noch Brandung noch Vögel waren zu sehen.

12 Uhr war schon vorbei. Bald mußten wir da sein. „Kein Grund gelotet!" erscholl es abgerissen, aber mit beängstigender Gleichmäßigkeit von achtern her, wo die Lotmaschine unter Leitung des 1. Offiziers ununterbrochen in Tätigkeit war. Ein Wunder, daß sie noch in ihren Schrauben hielt. Die Leute standen oft bis zur Brust im Wasser. Ein paarmal wurden sie von einer See gepackt und an die gegenüberliegende Reling geschleudert. „Festhalten!" und dann wieder nach vorn: „Mehr Öl gießen!" Alle Kommandos mußten durchs Megaphon gegeben, nein geschrien werden, sonst war eine Verständigung überhaupt nicht mehr möglich in dem Heulen und Tosen der Elemente. Der Wind fraß einem förmlich die Worte vom Munde weg. So gut es ging, suchte ich durch Maschinenmanöver das Loten zu unterstützen.

War denn dieser englische Felsen auch behext?! Immer noch war nichts zu sehen, weder voraus noch zu beiden Seiten. Jetzt m u ß t e doch bald ein Anzeichen kommen. Zum Überfluß kam jetzt auch noch eine dicke Bö über uns her. Die hatte uns gerade noch gefehlt!

„Grund! 63 Faden!" Wie ein wilder Schrei klang der Ruf von achtern.

„Langsame Fahrt! Scharf ausgucken!" Jeder wußte, was jetzt auf dem Spiele stand!

„50 Faden! — 46! — 62! — 33! — 70! — 28 Faden!" So ging es jetzt in einem fort. Teufel! Das ist ja unmöglich! Was soll man damit anfangen! In der Spezialkarte, die unter Glasschutz auf dem Brückentisch lag, waren nur wenige Zahlen an der Stelle zu finden, welche die Sandbänke und Riffe der Rockalls bezeichnete. Nach allen Richtungen standen Zahlen von 70, 60, 50 Faden usw. kunterbunt durcheinander und bei allen genau wie in den Segelhandbüchern der wenig beruhigende Vermerk: Ungenau — unzuverlässig! Sie hatten leider nur allzu recht, diese Bücher!

Kurs ändern? — Ja, aber wohin? Zum Beidrehen war es jetzt zu spät, wollte ich nicht Gefahr laufen, langsam, aber mit tödlicher Sicherheit auf die Klippen zu treiben. Jeder andere Kurs aber war jetzt genau so gut und schlecht wie der augenblickliche, solange wir nicht den Felsen entdeckten. Irgendwo mußte aber doch schließlich, wenn nichts anderes, so doch wenigstens die Brandung sichtbar werden. 800, allenfalls 1000 Meter weit konnte man zeitweise sehen. Zur Not mußte das genügen, um der Gefahr noch rechtzeitig aus dem Wege gehen zu können. Es war eine verteufelte Situation, in der wir uns jetzt befanden. Ich mußte alle Energie zusammennehmen, um nicht unruhig zu werden, denn hier konnte nur noch kaltes Blut helfen. Vielleicht hatte ich die Abtrift unterschätzt und war auf diese Weise mitten in die Untiefen hineingeraten, die ich in weitem Abstande zu passieren hoffte. Dann wäre sofortige Kursänderung nach Westen am ratsamsten gewesen. Aber dann mußte ich mit äußerster Fahrt gegen Wind und See andampfen, um nicht ins Treiben zu geraten. Das Schiff hätte das vielleicht ausgehalten, aber nicht die Ladung. Möglich war auch, daß wir uns schon in der Stromversetzung bei Island verschätzt hatten oder daß die Deviation des Kompasses sich in der Zwischenzeit beträchtlich geändert hatte, denn wir hatten seit 72 Stunden keine Gelegenheit zur Kontrolle gehabt. Angesichts dieser Lage schien es mir das beste, den alten Kurs beizubehalten, denn Gefahr drohte jetzt von allen Seiten. Kamen wir heraus aus der Patsche, dann waren wir gerettet. Im andern Falle blieben wir hier stecken, und dann hieß es später zu Hause: verschollen! Kein Mensch würde je erfahren, wo wir geblieben waren. Der Gedanke an das letztere war zu häßlich! Nein, so durfte es nicht kommen!

„Brandung an Steuerbord!" schrie da jemand von der unteren Brücke herauf, wo ein Teil der Leute Ausguck hielt.

„Hart Backbord! Hart über das Ruder!" Schwerfällig gehorchte das Schiff dem Druck des Ruders. Die Sekunden wurden zu Minuten. Mit vorgehaltenem Arm, das Gesicht gegen Wind und Wasser schützend, suchten wir die Brandung ausfindig zu machen. Aber nichts war zu erkennen als ein einziger weißschäumender Gischt. Ringsum uns herum haushohe Wogen, die sich donnernd überschlugen und den Wasserstaub meterhoch in die Luft schleuderten. Es war schwer zu unterscheiden, ob das Brandung oder Sturzseen waren.

Auf östlichem Kurs ging diese Höllenfahrt weiter. Die Seen rollten nunmehr von Backbord achtern heran und schlugen wie wild über das Hinterschiff und das Backbordmitteldeck. Ich versuchte es mit einer höheren Fahrtgeschwindigkeit. Auch das schlug fehl, denn das Heck saugte sich dadurch so fest ans Wasser, daß die Seen sich nur noch heftiger darüber herwälzten. Bald glaubte man rechts, bald links Brandung zu sehen, aber immer wieder erwies es sich als Täuschung. Genau wie auch die Unterwasserriffe und sandigen Stellen, die wir mitunter zu sehen glaubten. Es waren immer nur dunkle Flecken und Wirbel im Wasser, die sich beim Überstürzen der Brechseen bildeten. Das alles aber konnte man nur wie durch einen Schleier gewahren, denn die vom Sturm gepeitschten Regen- und Wassermassen lagerten wie Nebeldunst über dem Meer. Oft, wenn die Wogen von Backbord anliefen, legte sich der kleine „Aud" mit solcher Heftigkeit über, daß wir glaubten, er stände nicht wieder auf. Die linke Brückennock tauchte nicht selten bis ins Wasser hinein, wenn sich eine besonders hohe See heranwälzte.

Ein paar Vögel wurden, etwa 200 Meter rechts von uns, plötzlich überm Wasser sichtbar. Der Felsen?

"Backbord das Ruder!" — Himmel, was ist das?

"Der Kompaß versagt!" schreit der Rudergänger und hält mit aller Kraft das Ruder fest, damit es aus seiner Hartlage nicht wieder herausschnellt.

"Herrgott, hat sich denn alles gegen uns verschworen?!" Wahrhaftig! Der Kompaß schien plötzlich verrückt geworden zu sein! Wie ein Kreisel drehte sich die Kompaßrose um ihre Achse, immer schneller und schneller werdend. Nur an der Richtung der Seen war noch zu erkennen, daß das Schiff jetzt langsam nach Backbord abzudrehen begann. Wir steuerten jetzt nach der Richtung der Seen, so gut es eben ging, denn mit dem Kompaß war absolut nichts mehr anzufangen. Bald stand die Rose auf Nord, bald auf Südwest. Es war nicht möglich, sie zum Stehen zu bringen.

Von achtern her drangen zwischendurch immer wieder die Rufe der Lotgäste an unser Ohr. Nur wenig davon war zu verstehen. Durch Zeichen mit den Fingern verständigten sie uns schließlich über die Resultate der Lotungen. Die waren aber so ungenau, daß sie nicht den geringsten Anhalt boten. Immer mehr und mehr Vögel tauchten an Steuerbord auf. 50, 100, ganze Scharen kamen mit einmal zum Vorschein und schwirrten in ängstlichem Fluge laut krächzend durch die Luft. Kein Zweifel mehr. Dort, wenige hundert Meter weiter südlich, mußte der Felsen liegen. Wir waren am Rande des Verderbens. "Mehr Backbord! — Schnell!" Mit äußerster Anstrengung stieß ich die Worte hervor und deutete mit der Hand nach links. Aber niemand verstand ein Wort. Es pfiff und heulte durch die Luft, daß kein Kommando mehr zu verstehen war. Der Orkan schien seinen Höhepunkt erreicht zu haben. Schlimmer konnte es nicht mehr werden.

Zum Glück hatte der Matrose Mathießen das Ruder schon übergelegt. Als erfahrener Seemann wußte er, auch ohne daß es ihm befohlen wurde, daß es hier nur eins gab, um von den Klippen freizukommen: Hart=Backbord=Ruder! Und nun kamen die furchtbarsten und gefährlichsten Augenblicke, die wir wohl während der ganzen Fahrt erlebt haben. Es war, als ob wir in einen zischenden, tosenden Strudel hineingeraten wären, aus dem es kein Entkommen mehr gab. Die Maschine ging jetzt große Fahrt. Wir lagen quer zur See, ein willenloses Spiel= zeug der Wellen. Der einzige Kurs, auf dem eine Rettung überhaupt noch möglich war. Wenn ich heute daran zurückdenke, dann will es mir immer noch unfaßbar scheinen, daß wir aus diesem Hexenkessel ohne nennenswerten Schaden wieder heraus= gekommen sind. Damals hätte ich keinen Pfifferling mehr für unser Leben gegeben. Ich ließ mir nichts anmerken von der drohenden Gefahr, aber doch stand auf allen Gesichtern zu lesen, daß die Leute fühlten: hier geht's jetzt um Leben und Tod!

Als ob es des grausigen Spiels noch nicht genug war, kam zu allem Überfluß jetzt auch noch eine dicke Hagelbö angebraust. Wahre Berge von Wassermassen, die oft höher zu sein schienen als die Masten unseres Schiffes, türmten sich neben uns auf. Nichts wie Staub und Gischt und Dunst! Wie Ungeheuer, die weitgähnend ihren Rachen aufreißen, um sich im nächsten Augenblick auf ihr Opfer zu stürzen, so rasten sie gegen unser kleines Schiff und schlugen wild und drohend über seinen Decks zusammen. Der „Aud" zitterte und bebte in allen Fugen. Bei jedem neuen Anprall drohte er unter der ungeheuren Last zu= sammenzubrechen. Nun mußte sich zeigen, ob das, was Menschen= hände zusammengefügt hatten, stärker war als die Wucht der Elemente! Es war ein harter, unerbittlicher Kampf mit den Naturgewalten!

Nur mit äußerster Mühe gelang es noch, das Lot zu werfen. Mit dicken Tauenden festgebunden, standen die Leute in ihrem triefenden schweren Ölzeug auf dem Hinterdeck. Oft wurden sie von den überkommenden Seen von einer Ecke in die andere geschleudert. Unentwegt blieben sie auf ihrem Posten, trotzdem ich ihnen durch Zeichen zu verstehen gab, nach vorn zu kommen. Ihr Ehrgeiz ließ sie nicht um ihr eigenes Leben sorgen, wo das Leben aller auf dem Spiele stand.

„33 Faden!" wurden von achtern gemeldet. Und weiter in kurzen Abständen: „47! — 59!" Dann ging es auf einmal wieder rapide herunter mit der Wassertiefe: 28 Faden! — 23 — 18 — 45 — 12 — 8! Rums! Ein heftiger Stoß ging plötzlich durch das ganze Schiff. Masten, Ladebäume, Schornstein, Ventilatoren, Aufbauten — kurz, der gesamte Schiffskörper geriet in ein sekundenlanges Zittern.

Aufgelaufen! Das war mein erster Gedanke. Betroffen sahen wir uns an. Für eine Weile schien der „Aud" wie festgebannt auf dem Fleck zu stehen. Nur schwach noch legte er sich nach der Seite über, trotzdem sich eine See nach der andern heranwälzte.

„Maschine und Heizraum sind dicht!" meldete der Obermaschinist, der keuchend die Treppe heraufgestürzt kam. Also auch da unten hatte man das Gefühl, wir seien aufgelaufen. Aber das war ja doch nahezu unmöglich auf diesem Kurs! Die Kompaßrose drehte sich wie toll im Kreise herum. Wir legten das Ruder bald nach Backbord, bald nach Steuerbord. Umsonst! Das Schiff machte auch nicht die leisesten Anstalten, sich vom Fleck zu bewegen. Ein Blick nach hinten genügte, um die Ursache dieser Erschütterung festzustellen. Eine gewaltige Brechsee hatte sich erbarmungslos über das Hinterschiff geworfen und das sog. „Versaufloch" (das tieferliegende Deck zwischen Mittel- und Poopdeck) bis an den Rand voll Wasser gefüllt. Die Pforten hatten sich geklemmt; scheinbar waren auch die Speigatten verstopft. Dadurch fanden die Wassermengen keinen Ablauf und verursachten durch ihre Schwere die auffallende Ruhiglage des Schiffes. Daß wir von dieser furchtbaren See keine besondere Notiz genommen hatten, war erklärlich, weil schon so viele dieser Art über uns hinweggegangen waren und unser Hauptaugenmerk nach vorn und nach Steuerbord gerichtet war, wo die gefährlichen Riffe liegen mußten. Ein Wunder nur, daß niemand von den Leuten dabei über Bord gegangen war.

Es dauerte einige Minuten, bis das Schiff wieder dem Ruder gehorchte. Ein Stein fiel uns allen vom Herzen! Wenn es jetzt gelang, auf nordöstlichem Kurs noch eine Zeitlang weiterzusteuern, mußten wir immer mehr von den Rocks abkommen. Um die Leute, die sich so wacker gehalten hatten, nicht noch länger der Gefahr des Überbordgespültwerdens auszusetzen, ließ ich das Loten jetzt einstellen. Die Uhr war bei der heftigen Erschütterung auf 1 Uhr 32 Min. stehengeblieben. Wir hatten also zum Glück noch ein paar Stunden vor uns, bevor es Abend wurde.

Es war kaum zu verstehen, daß die Ladung sich noch nicht losgerissen hatte und unser toplastiges Schiff nicht zum Kentern brachte, denn wir lagen zeitweise mit der Leeseite platt auf dem Wasser. Wenn in solchen Augenblicken dann von der Luvseite her schon der nächste Wasserberg angerollt kam, wagte man oft gar nicht aufzusehen, weil man glaubte, jetzt müßte etwas Ungeheuerliches passieren. Wie eine hohe, unübersehbare Wand kamen sie angebraust, die schäumenden Ungetüme! Mehr als zwei Stunden lang hatte der „Aud" ihnen zu trotzen, dann endlich ließ die Gewalt des Sturmes etwas nach, und nach einer weiteren Stunde konnten wir feststellen, daß auch die Heftigkeit der Brechseen abgenommen hatte. Das Gröbste war überstanden. Auch aus der Gefahrzone waren wir aller Wahrscheinlichkeit nach heraus, so daß ich langsam auf östlichen Kurs gehen konnte.

Erleichtert atmeten wir auf. Nun die See wieder von achtern kam, wurden nicht nur die heftigen Schlingerbewegungen geringer, sondern vor allem auch die Gefahr für Schiff und Ladung. Und das war die Hauptsache. Auch der Kompaß war wieder vernünftig geworden. Entweder hatten die starken Erschütterungen sein völliges Versagen bewirkt, oder der in den Segelhandbüchern angegebene magnetische Einfluß des Felsens war daran schuld. Oder beides. War das der Fall, dann konnte kein Zweifel mehr bestehen, daß wir uns in dichtester Nähe des Felsens befunden hatten.

Während Wind und Seegang immer mehr abnahmen — es wehte nur noch in vereinzelten Böen mit Stärke 9 bis 10 —, war es uns mit Hilfe erneut vorgenommener Lotungen möglich, festzustellen, daß wir uns dem östlichen Ausläufer der Bank näherten. Um 5 Uhr 30 Min. nachmittags wurde kein Grund mehr gelotet. Wir hatten also den Ostrand der Untiefen passiert. Auf südlichem Kurs ging es jetzt weiter, dem Ziel entgegen, nachdem wir zuvor nach Rechnung und Schätzung den Schiffsort so genau wie möglich festgelegt hatten. Zunächst ließ ich SSO steuern, um allmählich in die Nähe des Dampfertracks zu kommen.

Trotzdem das Wetter noch weit davon entfernt war, ruhig geworden zu sein, deuchte es uns jetzt fast wie eine Spazierfahrt nach dem vorher Erlebten. Was kümmerte es uns, daß ab und zu noch mal eine See über Deck schlug. Das war ja das reine Kinderspiel gegen die Wasserriesen, die uns vor wenigen Stunden noch zu verschlingen drohten. Einer meiner Leute traf wohl den Nagel auf den Kopf, indem er meinte: „Vorhin, da hat wohl unser Herrgott selber am Ruder gestanden!" Ja, wir konnten Gott danken, daß er uns aus dieser Gefahr gerettet hatte. Um Minuten, wenn nicht Sekunden hatte es sich gehandelt! Einmal auf den Riffen, wären wir rettungslos verloren gewesen, denn bei diesem Wetter mußte ein gestrandetes Schiff in spätestens zehn Minuten mittendurch brechen, und dann hätte es uns alle mit in die Tiefe genommen. Hilfe war da unmöglich!

XII.

Ein alter Bekannter.

Gegen Abend sprang der Wind auf NNW, Stärke 7—8. Es flaute zusehends ab, so daß wir endlich auch die Luken öffnen konnten, um festzustellen, wie es in den Räumen aussah. Der Schaden war wider Erwarten gering; ein Beweis für die Umsicht, mit der man beim Stauen zu Werke gegangen war. Vor Wind und See rollte der „Aud" jetzt wie eine Hexenschaukel, nahm aber nur noch wenig Spritzwasser über. Trotz dieser fortwährenden Schaukelei mundete uns das Essen an diesem Abend vortrefflich. Smuttje hatte wieder wahre Meisterstücke vollbracht. Darüber war kein Zweifel, denn es war kein Leichtes gewesen, bei dem schwer arbeitenden Schiff sich selbst und die Kochtöpfe auf dem richtigen Fleck zu halten. Hatte doch sogar in der Kombüse das Wasser oft fußhoch gestanden.

Dunkel wie der Tag war auch die Nacht. Erst als es an der Zeit war, daß der Mond aufgehen mußte, wurde es ein wenig heller. Immer noch jagten die Wolken mit rasender Geschwindigkeit über uns her und ließen noch manche Regenbö auf uns niederprasseln. Es ging auf Mitternacht zu. Während wir, der Wachoffizier und ich, auf der Brückennock standen und uns die dicken Regentropfen in den Nacken träufeln ließen, tauchte plötzlich ein schwarzer Schatten vorm Bug auf, gerade in der Bö, die soeben über uns hinwegging.

Steuerbord Ruder und den Maschinentelegraphen auf

äußerste Fahrt voraus legen, war das Werk einer Sekunde. Es war aber auch höchste Zeit, denn bereits im nächsten Augenblick schoß ein großer englischer Hilfskreuzer mit abgeblendeten Lichtern in kaum 300 Meter Entfernung an uns vorbei. Ob er uns wohl gesehen hat? — Wir mußten es nicht und wissen es heute noch nicht. Nur das eine sahen wir, daß er einen dicken Schornstein, zwei Masten und hohe Aufbauten hatte und daß er auf nördlichem Kurs schwer gegen die See anstampfte. Wenige Sekunden später verblaßte seine Silhouette im Regen. Wir waren schon wieder unentdeckt geblieben! Im Gegensatz zu den englischen Kriegsschiffen, die wir bisher ungehindert passiert hatten, konnte man ihm diese Unachtsamkeit schon verzeihen, denn er hatte genug mit sich selbst zu tun. Auch konnte er, noch dazu bei solchem Wetter, nicht ahnen, daß ein deutsches Schiff die Dreistigkeit hatte, hier draußen, 200 Seemeilen von der schottischen Küste entfernt, seinen Kurs zu kreuzen. Wenn ein deutsches Schiff die Blockade durchbrechen wollte, dann mußte es ja zunächst mal seine Kollegen oben im Norden und in der Nordsee passieren!

Ja, du stolzer Vertreter Albions! Deine Kalkulation wäre möglicherweise richtig gewesen, wenn —! Nicht auf das „Wenn" kommt es in solchen Fällen an, sondern auf das „Aber"! W e n n wir Lichter geführt hätten, dann hättest du uns wahrscheinlich nach dem „Woher" und „Wohin" gefragt. Und w e n n wir dir nicht rechtzeitig aus dem Wege gegangen wären, dann hättest du wahrscheinlich ein großes Loch in deinen dicken Bauch bekommen, und wir hätten beide ein kühles Bad genommen. A b e r —!

Im Schein der Kartenhauslampe, die nur schwach leuchtete und überdies ganz bestialisch nach Petroleum stank, lagen wir über die große Karte des Nord-Atlantik gebeugt und studierten, wie so oft schon, die schottische und irische Küste. Da, wo wir den Hilfskreuzer — denn ein solcher war es ohne Zweifel — passiert hatten, konnte keine feste Vorpostenkette mehr stehen, vorausgesetzt, daß die Engländer sich mittlerweile nicht anders besonnen hätten. Es blieb also nur der Schluß, daß der Kreuzer sich entweder auf "wilder Fahrt" befand, d. h. nach eigenem Belieben kreuzte, oder daß er zu der Hebridenlinie gehörte und durch das Unwetter nach Süden vertrieben war, von wo er jetzt wieder aufdampfte. Vielleicht war er der Schlußkreuzer der Hebridenlinie. Weil das Wetter zusehends besser wurde, legte ich mich um Mitternacht ein wenig zur Ruhe. Ein schriller Pfiff durch den langen Sprachrohrschlauch, der stets neben meinem Kopf lag, brachte mich nach kaum drei Stunden schon wieder auf die Beine.

"Hallo?"

"An Backbord zirka 5 Seemeilen ab großer Dampfer auf Gegenkurs. Hat — — —"

Mehr hörte ich nicht mehr, denn im nächsten Augenblick schon stand ich draußen vor der Tür und sah mir den Burschen durchs Fernglas an. Lichter führte er nicht. Da es aber schon Tag zu werden begann, ließ sich ausmachen, daß er ein etwa 8000 Tonnen großer Fracht- und Passagierdampfer war, der mit mäßiger Geschwindigkeit Nordwest steuerte. Der Dampfertrack lag noch gute 80 Seemeilen weiter östlich. Es mußte also ein Hilfskreuzer sein, trotzdem von seiner Armierung bei der Entfernung nichts zu sehen war. Unsere Annahme bestätigte sich dann auch bald, als der Dampfer etwa zehn Minuten später nach Steuerbord abdrehte und mit östlichem Kurs weiterfuhr. War denn eigentlich der Teufel in die englischen Vorposten gefahren? — Wir beobachteten den Engländer noch etwa eine Stunde lang, wie er gemächlich nach Osten weitertrottete, um nach deutschen U=Booten und Hilfskreuzern zu fahnden. Dann ließen wir ihn außer acht. Wir hatten wieder einmal das Bewußtsein, dem "wachsamen" Auge eines englischen Spürhundes entgangen zu sein.

Um acht Uhr vormittags wehte es nur noch mit Stärke 3—4; eine hohe Dünung stand aus NW, der Ausläufer des gestrigen Sturmes. Trotz der vielen Regenböen, die noch am Horizont hingen, konnten wir bald ein paar Sonnenhöhen

messen und den Schiffsort berichtigen. Wir befanden uns auf
etwa 55 Grad Nordbreite und 13 Grad Westlänge. Also nicht
mehr weit vom Ziel. Für den Nachmittag war schönes Wetter
zu erwarten. In aller Ruhe konnten wir jetzt die erlittenen
Schäden ausbessern. An Deck sah es wüst aus. Ein Wirrwarr
von Tauwerk, Ketten, Eisenteilen und Holz. Mehrere Relings-
stücke waren herausgerissen, das Geländer an vielen Stellen
durchgebrochen oder krummgebogen, mehrere zolldicke Bullaugen
waren zerschlagen. Ersatz dafür gab es nicht; aber das war
schon zu verschmerzen, waren wir im übrigen doch glücklich
davongekommen. Wie war es nur möglich, daß die Engländer
uns so ungehindert passieren ließen?! Allmählich beunruhigte
mich dieses Glück. Ob vielleicht Absicht dahinter steckte? Dann
gab es nur eine Möglichkeit: die Engländer wußten um unser
Kommen! In diesem Falle war doppelte Vorsicht geboten,
denn wenn Verrat im Spiel war, würden die Briten wohl
nicht mit Wachfahrzeugen an der irischen Küste sparen.

Durch meinen Befehl war ich an eine bestimmte Zeit gebunden. Ich hatte drei Tage Spielraum. Jede Stunde zu
früh oder zu spät war zwecklos, weil dann niemand auf mich
warten würde. Wir maßen die Distanzen auf der Karte. Alles
Rechnen konnte uns nicht darüber hinwegtäuschen, daß wir,
wenn wir so weiterliefen — einen ganzen Tag zu früh in
Tralee waren! Weder wir noch alle, die an unserer Fahrt
interessiert waren, hatten das für möglich gehalten.

In der Absicht, gegen Abend des nächsten Tages einzulaufen, weil diese Zeit für uns die günstigste war, ließ ich darum
jetzt mit reduzierter Fahrt südöstlich steuern, um auf diese Weise
noch näher an den Dampfertrack zu kommen. Bisher hatte ich
ihn wohlweislich gemieden. Während ich noch den „Gefechts-
plan" für den morgigen Tag entwarf, klopfte es draußen an der
Tür. „Na, Battermann, was gibt's?" fragte ich den ein-
tretenden Signalgasten. „Schon wieder einer?"

„Jawoll, Herr Leutnant — Herr Kap'tän," verbesserte er
sich schnell, „schon wieder so'n Engelschmann! Steuerbord querab

drei Meilen. Kommt gerade aus 'ner Bö heraus." Und mit pfiffigem Lächeln setzte er hinzu: „Ich glaube, Herr Kap'tän können ruhig unten bleiben. Is man bloß 'n Hilfskreuzer. Die Kerle tun uns ja doch nix!" Was das letztere anbetraf, so mochte der Schlingel vielleicht recht behalten. Ein Hilfskreuzer also! Das sah ich jetzt leider nur zu deutlich, denn der schlanke schwarze Dampfer mit den zwei dünnen Schornsteinen, der da aus dem tiefhängenden Regenschauer hervorschoß, kam mit äußerster Fahrt auf uns zugedampft. Der 1. Offizier hatte schon Alarmzeichen gegeben und war mit der üblichen Fahrt=
verringerung unauffällig auf östlichen Kurs gegangen. Wir konnten also zur Not als ein von Amerika kommender Dampfer gelten.

„Die ‚Zauberkiste' ist dicht!" kam die Meldung von unten. Es war auch Zeit, denn der Engländer näherte sich mit be=
ängstigender Schnelligkeit. Verflucht! Der Kerl sah aus, als wollte er anbeißen. Ksss! Hektor! Ksss! Ksss! ging's unten auf dem Vordeck, wo der Hund ein wütendes Gebell anhob. Der Engländer war schon so nahe, daß er dieses Gekläff hören mußte, denn wir vernahmen deutlich das Klingeln seiner Ma=
schinentelegraphen. Gleich darauf stoppte er, kaum 500 Meter hinter uns. Aha, dachte ich, jetzt kommt das Prisenkommando! Da ich aber weder auf ein solches noch überhaupt auf nähere Bekanntschaft mit dem Engländer Wert legte, ließ ich meinen „Aud" ruhig weiterpaddeln mit der „Geschwindigkeit" von fünf Seemeilen pro Stunde. Im übrigen taten wir gewohnheits=
gemäß, als ob der Engländer für uns nicht existiere. Von der Seite allerdings sah ich mir den Kerl recht genau an. Es war, wie mir schien, ein alter Orientdampfer von der Royal Mail Steam Packet Company, etwa 6000 Tonnen groß. Donnerwetter, schoß es mir durch den Kopf, den Mann hast du doch schon mal irgendwo gesehen! Das ist doch — ja, natürlich! Jetzt erkannte ich genau das niedrige Promenaden=
deck wieder, auf dem ich seinerzeit in Fremantle (Westaustralien) mit einer australischen Freundin, der Tochter eines englischen

Offiziers, ein paar niedliche Plauderstunden verlebt hatte. Nur fehlte jetzt das bunte Leben dort drüben. An Stelle der reizenden, blonden Feen in ihren frischduftenden Sommerkleidern, die sonst dieses Deck belebten, tummelten sich jetzt mehrere Dutzend englischer Blaujacken mit neugierigen Gesichtern an der Reling herum. Und da, wo früher die bequemen Longchairs der O. E. Company gestanden hatten, drohten jetzt ein paar dicke Zehnzentimetergeschütze zu uns herüber. Welch ein Unterschied zwischen damals und heute!

Ob der Engländer vielleicht einen freundlichen Gutenmorgengruß von uns erwartete, ich weiß es nicht. Jedenfalls muß er sich etwas dabei gedacht haben, als er plötzlich an Stelle eines alten zerfetzten Lappens eine nagelneue große Kriegsflagge an der Gaffel aufsteigen ließ. Das sollte wohl mehr Eindruck auf uns machen. Wir Norweger waren aber viel zu große Stumpfböcke, um uns durch solche Äußerlichkeiten aus der Ruhe bringen zu lassen. Und deshalb blieb alles, wie es war. Kein Boot wurde auf dem Engländer heruntergelassen. Und infolgedessen kam auch kein Prisenkommando. Nichtsdestotrotz schien der Hilfskreuzer ein unangenehmes Interesse an uns zu nehmen. Er kam noch dichter heran, betrachtete aus nächster Nähe unsere Steuerbordseite und fuhr ein paarmal ums Heck herum. Dann blieb er an Backbord mit gestoppter Maschine liegen, ohne jedoch ein Signal oder etwas Ähnliches zu geben. Die Geschützmannschaften waren wieder weggetreten. Man schien also tatsächlich den „Neutralen" zu respektieren. Was Wunder bei unserm Exterieur! Da wir ruhig weiterdampften, vergrößerte sich allmählich der Abstand zwischen uns. Auf dem Engländer waren aller Augen auf uns gerichtet, als seien wir ein Wundertier. Da klingelte es wieder drüben, und zum zweiten Male schoß er heran. Dieses Mal hielt er dicht an unserer Backbordseite vorbei und — sauste davon, nach Osten zu. Eine halbe Stunde später war er außer Sicht.

„Jetzt steht mir aber bald der Verstand still", brummte Düffelmann. „Herr Kap'tän, ich schlage vor, schnurstracks nach

Tralee zu fahren. Vielleicht hat man uns dort schon Ehren=
pforten errichtet. Mich sollte es nicht wundern!"

Ja, Herrgott! Hier in diesem England schien nichts un=
möglich zu sein! Wenn da nur nicht etwas anderes dahinter=
steckt, dachte ich mir im stillen. Dieser Spuk fing an, ver=
dächtig zu werden. Der Gedanke daran wollte mir jetzt nicht
mehr aus dem Sinn. Warum fragte der Engländer nicht
wenigstens nach unserm „Woher" und „Wohin", wie es seine
Pflicht gewesen wäre? Warum beschnüffelte er uns so vor=
sichtig von allen Seiten wie ein Hund den andern? Wollte man
uns in Sicherheit wiegen? Ich überlegte hin und her, kam aber
immer wieder zu dem Resultat, daß Spionage ausgeschlossen
war. Nach meiner Berechnung ausgeschlossen sein m u ß t e !
Wie sich später herausstellte, hatte man uns denn auch tatsächlich
ohne Argwohn passieren lassen; hier sowohl wie bei allen
früheren Gelegenheiten! Der Bluff war also gut gelungen.
Die einzige Falle, die man uns stellte, kam später, am Schluß
des Unternehmens. Und das war für die Engländer wirklich
kein Kunststück, auf das sie stolz sein dürfen!

XIII.

Zukunftsträume.

Wie tags zuvor nach unten, so krabbelte das Barometer jetzt ebenso schnell wieder nach oben in die Gegend, wo die von jedem Seefahrer gern gesehenen drei Worte stehen: Beständig, schönes Wetter. Um mit der englischen Zeitrechnung übereinzustimmen, ließ ich die Uhren auf mittlere Greenwich-Zeit stellen. Etwa vier Stunden waren vergangen, seitdem ich meinem alten Bekannten ein herzliches „Lebewohl" gewünscht hatte. Prächtig schien die Sonne. Eine flaue Nordwestbrise strich leise übers Wasser. Frühlingswetter! So recht geeignet, um frischen Mut und neue Hoffnungen im Menschen wachzurufen! Ich konnte es den Leuten nicht verdenken, daß sie übermütig wurden. Sie ergingen sich in den gewagtesten Hoffnungen für die Zukunft, bauten Luftschlösser. Ich freute mich mit ihnen und tat mein möglichstes, um ihnen ihre Stimmung zu erhalten. Morgen mußten ja die Würfel fallen; unser Schicksal sich entscheiden! Warum da nicht heute noch fröhlich sein!

Ich hielt Schiffsrat ab, um über den kommenden Tag zu beraten. Eine Menge Vorbereitungen ergaben sich von selbst. Dann beschlossen wir, über Nacht unser Äußeres zu verändern, indem wir vom Kartenhaus bis zum Maschinenoberlicht einen zwei Meter hohen Schornsteinmantel aus Holz und Segeltuch aufführten, der die gleiche Farbe erhielt wie die übrigen Decksbauten. Für den Fall, daß man uns irgendwo photographiert hatte, sah der „Aud" dann schon wesentlich anders aus. Ferner wollte ich am kommenden Vormittag die Flaggen und Namen außenbords mit schwarzer Farbe übermalen und Schornstein und Ventilatoren gelb anstreichen lassen. Ich hatte die Absicht, unter spanischer Flagge einzulaufen. Eine geeignete Schornsteinmarke war bald gefunden. Für den Fall, daß wir wirklich verraten oder durch einen der Hilfskreuzer gemeldet sein sollten, konnte uns das vor vorzeitiger Entlarvung schützen. Wenn wir ungehindert durchkamen und die Iren rechtzeitig auf ihrem Posten waren, dann m u ß t e die Landung gelingen. Jetzt machte sich leider das Fehlen einer F.=T.=Einrichtung sehr fühlbar. Wie gut hätte man dann mit Tralee in Verbindung treten und feststellen können, ob die Luft rein war. Zu meinem Befremden hatte ich kurz vor der Abreise von Berlin in der „B. Z." gelesen, daß in Dublin heftige Unruhen ausgebrochen waren und über die Stadt, später über die gesamte Ostküste Irlands der Belagerungszustand verhängt worden sei. War das Leichtsinn oder Berechnung der Iren, um die Aufmerksamkeit der englischen Regierung von der Westküste abzulenken? Von Casement hatte ich das leider nicht mehr erfahren können. Eine Bemerkung von ihm, die mir jetzt wieder einfiel, machte mich stutzig. Was, wenn die Iren im Übereifer vorzeitig losgeschlagen und auch über die Westküste schon den Belagerungszustand heraufbeschworen hatten? Das konnte unter Umständen unser ganzes Vorhaben zunichte machen.

Wir mußten abwarten, wie die Dinge sich entwickeln würden. Sollten unsere Erwartungen wirklich getäuscht werden, dann blieb immer noch Zeit zu weiterem Handeln. Vorläufig hatte ich mich nur an meinen Befehl zu halten: Zur rechten Zeit am rechten Ort sein! Nachdem der ganze Plan von den Iren selbst in Gang gebracht worden, schien es mir unmöglich, daß von ihrer Seite nicht alles nur Denkbare für unseren Empfang vorbereitet war.

Mein Plan für den kommenden Tag war fertig. Mich beschäftigte jetzt nur noch die Frage: wie komme ich wieder aus diesem Loch heraus? Und was dann?

Da ich vom erften Augenblick an das feste Vertrauen hatte, daß ich bis nach Tralee gelangen würde, hatte ich mir selbstverständlich auch schon die Frage vorgelegt, was später aus uns werden sollte. Die Aussichten für ein Entkommen waren zwar, wie schon erwähnt, gleich Null. Die Waffenlandung hielt ich für möglich. Was dann aber mit uns geschah, mußte dem Zufall überlassen bleiben. Ich hatte mir für alle Fälle die Erlaubnis erwirkt, eins der vielen Maschinengewehre, die in Kisten verpackt unten im Raum lagen, für mich behalten zu dürfen, um nach gelungener Flucht auf eigene Fauft Kaperkrieg zu machen. Sollte das mißlingen, so stand es mir frei, die Rückfahrt nach Hause zu riskieren oder in einem neutralen Hafen irgendwo in der Welt zu internieren. Zur Sicherheit besaß ich ein Empfehlungsschreiben an alle deutschen Konsulate im Auslande sowie eine ausgefüllte Musterrolle und Schiffszertifikate auf den Namen eines deutschen Handelsdampfers. Zog ich es also später vor, einen solchen zu markieren, so konnte uns keine neutrale Macht internieren. Vorläufig dachte ich aber weder an Rückfahrt noch an Internierung. Der eventuell in Aussicht stehende Kaperkrieg reizte mich viel zu sehr. Den Plan dazu hatte ich mir schon lange vorher ausgedacht.

Mancher wird vielleicht den Kopf schütteln, wenn er hört, daß ich mit einem Schiff vom Typ „Libau", mit einem einz'gen Maschinengewehr und nur 21 Mann Besatzung Kaperkrieg führen wollte. Ich verdenke es niemand, wenn er darüber lächelt, denn meine Vorgesetzten haben das auch getan, als ich ihnen seinerzeit meine Absicht mitteilte. Nachdem man mich aber angehört und das „Für" und „Wider" erwogen hatte, war man anderer Meinung. Der Plan war ausführbar. Es kam auf einen Versuch an. Ich war vom Gelingen fest überzeugt. Die Idee war folgende: Es war damals noch nicht schwer festzustellen, ob ein passierender Handelsdampfer armiert war.

Name und Aussehen vieler armierter feindlicher Handelsdampfer waren mir überdies bekannt. Es waren durchweg nur große Schiffe, die schneller liefen als das meinige. Diese kamen für mich nicht in Frage. Kleinere dagegen, von 1=—3000 Tonnen Größe und einer Geschwindigkeit von 8—10 Seemeilen, schienen mir die geeigneten Objekte zu sein. Wenn sie wertvolle Ladung hatten, waren sie im Verhältnis zu der geringen Größe und „Armierung" meines „Aud" schon eine recht beträchtliche Beute. An solche Dampfer gedachte ich mich heranzumachen, auch wenn sie armiert waren. Das Glück oder, besser gesagt, ein gut in= szenierter Bluff sollte mir dabei helfen.

Das gute Wetter und unsere frohe, zuversichtliche Stim= mung veranlaßten mich schon jetzt, einen Tag vor der Ankunft, die Vorarbeiten für meinen Plan in Angriff zu nehmen. Als erstes war erforderlich, daß niemand in uns ein feindliches Schiff wittern konnte. Zum Schutz dagegen war eine passende Maskerade leicht geschaffen. Holz, Segeltuch und Farben stan= den in ausreichender Menge zur Verfügung, so daß wir, wenn es nötig sein sollte, jeden Tag in anderer Kostümierung auftreten konnten. An Nationalflaggen aller Staaten mangelte es ja nicht. Ich ließ deshalb aus ein paar schwarzgestrichenen Per= senningen Attrappen anfertigen, die auf beiden Seiten von der Back bis zum Mitteldeck und entsprechend auch vom hinteren Mitteldeck bis zum Achterdeck gespannt werden konnten, so daß die beiden tiefer liegenden Decks vorn und hinten völlig verdeckt wurden. Das Schiff sah dann von weitem wie ein Glattdecker aus. Weiter wurden ein paar schlanke Grubenhölzer heraus= gesucht und zu Geschützrohren, Kaliber 10,5, zurechtgesägt. Aus Brettern ließ ich Schutzschilde bauen und das Ganze dunkelgrau anstreichen. Auf Vor= und Achterdeck wurden „Pivots" ange= bracht, worin die Geschütze Aufstellung fanden, von den vor= gezogenen Persennings wohl verborgen. Durch eine einfache Schlippvorrichtung konnten die Attrappen im Nu fallen gelassen werden. Nach kaum zweistündiger Arbeit war die „Bestückung" des „Aud" fertig. Vier schwere Kanonen lugten für einen

Augenblick gefahrdrohend übers Wasser. Der einzige Nachteil bestand lediglich darin, daß man mit ihnen nicht schießen konnte.

Es machte mir ein diebisches Vergnügen, die ungläubigen Gesichter meiner Leute zu beobachten, während sie diese Arbeiten ausführten. Um ihre Neugier zu reizen, hatte ich mir vorbehalten, ihnen erst nach getaner Arbeit meinen Plan zu entwickeln. Nachdem alles fertig war, begann ich mit der Erklärung. „Wenn alles gut geht," sagte ich zu ihnen, „und daran zweifle ich nach dem bisherigen Erfolg keinen Augenblick mehr, dann beabsichtige ich mit der „Libau" in den Atlantik zu fahren und dort Handelskrieg zu treiben. Die Erlaubnis dazu ist mir erteilt."

„Wir können aber doch nicht schießen, Herr Kap'tän!" riefen alle durcheinander.

„Geduld! Kommt alles noch!" fuhr ich fort. „Also, wir schlängeln uns in unserer Verkleidung und unter irgendeiner Flagge an einen passenden Dampfer heran, und wenn wir sehen, daß der Bursche uns nicht zu sehr überlegen ist und nicht zu schnell laufen kann, dann lassen wir die Maske fallen, setzen Kriegsflagge und Wimpel, schwenken die Geschütze aus und — schießen! Aber nicht mit den Holzkanonen, sondern mit diesen niedlichen, kleinen Dingern hier." Dabei öffnete ich eine kleine Kiste und zeigte den erstaunten Leuten einige Dutzend Kanonenschläge, die ich mir vor der Abfahrt besorgt hatte. „Fein, was? Also eins von diesen Dingern wird im gleichen Augenblick knallen gelassen, wenn wir die Geschütze herausdrehen. Das Signal „Stoppen Sie sofort!" muß gleichzeitig am Signalstag hochgehen und dann laßt uns mal den Dampfer sehen, der in seiner völligen Überraschtheit nicht sofort stoppt angesichts unserer dicken Kanonen! Bei der zu erwartenden Bestürzung wird er auf den Aufschlag der vermeintlichen Granate kaum achtgeben. Folgt er aber unserer Aufforderung nicht sogleich, dann halten wir ihm schnurstracks ein paar Maschinengewehrkugeln auf die Brücke oder, wenn nötig, auf seine Geschützbedienung. Das Gewehr wird morgen ausgepackt und dann wird daran exerziert. Ich denke, wir werden die Kerle schon kriegen. Wenn wir dann ein paar John Bulls versenkt haben, fahren wir nach Hause. Und nun: kehrt marsch! An die Arbeit! Morgen wird's ein schwerer Tag!"

Wenn plötzlich ein Zeppelin über uns erschienen wäre, er hätte keine größere Überraschung und nicht mehr Freude unter der Mannschaft auslösen können als die soeben gemachte Ankündigung. Hätte ich allerdings geahnt, was uns bevorstand, dann wäre ich gar nicht erst nach Tralee gelaufen, sondern hätte gleich den obigen Plan zur Ausführung gebracht. Auch wenn wir nur 3—4 Schiffe versenkt hätten, sie würden uns sicherlich nicht weniger Lorbeeren eingebracht haben als der „Möwe" mit ihren 15=Zentimeter=Geschützen. Leider sollte es nicht mehr dazu kommen.

Wegen der außerordentlich geringen Wassertiefe im Hafen von Fenit ließ ich jetzt das Schiff, soweit möglich, von allem überflüssigen Gewicht erleichtern. Eine Unmenge schwerer und leichter Gegenstände wanderte in „die große Seekiste", den Atlantischen Ozean. Jeder Zoll weniger Tiefgang war jetzt von Bedeutung. Gegen 6 Uhr abends meldete der Ausguck plötzlich: „U=Boot! 4 Strich Backbord voraus!" Hallo, das fehlte gerade noch, so dicht vorm Ziel!

„Äußerste Fahrt! Zickzack fahren! Achtgeben auf Torpedo= laufbahn!"

Auch wir hatten mittlerweile das vermeintliche Periskop ent= deckt und blickten nun gespannt auf den dunkeln Punkt, der in kurzer Entfernung von uns etwa einen Fuß hoch auf der Ober= fläche schwamm. Englisch oder deutsch? Das war jetzt die Frage. Um Gewißheit zu bekommen, ging ich dichter heran. Nanu, ist das überhaupt ein Periskop? Fast sah es so aus, aber kein Schaumstreifen verriet, daß das Ding sich bewegte. Ich über= legte schon, ob es vielleicht „unser" U=Boot sein könne, das uns am Ende entgegengefahren war.

1500, 1000, 800 Meter. Immer mehr verringerte sich die Entfernung. Nun mußte es sich bald entscheiden. Und es ent=

schied sich; aber anders als wir dachten, denn das Periskop war
— eine leere Konservenbüchse, die gemächlich auf dem Ozean trieb.

„Wer den Schaden hat, braucht für den Spott nicht zu sorgen!" Das wird wohl auch der Ausguckmann hinterher gedacht haben. Aber besser war es immerhin, lieber etwas zu viel als zu wenig zu sehen, denn wir näherten uns jetzt zusehends dem Dampfertrack. Und damit der irischen Küste.

XIV.

Glücklich am Ziel!

Donnerstag, den 20. April.

Ein herrlicher, taufrischer Morgen. Während der Nacht war völlige Windstille eingetreten. Eine langgezogene Nordwestdünung hielt das Meer in gleichmäßigem Auf- und Niederwogen. Die Attrappe um den Schornstein war über Nacht vollendet worden.

Um beim Einlaufen in die Tralee-Bay alles zur Landung fertig zu haben, mußte natürlich die über der Munition lagernde Scheinladung verschwinden. Aus guten Gründen hatte ich bis jetzt damit gewartet. Nun aber war's die höchste Zeit, zumal sich herausstellte, daß die langen Grubenhölzer noch ziemlich frisch und naß, infolgedessen sehr schwer waren, was das Ausladen sehr verzögerte. Mit „Alle Mann" machten wir uns in der Frühe des Tages daran, die Luken zu öffnen und die gesamte Scheinladung über Bord zu werfen. Schon nach einer halben Stunde sah es auf dem Oberdeck aus wie in einer Packabteilung bei Wertheim oder Tietz. Türen, Türfüllungen, Fensterrahmen, Emaillekannen und -schüsseln, Zinkeimer, Badewannen und Ähnliches wurden unermüdlich aus der Tiefe herausgeholt und an Deck aufgestapelt. Das Geschirr wurde, damit es schneller versackte, mit schweren Hämmern durchlöchert und über Bord geworfen. Schade um all die schönen Sachen! Kisten und Stroh wanderten in den Heizraum. Auch ganze Kisten warfen wir über Bord, ebenso die zahllosen Grubenhölzer. Eine large Kiellinie, die bis zum

Horizont sichtbar blieb, bezeichnete den Weg, den wir gefahren waren. Wenn jetzt nur kein Dampfer oder gar ein Kriegsfahrzeug kam! Das wäre höchst unangenehm gewesen. Waren wir erst außer Sicht, dann mochte man ruhig denken, hier sei ein Dampfer torpediert worden, dessen Ladung jetzt auf dem Wasser trieb.

Ein unbestimmtes Gefühl sagte mir, daß es vielleicht nützlich sein könnte, einen kleinen Teil des Grubenholzes noch an Bord zu behalten. Ich ließ diesen Rest zu beiden Seiten der Zwischendeckluken stauen, wo er beim Ausladen der Munition nicht hinderlich war. Diese Vorsicht sollte uns am nächsten Tage sehr zu statten kommen.

Gegen 9 Uhr vormittags kam an Backbord voraus ein Schiff in Sicht — ein Motorschiff von etwa 7000 Tonnen, das mit mäßiger Geschwindigkeit nach Norden fuhr. Eine dicke Kanone stand frei auf seinem Heck; ein scheinbar maskiertes Geschütz auf der Back. Eine Flagge hatte der Dampfer nicht gesetzt. Ein Neutraler war er nicht, sonst hätte er die entsprechenden Abzeichen gehabt. Es mußte also entweder ein englischer Handelsdampfer oder ein verkappter Hilfskreuzer sein, der seine übrigen Kanonen versteckt hielt. Sofort beim Insichtkommen ließ ich alle Arbeiten einstellen und „gefechtsklar" machen, sofern man bei uns davon reden konnte. Wenn der Kerl jetzt nur nicht den langen Holzschweif sah, der sich hinter uns herschlängelte. Allem Anschein nach hatte er Knöppe vor den Augen, denn er trottelte in einer Entfernung von zirka 6 Seemeilen vorüber, ohne irgendwelche Notiz von uns zu nehmen. Also wohl doch nur ein harmloser Dampfer. Wir mußten uns jetzt höllisch beeilen mit unserem Vernichtungswerk, denn jetzt konnten jeden Augenblick neue Dampfer auftauchen, weil wir dicht beim Track waren. Der Schweiß rann uns in dicken Tropfen von der Stirn; Arme und Beine wollten oft erlahmen von der schweren Arbeit. Ganze Tröge voll Limonade und ein paar aufmunternde Worte, mit denen einer den andern anspornte, bewirkten aber, daß keine Stockung eintrat.

Um Mittag hatten wir den größten Teil der Arbeit hinter uns. Was übrigblieb, konnte in den nächsten Stunden noch erledigt werden. Das Wetter war prachtvoll. Besser konnte es für unsere Zwecke gar nicht sein. Die Mittagsbeobachtung ergab 52 Grad Nordbreite und 11 Grad Westlänge. Wir standen noch knapp 45 Seemeilen von Tralee! In etwa vier Stunden mußten wir am Ziel sein. Was konnten wir mehr verlangen!

Leider mußte ich meine Absicht, jetzt als Spanier aufzutreten, fallen lassen, weil zu dieser Metamorphose keine Zeit mehr blieb. Das Herausschmeißen der Ladung hatte sich langwieriger gestaltet, als wir kalkuliert hatten. Meine einzige Sorge war jetzt nur noch die, daß das helle Mondlicht uns während der kommenden Nacht einen Strich durch die Rechnung machen könnte, denn heute Nacht war Vollmond.

Mit dem Glockenschlag zwölf Uhr rasselte der Maschinentelegraph auf „Große Fahrt", und der „Aud" wendete seine Nase der Tralee-Bay zu. Die nächsten beiden Stunden galten den letzten Vorbereitungen für die Landung. Da gab's noch eine Unmenge zu tun. Ladegeschirr und Dampfwinden wurden klargemacht, die Raumluken aufgedeckt und in jeder Luke die obenaufstehenden Kisten eingeschlingt, d. h. in Netze gepackt, mittels derer sie ausgeladen werden sollten. Taschenlampen und Werkzeuge zum Aufbrechen der Kisten ließ ich in kleine Säcke verpacken. Sie mußten als erstes an Land gegeben werden, denn wenn wir erst im Hafen lagen, mußte alles Hals über Kopf gehen, damit die Ladung heraus war, ehe die Engländer Wind davon hatten und uns mit Gewalt daran hindern konnten.

Wenn alles klappte, so wie es verabredet war, dann hoffte ich, in 7—8 Stunden das Schiff leer zu haben. Wenn!! Darauf kam es jetzt an! Auf alle Fälle war es notwendig, sich auf bewaffneten Widerstand vorzubereiten. Unter Umständen konnte es zu einem blutigen Handgemenge kommen. Es war kein Zweifel, daß die Hafenbehörden: Hafenkapitän, Hafenmeister, Zollbehörde usw., eventuell auch ein militärisches Kommando sofort nach dem Einlaufen an Bord kommen würden, um Schiff und Papiere zu untersuchen. Ihre Fragen nach unserm „Woher" und „Wohin" mußten gleich so beantwortet werden, daß ihnen die Lust zu weiteren Fragen verging, d. h. sie mußten unschädlich gemacht werden, falls die Iren das nicht schon vorher besorgt hatten. Es war aber klar, daß selbst bei größter Vorsicht irgend etwas von unserer plötzlichen Ankunft und von unserem verdächtigen nächtlichen Treiben nach außen hin durchsickern mußte. Casement selbst hatte mir gesagt, daß es auch in Tralee noch eine Menge gut englisch gesinnter Elemente gab.

Die Stadt Tralee liegt von der Hafenmole etwa eine Stunde entfernt. Der eigentliche Hafen von Tralee, gewissermaßen die Vorstadt, heißt Fenit. Fenit ist ein kleiner, unbedeutender Hafen, der durch eine Eisenbahn mit Tralee verbunden wird. Diese Eisenbahn konnte uns eventuell sehr unangenehm werden, denn wenn in Fenit Alarm geschlagen wurde, mußten wir in spätestens einer halben Stunde mit dem Eintreffen von Militär rechnen. Zum Schutz dagegen sollten in erster Linie die Maschinengewehre dienen, die, fix und fertig in Kisten verpackt, zu meiner Ladung gehörten. Sie mußten deshalb zuallererst ausgeladen werden. Die Leute zur Bedienung der Maschinengewehre sollten am Kai bereitstehen. Ich überzeugte mich noch einmal, ob die Sprengkörper und Brandbomben gebrauchsfertig und die Kriegsflaggen zur Hand waren. Zur Sicherheit ließ ich noch zwei weitere Sprengkörper im Vorschiff anbringen, damit nötigenfalls nichts von meinem Schiff übrigblieb. Dann befahl ich „große Selbstreinigung" und „sauberes Zeug", d. h. Uniform anziehen und Waffen anlegen. Nur die Mützen, die wir vorläufig noch nicht aufsetzen konnten, versteckten wir in greifbarer Nähe. Über die Uniform wurde dann wieder das alte norwegische Kostüm gestreift. Pistole und Dolch trug jeder an einem Gürtel unter dem Jackett.

War das eine Wohltat, nach so langer Zeit wieder die Zahnbürste benutzen und ein richtiges Bad nehmen zu können! Jetzt, wo der Komödie erster Teil voraussichtlich in wenigen Stunden zu Ende war, konnte man diesen langentbehrten Genuß ohne

Gefahr für die Zukunft ausnutzen. Kurz nach ein Uhr wurden die ersten Anzeichen von Land sichtbar. Langgestreckte bläuliche Silhouetten, die nach und nach bestimmte Form annahmen: die irische Küste! Von irgendwelchen Schiffen war nichts zu sehen. Ich war froh, als ich meine Leute nun endlich um mich versammeln und ihnen die so lang ersehnte Aufklärung geben konnte. Vieles davon hatten sie ja schon geahnt, denn dazu brauchte man kein Seemann zu sein, um während der Fahrt zu merken, daß unser Kurs n i c h t nach Libau führte. Mit ernsten und doch leuchtenden Gesichtern folgten sie meinen Ausführungen, als ich ihnen sagte, daß es jetzt um Kopf und Kragen ginge und jeder sein Bestes hergeben müsse. Nun begriffen sie auch, warum ich Wert darauf legte, daß sie die Uniformen unter dem andern Kostüm trugen. Dieser Krieg hat leider gelehrt, daß auch das Völkerrecht nicht immer ein sicherer Schutz ist. Ich machte sie deshalb auch auf diesen Punkt aufmerksam, damit sich keiner wundern sollte, wenn er später vielleicht erschossen oder gehängt wurde. Das hatte zur Folge, daß mir von allen Seiten ein hämisches Grinsen entgegenleuchtete, als wollten sie sagen: Dazu gehören wohl immer zwei, nämlich der eine, der's macht, und der andere, der sich's gefallen läßt! Prachtkerle! Ich wußte, daß ich mich auf sie verlassen konnte!

Bis ins kleinste Detail wurde darauf der Kriegsplan besprochen. Jeder erhielt seine besondere Funktion. Soweit ich es verantworten konnte, verschwieg ich der Mannschaft nichts, damit sie alles zum Gelingen des Werkes Notwendige wußte. Daß im Falle einer Gefangennahme nur strengste Verschwiegenheit uns alle retten konnte, war selbstverständlich und bedurfte kaum der Erwähnung. Die Maschine erhielt Anweisung, sich klarzuhalten, um auf Befehl die Wassertanks zu lenzen, damit das Schiff leicht genug wurde, um in die seichte Fahrtrinne von Fenit einlaufen zu können. Zu guter Letzt wurden die Verbandpäckchen ausgegeben, die große Medizinkiste mit allem erforderlichen Material in der Kajüte aufgestellt, und dann gab ich Befehl: „Alle Mann auf Stationen!"

XV.

24 Stunden im irischen Hafen

Im hellsten Sonnenlicht lag die Küste vor uns. Hohe, kahle und zerklüftete Berge, mit Schluchten und steil vorspringenden Felsen, die gewiß noch keines Menschen Fuß betreten hatte. Nur am Fuße der gelbbraunen Bergriesen, bis zu einer Höhe von etwa 150 Meter über dem Wasser, sah man vereinzelte grüne Stellen, Gras und niedrige Stauden. Im übrigen schien die Vegetation hier äußerst spärlich zu sein. Was uns besonders auffiel, das waren die scharf gezackten Kämme der langen Gebirgskette. Nach und nach kamen jetzt auch die vielen dem Festlande vorgelagerten Inseln und Rocks zum Vorschein. Sehr einladend war dieses Bild nicht. In der Tat gibt es wenige Küsten, die so unwirtlich und wegen ihrer vielen Klippen so gefährlich sind wie die irische.

Unverwandt suchten wir mit den Gläsern, um irgendein Haus oder einen Leuchtturm auf dem Festlande zu entdecken. Leider vergeblich. Nichts wie nackte Felsen! Die Gegend schien völlig unbewohnt. Hier und da trat das Land ein wenig weiter zurück, so daß wir mehrmals glaubten, dies sei die Tralee=Bucht. Aber dann tauchten rechts und links davon gleich so viel ähnlich aussehende Einbuchtungen zwischen den einzelnen Felsen auf, daß wir in unserer Annahme irrig wurden. Das war allerdings eine peinliche Überraschung. Im Vertrauen auf das gute Mittagsbesteck, das unbedingt stimmen mußte, dampfte ich zunächst auf dem bisherigen Kurs weiter. Hohe Berge, tiefes Wasser! Wir

konnten also getrost bis dicht heran fahren. Irgendein Anhalts=
punkt mußte sich bald finden. An Hand der verfügbaren Karten
und Segelanweisungen suchten wir die Einfahrt. Nach
Verlauf einer Viertelstunde hatten wir sie glücklich erwischt in
Gestalt der „Three Sisters", eines kleinen, dreizackigen Felsens an
der Südseite der zirka 12 Seemeilen breiten Shannonmündung.
Die Küste biegt von hier aus scharf nach Nordost und später nach
Osten, um dann in einem großen Kreise wieder nach Nordwesten
zurückzukehren. Daher kommt es, daß man, wenn man von See
kommt, zunächst nur einen langgestreckten Küstenstrich sieht, der
die dahinterliegende Bucht verdeckt.

Sofort änderte ich Kurs, um die „Three Sisters" in
kurzem Abstande zu passieren und von da ab weiter zu manö=
vrieren. Der Signalstation Loophead, die weiter östlich
auf einer kleinen Insel an der Nordseite der Einfahrt liegt,
gedachte ich dabei in möglichst großem Bogen aus dem Wege zu
gehen. Man konnte nicht wissen, zu was für einem kanonen=
strotzenden Ungeheuer sich dieses Inselchen während des Krieges
entwickelt hatte. Sicherlich war die Station militärisch besetzt.
Während wir noch die „Three Sisters" unter 4=Strich=Peilung
nahmen, tauchte links voraus ein fast dreieckiger, weißlich schim=
mernder Fleck über Wasser auf. Auf die Entfernung sah er
einem Segel täuschend ähnlich. War das vielleicht schon der
Lotsenkutter, der uns erwartete? Beinahe hätte ich vor Freude
einen Jauchzer ausgestoßen. Leider mußte ich bald darauf die
unangenehme Entdeckung machen, daß das vermeintliche Segel
beim Näherkommen immer höhere und breitere Dimensionen an=
nahm und sich schließlich als die Insel Loophead entpuppte, die
ich anfänglich weiter nördlich wähnte. Die erste Enttäuschung!

Die Sonne hatte uns einen Streich gespielt, indem sie die
westlich trapezförmige Ecke des Eilandes so grell beschien, daß
diese von weitem wie' ein großes Segel aussah. Sobald ich den
Irrtum erkannte, änderte ich Kurs nach Steuerbord, von wo zu=
nächst keine Gefahr zu erwarten war. Wenigstens glaubte ich
so, denn weit und breit grinsten uns nur nackte Felsen an.

Langsam schlängelten wir uns so in die Bucht hinein und suchten gespannt jeden Berg, jeden Felsen und jede Schlucht, vor allem aber die vor uns liegende Wasserfläche mit den Gläsern ab. Die starke Strömung, die immer wieder nach Süden, aufs Land zudrängte, machte fortwährende Kursänderungen notwendig. Um 3 Uhr 30 nachmittags waren wir etwa 2 Seemeilen querab von den „Three Sisters". Loophead war jetzt schon deutlich sichtbar: Eine Signalstation und ein paar kleine Gebäude; sonst war nichts auf der Insel zu erkennen. Aber — was war denn das da zur Rechten von uns? Auf einem breiten Felsen, etwa 60 Meter über Wasser, stand ein hoher Signalmast mit einer Funkenantenne. Rechts und links davon guckten ein halbes Dutzend schwarzer Geschützrohre zwischen breiten Schießscharten hervor, die man in den Kamm des Felsens hineingehauen hatte. Die unangenehmste Überraschung aber war, daß diese Rohre auf uns gerichtet standen und daß eine Anzahl englischer Soldaten sich daran zu schaffen machte, während andere uns durch ihre Gläser beobachteten. Dumme Geschichte!

Mit einem solchen Empfang hatte ich allerdings nicht gerechnet. Unauffällig ließ ich sofort alle überflüssigen Leute von Deck verschwinden, und nun begann die Komödie, die wir so oft schon gespielt hatten, aufs neue. Angesichts der englischen Prismengläser, durch die man uns aus nächster Nähe betrachtete, galt es jetzt, so unbefangen wie möglich aufzutreten. Während wir, die Engländer kaum eines Blickes würdigend, im gemächlichen Wachtempo auf der Brücke hin und her schlenderten — sechs Schritt nach Steuerbord und dann wieder stumpfsinnig sechs Schritt nach Backbord — und dabei nach bewährter Sitte in die Gegend qualmten und spuckten, ließ ich langsam etwas nördlicher steuern, um möglichst bald aus dem Bereich der Küstenwache zu kommen. Nachdem diese sich innerhalb der nächsten Viertelstunde weder durch einen Schuß noch durch ein Signal unangenehm bemerkbar gemacht hatte, und wir inzwischen einige Seemeilen Abstand zwischen sie und uns gelegt hatten, durften wir annehmen, daß auch diese Gefahr vorläufig vorüber war. Leider nur vorläufig! Es schien so, als ob wir heute vom Regen in die Traufe kommen sollten.

Vor uns war allmählich eine kleine Inselgruppe sichtbar geworden, die sich zusehends höher aus dem Wasser heraushob. Auf der Süd- und Ostseite der Bucht kamen ein paar kleine, ärmlich aussehende Fischerwohnungen zum Vorschein, die ersten Häuser von Fenit. Die vorderste und größte der vor uns liegenden Inseln war Innishtooskert, **unser Treffpunkt mit Sir Roger Casement!**

Nun mußte die Entscheidung bald fallen. Gespannt, wie noch nie zuvor während der ganzen Fahrt, richteten wir unsere Blicke nach vorn. Wenn alles so programmäßig klappte wie bis vor wenigen Stunden, dann mußte in spätestens einer halben Stunde das Lotsenboot auftauchen mit der verabredeten grünen Flagge im Topp und einem Manne in grünem Sweater, der auf der Back stehen sollte.

Zu unserer Rechten, fast auf der Höhe des Bergrückens, wurde ein hellfarbiges Gebäude sichtbar, scheinbar ein altes Schloß, auf dessen Turm ein langer Signalmast stand. Ob der Mast mit einer funkentelegraphischen Einrichtung verbunden war, ließ sich mit Sicherheit nicht feststellen. Das verdächtige Schloß war durch eine hohe Felswand gegen die Nordseite der Bucht geschützt und wurde daher bald wieder unseren Blicken entzogen. Näher und näher kamen wir unserem Ziel. Nur noch eine Meile, eine halbe Meile, dann hatten wir's geschafft! — — —

4 Uhr 15 nachmittags. Wir waren an Ort und Stelle — genau eine Seemeile nordwestlich von Innishtooskert, einer langgestreckten, fast haushohen Insel, die völlig unbewohnt war. Jetzt galt's! Gespannt warteten wir derer, die uns hier empfangen sollten, damit wir unsere Mission nun auch bis zum Ende durchführen konnten. Seit einer halben Stunde schon hing von unserem Brückengeländer das mit Casement verabredete Signal. Den Wimpel am Stag aufzuheißen, hielt ich angesichts von Loophead und der gegenüberliegenden Batterie, die uns jetzt sicherlich beobachteten, nicht für angebracht.

Mit dem bloßen Auge und mit dem Glase suchten wir die Umgebung ab, Wasser und Land. Nichts zu sehen! Nanu? — Weit und breit regte sich nichts. Weder ein Fahrzeug noch überhaupt irgendein Lebewesen war zu entdecken. Totenstille ringsum; es schien, als ob die ganze Gegend ausgestorben war. Da die Strömung hier im Innern der Bucht kaum noch zu spüren war, ließ ich das Schiff zunächst mit gestoppter Maschine liegen.

Als sich nach etwa zehn Minuten immer noch nichts zeigte, fing ich an unruhig zu werden.

Mein und meiner Leute Erregung wuchs von Minute zu Minute, als sich nach Verlauf einer Viertelstunde immer noch nichts sehen ließ. Wir warteten und warteten klopfenden Herzens in der stillen Hoffnung, daß jede nächste Sekunde unseren sehnlichsten Wunsch erfüllen möchte. Umsonst! Es blieb nach wie vor still.

Langsam schlichen die Minuten dahin; gleich war die verabredete Wartezeit von einer halben Stunde verflossen. Ich holte meinen Geheimbefehl noch einmal heraus. Kein Zweifel, ich war an der richtigen Stelle. Und genau zur festgesetzten Zeit. Aber wo waren die andern?

Mein Befehl lautete: „Wenn nach einer halben Stunde Wartezeit keines der verabredeten Fahrzeuge oder Personen zur Stelle und keinerlei Anzeichen auf eine Verbindungsmöglichkeit deuten lassen, nach eigenem Ermessen einlaufen oder zurückkehren."

Die halbe Stunde war um. Ich überlegte ein paar Augenblicke, was zu tun sei. Zurückkehren? Nein! Unter keinen Umständen wollte ich das Spiel aufgeben, solange noch eine Möglichkeit bestand, die Landung auszuführen. Aber w i e ausführen? Das war jetzt die Frage, die mir nicht wenig Kopfzerbrechen machte. Bei hellem Tageslicht in den Innenhafen einzulaufen, ohne Verbindung mit Casement oder einigen seiner Leute zu haben, wäre sinnlos gewesen. Geradesogut hätte ich den Engländern die Munition frei ins Haus liefern können. Solange ich nicht die Gewißheit hatte, daß die englischen Hafen- und Zollbehörden, die beim Einlaufen eines jeden Schiffes sofort an Bord kommen, unschädlich gemacht werden, wie es nach Casements Plan geschehen sein sollte, durfte ich dieses Risiko nicht wagen. Um so weniger, als ich keinerlei Ausweispapiere besaß, um einer Untersuchung in diesem Hafen standhalten zu können. Dazu kam noch, daß die Fahrrinne bei der Mole nur 6 Fuß tief war, so daß nicht einmal der halbe Schiffs= rumpf unter Wasser geraten würde, falls ich gezwungen war, das Schiff zu sprengen, damit es nicht in Feindeshand fiel. Guter Rat war da teuer. Mit Gewalt mußte ich jetzt gegen allerlei Vermutungen ankämpfen, die sich mir infolge des Aus= bleibens der Iren aufdrängten. An den Abhängen von Kerry Head, dem Vorgebirge von Tralee, brannten mehrere große Feuer. Auch an anderen Stellen der Bucht zeigten sich Rauchwolken auf den Bergen. Waren das vielleicht Warnungsfeuer für uns? Aber wo zum Kuckuck waren denn nur die Menschen, die diese Feuer angesteckt hatten?

Meine ganze Besatzung hatte sich unterdessen an Deck ver= sammelt. Auf allen Gesichtern war dieselbe bittere Enttäu= schung zu lesen. Da wir alle zu gleichen Teilen unsere Haut zu Markte trugen, ließ ich die gesamte Mannschaft auf die Brücke kommen, um mit den Leuten gemeinsam zu überlegen, was jetzt das Beste sei. Mit Freuden stellte ich fest, daß auch von ihnen keiner an Rückkehr dachte, solange sich die Ausführung unserer Mission nicht als absolut unmöglich herausgestellt hatte. Wir überlegten hin und her und kamen dabei immer mehr zu der Überzeugung, daß die Engländer von unserm Plan Wind bekom= men haben mußten. An Verrat dachte in diesem Augenblick ernstlich noch niemand von uns, am wenigsten ich selbst, weil mir das auf Grund der sorgfältigen Vorbereitungen völlig unmöglich schien.

Das Ausbleiben der Iren konnte vielerlei Gründe haben. Es war sehr gut möglich, daß der Funkspruch, welcher unsere Ankunft melden sollte, verstümmelt angekommen war; oder daß man das Telegramm falsch dechiffriert hatte und es aus diesem oder dem vorher genannten Grunde unklar, wenn nicht gar unver=

ſtändlich war. Möglich war auch, daß das verabredete Zeichen vor dem nächtlichen Heeresbericht aus irgendwelchen Gründen nicht mehr gegeben wurde und die Iren infolgedeſſen glaubten, es ſei eine Störung eingetreten.

Bedeutend wahrſcheinlicher aber ſchien es mir, daß die Iren die Rührigkeit ihrer Brüder an der Oſtküſte nicht untätig hatten mit anſehen wollen, und daß ſie inzwiſchen auch im Weſten zu Unruhen übergegangen waren, ſo daß auch über die Weſtküſte bereits der Belagerungszuſtand verhängt war. Wie ſchon an anderer Stelle erwähnt, hatte ich dieſe Befürchtung ſchon bei meiner Abreiſe von Berlin auf Grund einer Notiz in der „B. 3.". Wenn die Iren wirklich dieſe Torheit begangen hatten, dann wurde dadurch meine Aufgabe ungeheuer erſchwert, wenn nicht unmöglich, denn dann war mit Beſtimmtheit damit zu rechnen, daß eine große Anzahl der in Frage kommenden Sinn-Feiner und ihre Führer hinter Schloß und Riegel ſaßen und daß die Engländer — zum mindeſten — Wind bekommen hatten von der geplanten Revolution und unſerer beabſichtigten Landung. Damit war auch eine Erklärung für das plötzliche Vorhandenſein der Batterie gefunden, die wir kurz zuvor paſſiert hatten.

Wo aber war nun Caſement? War er ſchon in Irland und vielleicht auch ſchon gefangengenommen oder befand er ſich noch unterwegs mit dem U-Boot? Auch hier gab es allerlei Möglichkeiten. Das U-Boot konnte Malheur gehabt haben und wieder umgekehrt ſein; ſchlechtes Wetter oder Motorendefekt konnten ſeine Fahrt erheblich verzögert haben; ebenſogut war es möglich, daß es auf eine Mine gelaufen oder von feindlichen Schiffen in den Grund geſchoſſen war. Ausgeſchloſſen war es letzten Endes auch nicht, daß das Boot mit Caſement bereits hier geweſen und uns, nachdem es die Lage ausgekundſchaftet, ein Stück entgegengefahren war, vielleicht um uns zu warnen. Im letzteren Falle war wohl anzunehmen, daß das Boot ſpäteſtens gegen Abend wieder zum Treffpunkt zurückkehren würde.

Kurz und gut, es gab der Möglichkeiten ſo viele, daß es in der Tat ein kleines Kunſtſtück war, jetzt das Richtige zu raten.

Nach reiflicher Überlegung schien es mir angesichts der hier an= getroffenen Verhältnisse nicht mehr zweifelhaft, daß die Iren im Westen zu früh losgeschlagen und die Engländer infolgedessen alle erdenklichen Maßnahmen getroffen hatten, um sowohl den irischen Plan als auch den unserigen zu vereiteln. Hätte ich doch jetzt nur eine F.=T.=Einrichtung an Bord gehabt! Mit deren Hilfe wäre mir in wenigen Minuten die ganze Situation klar gewesen.

Es war nicht ratsam, an der augenblicklichen Stelle liegenzu= bleiben, denn es unterlag keinem Zweifel, daß wir hier von Engländern beobachtet wurden, und da mußte ein längeres Verweilen bei Innishtooskert verdächtig erscheinen. Um nichts unversucht zu lassen, entschloß ich mich, zunächst einmal die innere Bucht abzusuchen, die durch das Vorgebirge Kerry Head von der Mündung des Shannon River getrennt wird. Damit ich auf alle Eventualitäten vorbereitet war, legte ich von jetzt ab all meinen Entschließungen die am meisten wahrscheinliche Annahme zugrunde, daß die maßgebenden Leute, die uns hier in Empfang nehmen sollten, vielleicht sogar Roger Casement selbst, verhaftet waren und daß Ersatzleute nun ihr Bestes tun würden, um das einmal begonnene Werk zu vollenden. Mög= licherweise waren die Engländer zu sehr auf der Hut, um diese Arbeit bei Tageslicht ausführen zu können. Ich rechnete deshalb bestimmt damit, nach Einbruch der Dunkelheit ein Zeichen von den Iren zu erhalten.

Meine ursprüngliche Absicht, die Tralee=Bay wieder zu ver= lassen und nach Dunkelwerden zurückzukehren, hatte ich bald wieder aufgegeben, weil ein solches Manöver zu stark Verdacht erregen konnte. Wir hätten dann einmal bei Tageslicht und zum zweitenmal bei Vollmond die verschiedenen Signalstationen passieren müssen.

Also vorwärts! Mit „kleiner Fahrt" ließ ich jetzt auf den Strand zwischen Fenit und Kerry Head zu steuern. Während der „Aud" sich langsam um die Nordspitze von Innishtooskert her= umschlängelte, kamen die dahinterliegenden kleineren Inseln zum Vorschein, von denen einige bewohnt zu sein schienen. Außer

ein paar kleinen schmutzigen Häusern war aber nichts zu ent=
decken, was auf die Anwesenheit von Menschen schließen ließ.
Auch von Fenit wurden jetzt die ersten Anzeichen sichtbar, eine
kleine Mole mit Leuchtturm, dahinter die Masten von ein paar
kleinen Seglern und seitlich davon ein Komplex von Ziegelstein=
bauten — die „Stadt"! Das Ganze machte einen sehr langwei=
ligen und kümmerlichen Eindruck. Rechts und links von uns,
etwa 500 Meter vom Lande entfernt, lagen einige kleine Rocks.
Das einzige Imposante an dem Gesamtbild waren die hohen, fast
kahlen Berge, welche die Bucht umschlossen. Sonst gab's nichts,
was unser besonderes Interesse hätte wachrufen können. —
Halt! Doch! Stand da nicht ein Mensch auf der Mole? —
Wahrhaftig! — Und was für einer! — Unter einem Flaggen=
mast, an dem eine englische Kriegsflagge lässig herunterbaumelte,
trottelte mit übergeschultertem Gewehr ein Tommy in stumpf=
sinnigem Wachschrittempo die Mole auf und ab. Also auch hier
militärische Besetzung! Na, das war ja nach dem, was wir bisher
gesehen und erlebt, eigentlich nicht anders zu erwarten. Auch die
„Ehrenjungfrauen" standen zu unserem Empfang bereit, wie
die dunklen Rohre bewiesen, die uns von dem dahinter=
liegenden Festlande entgegenstarrten. Man hatte also für unser
Kommen alles bestens vorbereitet. In merkwürdigem Gegensatz
zu diesem kriegerischen Aufputz stand die gänzliche Interesselosigkeit
des Postens, der von uns überhaupt keine Notiz zu nehmen
schien, trotzdem wir doch nun in unserer ganzen Größe nur wenige
hundert Meter vor ihm lagen.

Vergeblich suchten wir nach weiteren Soldaten oder irgend=
welchen Anzeichen, die auf das Vorhandensein einer größeren
militärischen Macht schließen ließen. Wollte man uns hier viel=
leicht in eine Falle locken? Das friedliche Gesamtbild und der
allem Anschein nach recht stumpfsinnige Tommy machten es
jedenfalls geboten, noch mehr als bisher auf der Hut zu sein.

Die Mole lag nun so dicht vor uns, daß wir mit den Gläsern
jeden Gegenstand darauf erkennen konnten. Genau so mußte
man natürlich auch bei uns jeden Vorgang an Bord wahrnehmen

können, falls man uns aus dem Verborgenen heraus beobachtete.
Es schien mir deshalb geratener, etwaigen unerwünschten Beob=
achtern diese Möglichkeit zu nehmen. Ich ließ darum jetzt lang=
sam nach Norden abdrehen, um der flachen Küste unterhalb Kerry
Head einen Besuch abzustatten. Vielleicht fand sich dort Gelegen=
heit, eine Verbindung mit den Sinn=Feinern herzustellen.

Auch diese Hoffnung erwies sich leider als trügerisch, nach=
dem wir den oberen Teil der Bucht nochmals in den verschie=
densten Richtungen abgedampft hatten.

Die wenigen ärmlichen Häuser, die am Strande entlang
standen, schienen von ihren Bewohnern verlassen zu sein. Auch
auf unsere Signale, die wir nach und nach immer auffälliger
zeigten, reagierte niemand.

Die Situation wurde zusehends heikler. Gute zwei Stunden
kreuzten wir nun schon in der Bucht herum, es fing bereits an
zu dämmern, und noch immer regte sich nichts an Land! Nicht
einmal eine Hafenbehörde schien es hier zu geben, sonst hätte
längst eine Barkasse mit Hafen= und Zollbeamten bei uns er=
scheinen und feststellen müssen, unter welchem Vorwande wir uns
auf der Reede herumtrieben, anstatt schnurstracks einzulaufen. Der
Umstand, daß man unserer Anwesenheit und unserem auffälligen
Gebaren so wenig Beachtung schenkte, bestärkte mich immer mehr
in der Annahme, daß irgendeine List dahinter steckte. Es bestand
nach meinem Dafürhalten höchstens noch die Möglichkeit, daß man
in Tralee mit einer späteren Ankunft des „Aud" rechnete oder
aber überhaupt nicht, weil man es vielleicht für ausgeschlossen hielt,
daß uns der Blockadedurchbruch gelänge. Weder ich noch irgend=
einer meiner Leute kam angesichts des überall drohenden Militärs
auf den Gedanken, daß die Engländer in uns einen harmlosen
Kauffahrer vermuten könnten, w i e e s s i c h s p ä t e r t a t s ä c h=
l i c h h e r a u s s t e l l t e. Eine solche Fahrlässigkeit in der
Bewachung lief unserer deutschen Auffassung von Dienst und
Pflichtgefühl so zuwider, daß wir diese Möglichkeit völlig aus=
schalteten.

Ich war darum froh, als die Nacht hereinbrach und die

Dunkelheit uns vor unberufenen Blicken schützte. An Stelle der Flaggen verwendeten wir jetzt grüne Lichtsignale, die wir in bestimmten Zeitabständen nach See und nach Land zu zeigten. So verging eine halbe Stunde nach der andern, ohne daß eine Änderung in der Situation eintrat. Rundum herrschte tiefe Finsternis, selbst die Stadt lag in völligem Dunkel. Nur auf der Mole brannte ein kleines, grünes Licht, das Molenfeuer, das einlaufenden Schiffen die Einfahrt in den Hafen wies. Mehrere Male glaubten wir ein Lichtsignal in einem der südöstlich von uns gelegenen Häuser bemerkt zu haben. Wir richteten sofort die Gläser darauf hin, gewahrten dann aber jedesmal, daß wir uns leider getäuscht hatten.

Als es auf Mitternacht zuging, wurde es merklich heller. Kein Wunder, denn gegen 1 Uhr mußte der Mond aufgehen. Ich machte deshalb noch einen letzten Anlauf auf die Mole, der wir uns dieses Mal bis auf etwa 600 Meter näherten, wobei ich, selbst auf die Gefahr hin, entdeckt zu werden, fortwährend grüne Signale zeigte, und fuhr dann, da auch dieser letzte Versuch erfolglos blieb, mit langsamer Fahrt zum Treffpunkt bei Innishtooster zurück. Ich ließ alles klarmachen zum Ankern, um auf jeden Fall bei Mondaufgang im Schutz der Insel verborgen zu liegen.

Vorsichtig tasteten wir uns an den Felsen vorbei zum Ankerplatz hin. So still war es in dieser Nacht, daß man selbst auf dem Vorschiff den klatschenden Schlag unserer Schraubenflüge hören konnte. Es mochte etwa anderthalb Stunden nach Mitternacht sein, als der Anker mit lautem Gedröhn in die Tiefe rasselte und wir im Schatten von Innishtooskert ein, wie mir schien, nach allen Seiten hin gutgeschütztes Versteck gefunden hatten. Wenn der Posten auf der Mole nicht schlief, mußte er das Rasseln der Ankerkette unbedingt gehört haben. Es durfte uns also nicht wundernehmen, wenn innerhalb der nächsten halben Stunde ein paar englische Torpedoboote angeschlichen kamen, um sich zu erkundigen, was wir an dieser Stelle beabsichtigten. Aber der Posten schlief, und so kamen auch die Torpedoboote nicht, weder während der nächsten halben Stunde noch während der folgenden. Der Mond war inzwischen in seiner ganzen Größe sichtbar geworden. Da er jedoch östlich von uns stand, und ich das Schiff dicht an die Westseite der Insel gelegt hatte, konnte ich damit rechnen, ungefähr bis zum Morgengrauen von ihrem Schatten verdeckt zu bleiben. So verrann langsam eine Stunde nach der andern, und je näher der Morgen heran= rückte, desto mehr schwand meine Hoffnung, daß die Iren die Nacht benutzen würden, um sich mit uns in Verbindung zu setzen. Auf die Ankunft des U=Bootes setzte ich überhaupt keine Hoffnung mehr, nachdem unsere ständigen Signale und aller Ausguck da= nach sich als vergeblich erwiesen hatten. Wenn ihm nichts zu= gestoßen war, hätte es jetzt unbedingt ein Zeichen von sich geben müssen.

Die Passivität der Iren wurde mir zusehends schleierhafter. Im Osten erschienen bereits die ersten fahlen Streifen der Morgendämmerung, und noch immer war kein Zeichen wahrzu= nehmen, aus dem wir einige Hoffnung hätten schöpfen können.

Als es dann endgültig Tag zu werden begann, gab ich das Spiel verloren. Die Möglichkeit, daß der kommende Tag uns den Erfolg bringen könnte, den wir hier in der Tralee=Bay erhofft hatten, war zu gering, um noch daran glauben zu können. Ver= geblich zerbrach ich mir den Kopf, wie es anzustellen sei, um auf irgendeine Weise noch zu einem Resultat zu kommen. Am liebsten wäre ich schnurstracks längsseits vom Pier nach Fenit gefahren. Das hätte uns wohl am ehesten Klarheit verschafft. Der Plan war aber leider unausführbar, denn selbst wenn die Engländer wirk= lich noch keinen Verdacht hatten, war es ein Unding, zu glauben, sie würden uns nun auch noch am Pier festmachen und dort in aller Ruhe unsere Munition auspacken lassen. Ich hatte keinerlei Landungspapiere für Fenit vorzuweisen; außerdem hätte das un= verkennbare Aussehen der Munitionskisten unsere Absicht sofort ans Licht gebracht. Unter dem Vorwand einer Maschinenhavarie oder etwas ähnlichem konnte ich auch nicht einlaufen, denn dann würde sofort ein Schwarm von Zoll= und Hafenbeamten und Soldaten an Bord kommen und das Schiff untersuchen. Den

Plan, ein Boot an Land zu schicken, um bei den weit außerhalb der Stadt am Strande gelegenen Häusern auszukundschaften, was eigentlich los sei, mußte ich auch wieder verwerfen. Bei der geringen Anzahl Mannschaft, die ich besaß, konnte ich unmöglich auch nur einen einzigen Mann missen, falls die Lage es er= fordern sollte. Gegen ein Zurückkehren sträubte sich aber alles in mir, dazu hielt ich die Zeit noch nicht für gekommen. Eine kleine Freude nach all diesen Enttäuschungen war für mich die Fest= stellung, daß auch von meiner Besatzung noch immer keiner etwas von Umkehr wissen wollte. Gut, also bleiben wir! Aber wie lange wird man uns wohl noch hier liegenlassen? Das war die Frage die sich uns allen jetzt aufdrängte. Wir brauchten auf die Antwort nicht lange zu warten. Während ich noch mit meinem zweiten Steuermann und einigen meiner Leute hin und her überlegte, wurden wir plötzlich durch einen Ruf des Ausguck= postens aufgeschreckt. „Dampfer an Steuerbord voraus!" — „Der Lotsendampfer!" rief der Mann in seiner Freude noch hinterdrein. Und da wir ja auf niemand sehnlicher warteten als auf ihn, war es nur zu verständlich, daß wir, wie elektrisiert durch diese Botschaft, in dem kleinen Fahrzeug, das soeben um Kerry Head gedampft kam, tatsächlich den Lotsen vor uns zu haben glaubten. Ich sprang selbst an die Flaggenleine, um den Wimpel I, unser Erkennungssignal, zu hissen, hielt dabei aber den Dampfer, der jetzt geradeswegs auf uns zudampfte, scharf im Auge. Das war mein Glück, denn schon in der nächsten Sekunde ging an seiner Gaffel nicht die irische Lotsenflagge, wohl aber die englische Kriegsflagge hoch.

So schnell wie meine Freude war auch ich selbst im nächsten Augenblick verflogen, d. h. ich zog mich, gemäß einer für solche Fälle getroffenen Verabredung, schleunigst und unauffällig in meine Kammer zurück, während ich dem Steuermann Düsselmann die Einleitung der nun folgenden Komödie überließ. Auch meine Leute hatten sich bis auf einige unsichtbar gemacht. Hinter dem Vorhang meines Fensters konnte ich bequem die weitere Ent= wicklung der Ereignisse beobachten. Ein furchtbares Geschimpfe

mit einem meiner Leute und die dröhnenden Schritte über meiner
Kammer sagten mir, daß Düsselmann bereits seine Rolle be=
gonnen hatte. Ich sah auf die Uhr. Es war kurz nach fünf;
also noch früh am Morgen.

Das erste, was mir an dem Dampfer auffiel, war, daß er
scheinbar sehr viel Zeit hatte und daß die an Deck stehenden Leute
noch halb im Schlaf zu sein schienen; das zweite, daß die beiden
seitlich hängenden „Rettungsboote" ein paar schwarzgestrichene
Attrappen aus Blech waren, zwischen denen sich eine Schnellade=
kanone verbarg. Also ein ganz geschickt aufgetakeltes Vorposten=
boot. Auf beiden Seiten des Bugs prangte in großen Lettern
der Name: „Shatter II". Viel Schneid und Entschlußfähigkeit
schienen die „Shatter"=Leute nicht zu besitzen, denn sie machten
zunächst einmal in sehr angemessener Entfernung „Stopp", steckten
unter fortwährendem Fingerzeigen nach uns die Köpfe zu=
sammen und hielten Kriegsrat ab. Das dauerte etwa 5 Minuten,
dann setzte sich der Dampfer wieder in Trab und fuhr einige
Male um unser Schiff herum, immer darauf bedacht, uns nur ja
nicht zu nahezukommen. Man schien wenig Vertrauen zu
uns zu haben. Nach einer Weile wurde wieder gestoppt, und
jetzt sah ich, wie man uns durchs Glas beobachtete.

Ehe ich die Brücke verließ, hatte ich noch schnell Befehl
gegeben, möglichst unauffällig die Luken dichtzulegen. Die Zeit
war aber zu kurz gewesen, um die Arbeit noch ausführen zu
können. Auf meine Frage durchs Sprachrohr antwortete mir der
Wachhabende, daß nur die Luke II, die sich direkt unterhalb der
Brücke befand, notdürftig dicht gemacht war. Das war fatal,
denn nun lag fast die ganze Bescherung klar zur Besichtigung durch
die Herren Engländer. Auf dem Bb.=Vorschiff standen sogar
schon einige Munitionskisten mit der Aufschrift: „1000 englische
Patronen" — „2000 russische Patronen" usw. an Deck, die dort=
hin geschafft waren, um sie als erste ausladen zu können.

Auf dem „Shatter" schien man wichtige Dinge zu beraten,
denn es dauerte beinahe eine Viertelstunde, bis er, nach einer
nochmaligen Rundfahrt um den „Aud", den Mut fand, bis auf

etwa 20 Meter längsseit zu kommen. Dann sah ich, wie eine uniformierte Gestalt ein Megaphon zur Hand nahm und sich anschickte, mit meinem Wachhabenden eine Unterhaltung anzufangen. Der Mann war scheinbar der Kommandant dieses stolzen Kriegsschiffes. Ich schloß das daraus, daß er verschiedene seiner Leute, mit Gewehren und Pistolen bewaffnet, neben sich antreten ließ, um eventuell mit einer kleinen Schießerei die Unterhaltung zu würzen. Von der ganzen Besatzung sah allerdings niemand so aus, als ob er schon jemals mit einem Schießprügel umgegangen wäre. Das beruhigte mich. Vor allem auch, als ich mir den „Kommandanten" jetzt einmal näher betrachtete. Eine untersetzte dicke Gestalt mit typischem Whisky=Gesicht, dessen rote Farbe nur wenig von dem Halstuch seines Trägers abstach! Seine Leute machten keinen viel besseren Eindruck. Ich hatte bei dieser Entdeckung gleich das Gefühl, daß wir hier noch einen kleinen Spaß erleben würden. Und so kam es auch.

XVI.

Unangenehmer Besuch.

Zwischen dem „Shatter"=Kapitän und meinem Steuermann entspann sich jetzt folgende interessante Unterhaltung, die in englischer Sprache geführt wurde:

„Woher kommen Sie?"

Keine Antwort.

„Hallo! Woher kommen Sie?"

Wieder keine Antwort.

„Goddam! Ich frage Sie, woher Sie kommen?"

Jetzt erst bequemte sich Düsselmann zu einer Antwort, indem er ein laut vernehmliches „Guten Morgen" hinüberrief.

„Hölle und Teufel!" schrie der englische Kapitän. „Die Höflichkeiten können Sie sich schenken. Ich will wissen, woher Sie kommen!"

„Dann will ich zunächst einmal wissen, wer Sie sind", antwortete der Steuermann gelassen.

„Ich bin der Kapitän dieses Schiffes", lautete die Antwort. „Sind Sie der Kapitän des ‚Aud'?"

„Nein, ich bin der Zweite Offizier."

„Wo ist Ihr Kapitän?"

„Pst! Der schläft."

„Dann wecken Sie ihn sofort."

„Ich werde den Teufel tun! Mein ‚Oller' schlägt mich halbtot, wenn ich ihn zu nachtschlafender Zeit wecke", antwortete Düsselmann.

„Gut, dann werde ich es tun", brüllte der Engländer und wurde vor Wut noch um eine Nuance roter im Gesicht.

„Was, Sie wollen sich totschlagen lassen?" klang es von oben herunter.

„Nein, aber ich werde jetzt an Bord kommen und Ihrem Kapitän das Schlafen austreiben. Sie werden sehen, wie der Kommandant eines Schiffes Sr. Königl. Britannischen Majestät das macht!"

„Das werde ich mir ansehen," erwiderte mein Steuermann lachend, „versuchen Sie es, wenn Sie es können."

Allmählich waren fast sämtliche „Shatter"-Leute an Deck gekommen und beobachteten nun gespannt, wie ihr Capitano mit viel Umständlichkeit sein Schiff bis auf etwa zwei Meter an das unserige heranmanövrierte. Das Deck des kleinen Dampfers lag so tief, daß ich die daraufstehenden Leute jetzt nicht mehr sehen konnte. Nach einer Weile hörte ich den Engländer rufen: „Ja, wie soll ich denn hier an der glatten Bordwand hinaufkommen?" Worauf von oben die lakonische Antwort kam: „Ich denke, der Kommandant eines Schiffes Sr. Königl. Britannischen Majestät will mir das vormachen?"

Nun folgte eine längere Pause, während welcher man auf dem „Shatter" wohl überlegte, wie man den hohen Schiffsrumpf ohne Leiter erklimmen könnte. Dann hörte ich, wie der Engländer, dieses Mal in merkwürdig höflichem Ton, rief: „Lassen Sie bitte eine Treppe überhängen."

„Aber mit dem größten Vergnügen", beeilte sich mein Steuermann zu sagen. „Ich muß dazu aber erst die Mannschaft wecken. Bei uns schläft noch alles." Dann polterte er gemächlich von der Brücke herunter und schob sich unter vielerlei Flüchen nach vorn hin, zum Mannschaftsraum. Währenddessen hörte ich unten jemand sagen: „Goddam, dieser verdammte Kerl hat Haare auf den Zähnen", was ich stillschweigend gern bestätigte. Daß die „Shatter"-Leute ihre Forderung eigentlich mit Waffengewalt unterstützen konnten, war ihnen scheinbar ganz aus dem Sinn gekommen.

Es dauerte eine ganze Zeit, bis der Zweite Steuermann mit ein paar Leuten, die sich den Anschein gaben, als kämen sie gerade aus der Koje, wieder aus dem Logis heraustrat. Dann wurde eine Sturmleiter übergehängt, und unter Ächzen und Stöhnen arbeitete sich der Engländer nach oben, gefolgt von einigen Leuten seiner Besatzung. Da sie sich direkt vor meinem Fenster postierten, mußte ich jetzt schnell die Gardine vorziehen.

„So, wo ist nun Ihr Kapitän?" fragte der Engländer. Darauf hörte ich meinen Steuermann sagen: „Mann, seien Sie doch nicht so laut! Wenn Sie d e n Alten wecken, erleben Sie was! Das ist der gefürchtetste Kapitän in ganz Norwegen!"

„Ich muß aber Ihren Kapitän dringend sprechen! Dann gehen Sie mit mir zu ihm hin."

„Ja," antwortete Düsselmann, „aber dann gehen S i e vor."

„Nein, S i e !" erwiderte der Engländer, dem die Sache nun doch nicht ganz geheuer zu sein schien.

„Na, dann meinetwegen!" Mehr hörte ich nicht, denn ich riegelte jetzt schnell die Tür ab und machte mich klar zum Empfang, während die zwei den Kajütengang betraten. Zuerst ganz vorsichtig, dann immer heftiger und lauter klopfend, versuchten die beiden jetzt den Kapitän des „Aud" wach zu bekommen. Ich antwortete, indem ich mich etwas nach rückwärts stellte, ein paarmal mit einem halblauten Fluch, darauf wurde es eine Weile still. Ich konnte nur noch Flüsterstimmen hören, dann fing das Klopfen wieder von neuem an. Jetzt wurde mir die Sache zu bunt. Ich riß mir schnell die Weste und das Halstuch herunter, brachte meine Haare gehörig in Unordnung und ging dann laut fluchend zur Tür. Unserer Verabredung gemäß redete ich Plattdeutsch, in der Annahme, daß der Engländer das wohl für Norwegisch halten würde. „Verflucht und zugenäht! Was soll diese verdammte Trommelei am frühen Morgen?" rief ich mit meinem tiefsten Baß durch die Tür, während ich gleichzeitig öffnete.

„Good morning, Sir! Es tut mir leid, daß ich Sie so früh am Morgen stören muß." Mit diesen Worten begrüßte mich der

englische „Kollege" und trat dabei vorsichtig einen Schritt zu=
rück. In der linken Hand hielt er eine verrostete Pistole, die
wohl noch aus Nelsons Zeiten stammen mochte. Die Rechte legte
er zu kurzem Gruß an seine von Fett und Schmiere strotzende
Kopfbedeckung. Hinter ihm standen außer meinem Steuermann
noch sechs bis an die Zähne bewaffnete englische Matrosen in
ziemlich phantastischen und schmutzigen Uniformen. Ich setzte
mein grimmigstes Gesicht auf, das mir möglich war, schimpfte
erst noch ein paarmal auf plattdeutsch und herrschte ihn dann
auf englisch an: „Wenn Sie mich sprechen wollen, dann warten
Sie gefälligst, bis ich meine Morgentoilette gemacht habe!"
Sprach's und schlug ihm die Tür vor der Nase zu. Das alles
ging so schnell, daß der Engländer es gar nicht fassen konnte,
denn erst eine ganze Weile später hörte ich ihn zu meinem
Steuermann sagen: „Sind Ihre norwegischen Kapitäne alle
solche Grobiane?", worauf Düsselmann erwiderte: „Na, ich kann
Ihnen sagen, dieser hier ist ein ganz besonderes Exemplar von
einem Satan." Dann lud er ihn ein, in der Messe Platz zu
nehmen, was der Engländer auch bereitwilligst tat.

Ich wußte jetzt genug, um die Komödie in der gleichen
Weise weiterspielen zu können. Das Aufkorken einer Flasche
nebenan sagte mir, daß Düsselmann bereits bei der „Arbeit"
war. Zum Schein polterte ich im Zimmer herum,
plantschte in der Waschschüssel und freute mich im übrigen
auf das, was nun kommen würde. Mit diesen Leuten konnte
man gewiß auch ohne Blutvergießen fertig werden. Das stand
fest. Meine einzige Sorge war, daß die Kerle, solange sie noch
nüchtern waren, in den Luken herumschnüffeln konnten. Meine
Leute hatten jedoch brillant die Situation begriffen und die
„Shatter"=Leute zu einem „little Drink" ins Logis eingeladen,
so daß auch von deren Seite vorläufig nichts zu befürchten stand.

Nachdem ich noch den Whiskyschrank unter meiner Koje
weit geöffnet hatte, so daß man vom Sofa aus die in Reih und
Glied aufgestellten Whiskys und Aquavits bequem sehen konnte,
rief ich in die Messe herein, daß ich jetzt zu sprechen sei. Gleich

darauf erschien der Mann mit der Whiskynase und setzte sich auf den von mir angebotenen Sofaplatz. Erst jetzt bemerkte ich zu meinem Schrecken, daß neben dem Waschtisch mein Uniformjackett und das Dolchkoppel mit dem Marinedolch hing. Ich warf schnell das Handtuch, das ich noch in der Hand hatte, darüber und durfte zu meiner Beruhigung feststellen, daß der Engländer noch nichts entdeckt hatte. Während der nun folgenden Unterhaltung blieb ich zunächst sehr unwirsch und zugeknöpft. Nachdem die üblichen Fragen des „Woher" und „Wohin" erledigt waren, fragte der Engländer, zu welchem Zweck ich hier geankert hätte. Ich sagte ihm, daß meine Maschine kaput wäre und ich deshalb Tralee als Nothafen angelaufen hätte. Darauf äußerte er den Wunsch, einmal in die Luken hineinzusehen. Hm! Daran war mir nun nicht gerade sehr viel gelegen. Ich durfte ihn das aber nicht merken lassen und erklärte mich deshalb gern bereit, ihm die Luken zu zeigen. Wir gingen also an Deck, und zwar, wie ja selbstverständlich war, zunächst zur Luke Nr. II. Dort rief ich Düsselmann, der inzwischen wieder die Wache auf der Brücke übernommen hatte und mir einen seiner verschmitzten Blicke zuwarf, er solle mir ein paar Leute schicken, um die Lukendeckel abzunehmen. Das geschah denn auch. Nun wurde die Geschichte allerdings etwas unangenehm. In den nächsten Sekunden mußte es sich entscheiden, ob die Komödie gelang oder ob ich den Engländer unschädlich machen mußte. Zum Glück konnte uns niemand beobachten, da der „Shatter II" inzwischen am Heck festgemacht hatte. Seine alte Pistole hatte der tüchtige Krieger versehentlich in der Kajüte liegenlassen, wo mein Bursche Bruns sie inzwischen sicherlich schon beschlagnahmt hatte. Gespannt verfolgte ich jede Bewegung des Engländers, um ihn, wenn nötig, sofort zu Boden schlagen zu können. Da ich ihn an Größe beträchtlich überragte, schien mir das keine Schwierigkeit. Meine Browningpistole hielt ich schußbereit in der Tasche. Als der erste Lukendeckel abgenommen war, atmete ich erleichtert auf, denn ich sah, daß meine Leute noch Zeit gefunden hatten, auch die Luken im Unterdeck aufzulegen. Das Wichtigste war also verdeckt. Die wenigen Grubenhölzer, die wir tags zuvor im Zwischendeck zurückbehalten hatten, sollten jetzt unsere Rettung werden. Kaum sah der Engländer das wirr durcheinanderliegende Holz an den Lukenrändern liegen, als er fragte, was das zu bedeuten hätte. Ich erzählte ihm von dem furchtbaren Sturm, den wir erlebt hatten, und daß uns dabei die gesamte Deckladung (die wir nie besessen hatten) und ein Teil der Raumladung über Stag* gegangen sei.

Jeder Fachmann, der seine fünf Sinne beisammen hat, würde sofort das Unsinnige dieser Ausrede bemerkt haben, denn wenn einem Schiff die Ladung übergeht, sieht es in seinem Inneren für gewöhnlich etwas wüster aus als es bei uns der Fall war. Dieser Mann schien nicht nur kein Soldat, sondern auch kein Seemann zu sein, denn er nickte befriedigt mit dem Kopf und fand meine Erklärung ganz verständlich. Als ich das merkte, überkam mich eine übermütige Dreistigkeit, und so fragte ich ihn, ob ich nun auch das Zwischendeck öffnen solle. „Viel sehen können Sie leider nicht," sagte ich dabei so nebenher, „denn da unten ist alles kunterbunt durcheinandergeflogen." Währenddessen rückte ich eine kleine Leiter zurecht und lud ihn mit einer Handbewegung ein, hinunterzusteigen. Hatte er nun Bedenken, daß die Leiter zu schwach für sein Körpergewicht sei, oder fürchtete er, daß der Abstieg für ihn zu beschwerlich war? Kurz und gut, er winkte ab und sagte nur kurz „All right." Dann erzählte er mir, ohne sich um das Innere der Luke noch weiter zu kümmern, daß auch er diesen wüsten Sturm hier in der Tralee=Bay abgewettert hätte, wie schlimm es ihnen dabei ergangen wäre und mit welchem Geschick er den „Shatter II" vor dem Untergang bewahrt habe. Dabei redete er sich in eine solche Begeisterung hinein, daß er gar nicht merkte, wie ich ihn langsam wieder bis an den Eingang zur Kajüte lanciert hatte.

Gott sei Dank! Nun war er wenigstens von der gefährlichen

---

* Über Stag gehen = auf die Seite rutschen, wodurch ein Schiff in Gefahr gerät, zu kentern.

Luke I weg, die ja noch vollkommen offenstand. Um die Sache kurz zu machen, fragte ich ihn jetzt, ob er meine Papiere sehen wollte. Auf seine bejahende Antwort schob ich ihn in den Gang, und im nächsten Augenblick saß er wieder auf dem Sofa und ich vor ihm. Dann bot ich ihm eine dicke Havanna an und befahl dem Steward, zwei Tassen Kaffee zu bringen. Das war natürlich längst abgemachte Sache, denn ein Engländer wie dieser trank am frühen Morgen ganz gewiß keinen Kaffee. Beinahe entsetzt wendete er sich darum ab, als Bruns ihm einen großen Becher voll vor die Nase setzte. Zu meiner Freude konnte ich bemerken, daß ihm der Whiskyschrank nicht entgangen war. Immer auffälliger schielte er zwischen meinen Beinen hindurch nach dem Vorratsschrank hinüber, so daß ich, wie zufällig, die Bemerkung fallen ließ: „Sie trinken wohl lieber einen kleinen Whisky?" Das zog. Mit einem kräftigen „Yes, Sir! Sie sind mein Mann!" klopfte er mir wohlgefällig auf die Schulter und schickte sich mit der ihm eigenen Unverschämtheit an, selbst an den Schrank zu gehen und sich den besten „White Horse" auszusuchen. Ich ließ ihn gern gewähren und holte unterdessen ein großes Henkelglas, damit er nur ja nicht zu kurz kam. Dann nahm ich die Wasserflasche und fragte: „Wieviel?" Aber der Engländer wehrte ab und sagte nur: „Kein Wasser! Hier sieht's ja niemand." Was konnte ich mir Besseres wünschen?!

Die Unterhaltung wurde jetzt ziemlich lebhaft, und da der Engländer den Wunsch äußerte, die Schiffspapiere zu sehen, kramte ich ihm mein ganzes Sortiment kerzengebräunter Dokumente bereitwilligst aus. Er beschnüffelte sie eingehend, doch merkte ich schon auf den ersten Blick, daß er keinen Schimmer hatte von der Bedeutung der verschiedenen Schriftstücke. In ein Buch, das er mir darauf zur Unterschrift vorlegte, trug ich mich an mehreren Stellen ein als „Niels Larsen, Kapitän des norwegischen Dampfers ‚Aud', mit Grubenholz und Stückgut von Christiania nach Cardiff und weiter nach Genua unterwegs." Bei dem Wort „Grubenholz" bemerkte er befriedigt, daß dies eine für England sehr erwünschte Ladung sei und trank zur Bekräftigung sein Einhalbliterglas bis zur Neige leer. Ohne zu fragen, schenkte er sich gleich wieder von neuem ein und versicherte mir ein ums andere Mal, daß der Kaffee, den ich tränke, sehr schädlich für die Nerven sei. Mit einem Hinweis auf die vor uns liegenden norwegischen Zeitungen, die schon drei Wochen alt waren, fragte ich ihn, ob er mir nicht ein paar englische Zeitungen besorgen könne. Ich sei begierig auf die neuesten Kriegsnachrichten. Gleich stand er auf, trat nach draußen an die Reling und rief nach seinem Schiff hinüber, man solle sofort die sämtlichen Zeitungen herüberschicken, die in seiner Kammer lägen.

Im Anschluß hieran besprachen wir jetzt die Kriegsereignisse, und da sah ich mich denn in die merkwürdige Lage versetzt, mit einem meiner Todfeinde über mein liebes Deutschland schimpfen zu müssen, daß sich mir beinahe das Herz im Leibe umdrehte. Am liebsten hätte ich dem Kerl ein paar heruntergehauen wegen seiner unverschämten Äußerungen. Angesichts dessen aber, was ich noch aus ihm herausholen wollte, mußte ich wohl oder übel in den sauren Apfel beißen und mit in sein Horn blasen. Inzwischen hatte sich mein zweiter Steuermann mit einem der englischen Unteroffiziere zu uns gesellt, der ein ganzes Paket neuester Zeitungen unterm Arm trug. Mit diesem Mann ging ich jetzt in die Kajüte zurück, bot ihm Whisky an und warf schnell einen Blick in die Zeitungen. Der Zufall wollte es, daß mir schon beim zweiten Blatt, das ich in die Hand nahm, eine Notiz in die Augen fiel, die besagte, daß man am Mittwoch, also zwei Tage vor unserer Ankunft, auf Befehl des englischen Oberkommandierenden für den Bezirk Tralee mehrere Anführer der Sinn=Feiner in Fenit verhaftet hatte, von denen man glaubte, daß sie an einer Verschwörung gegen die englische Regierung beteiligt seien. Da war also des Rätsels Lösung! In einer anderen Zeitung stand, daß man einen irischen Lotsen, dessen Name mir entfallen ist, unter ähnlichem Verdacht verhaftet hatte. Kein Zweifel, das war unser Lotse, auf den wir hier so sehnlichst warteten! Es kostete mich Mühe, den Unteroffizier nicht merken zu lassen, wie schwer es mir in diesem Augenblick wurde, seinen

Gesprächen über allerlei gleichgültiges Zeug zu folgen. Zum Glück erschienen jetzt die beiden andern wieder, so daß ich schnell Ablenkung fand. Ich gab Düsselmann die Zeitungen, indem ich die bewußte Notiz mit dem Daumen so festhielt, daß er sie sofort erfaßte. Im gleichen Augenblick klopfte mir der englische Kapitän auf die Schulter und sagte in beruhigendem Ton: „Cap'tn, Sie brauchen keine Angst zu haben vor deutschen U-Booten. Ich werde für Sie aufpassen!" Da ich den Sinn dieser Worte nicht gleich verstand, setzte er erläuternd hinzu: „Ihr Steuermann sagte mir, daß Sie die deutschen U-Boote so sehr fürchteten und daß Sie Angst hätten, Sie kämen von dieser Reise nicht mehr zurück. Nun ja, wenn man in Christiania verlobt ist und in zwei Monaten heiraten will, kann ich das schon verstehen. — Seien Sie beruhigt, ich werde mich, solange Sie hier zur Reparatur bleiben müssen, vor die Bucht legen und aufpassen, daß kein deutsches U-Boot hereinkommt. Aber nun geben Sie mir dafür auch noch einen Whisky!" Sprach's und schenkte sich und seinem Maate das Glas von neuem voll.

Ich glaube, ich habe in diesem Augenblick kein allzu intelligentes Gesicht gemacht. Nicht, weil ich den Sinn seiner Worte nicht sofort begriff, sondern weil ich fürchtete, daß Düsselmann mir durch seine gutgemeinte Bemerkung mehr schaden als nützen könne. Wenn der Engländer w i r k l i c h aufpaßte, konnte es ihm unter Umständen gelingen, unser U-Boot, das doch wer weiß wann und wo noch erscheinen konnte, in den Grund zu jagen. So sehr ich aber auch versuchte, ihn unter allerlei Einwendungen von seinem Vorhaben abzubringen, so sehr versteifte er sich auf diesen Plan. Aus Dankbarkeit, wie er sagte. Dann trank er mit einem Zuge den ganzen Whisky aus, während ihm die dicken Tränen über seine schmunzelnden Backen heruntertollerten. Es schien mir jetzt denn doch angebracht, mit Düsselmann einmal ungestört einen Augenblick zu sprechen und ich rief deshalb den ersten Steuermann hinzu, den ich ersuchte, meine Gäste weiter zu bewirten. Unter dem Vorwand, einmal nach dem Rechten sehen zu wollen, verließ ich die Kammer, in der es vor Qualm und Whiskygeruch kaum noch auszuhalten war. Düsselmann folgte mir auf dem Fuße.

Nachdem wir uns noch einmal überzeugt hatten, daß Wache und Ausguck an Deck gut besetzt waren, überlegten wir, was wir mit diesem tüchtigen Kommandanten Seiner Königlich Britannischen Majestät und seiner ebenso tüchtigen Mannschaft anfangen sollten. Es wäre ein Leichtes gewesen, die ganze Gesellschaft zu überrumpeln und zu knebeln, denn ich erfuhr jetzt, daß die Engländer, die vorn bei meiner Mannschaft saßen, schon total betrunken seien und daß dasselbe auch von der auf dem „Shatter" zurückgebliebenen Mannschaft anzunehmen sei, da Düsselmann den glücklichen Einfall gehabt hatte, der Bootsmannschaft vier Flaschen Whisky zu schenken. Die Ausführung dieses Planes konnte uns aber nichts nutzen, denn für den Dampfer hatten wir keinerlei Verwendung. Ohne Verdacht zu erregen, konnten wir ihn aber hier nicht versenken. Jetzt, wo es feststand, daß in Tralee schon Verhaftungen stattgefunden hatten und allem Anschein nach der ganze Distrikt im Belagerungszustand war, konnte es uns auch nichts nutzen, wenn wir selbst den „Shatter" bemannten und damit einliefen, um eventuell auf Kundschaft zu gehen und Verbindung mit den Sinn-Feinern zu suchen. Das hätte mich mindestens vier Mann gekostet, die ich wahrscheinlich nie wiedersehen würde. Um seine Kanonen abmontieren und zu uns übernehmen zu können, lagen wir zu sehr im Beobachtungskreis der verschiedenen Signalstationen. Es gab auch ringsum keinen andern Liegeplatz, an dem wir das hätten machen können. Wir kamen deshalb nach reiflicher Überlegung zu dem Resultat, daß es das beste sei, die Kerle ordentlich betrunken zu machen und dann laufen zu lassen. Länger als bis zum nächsten Morgen konnte unser Aufenthalt hier kaum noch dauern. Wenn sich bis dann nichts entschieden hatte, wollte ich in den Atlantik durchzubrechen versuchen und dort den schon früher erwähnten Kaperkrieg beginnen. Auf alle Fälle gedachte ich während der kommenden Nacht ein Boot an Land zu schicken, selbst auf die Gefahr hin, daß wir dann entdeckt würden.

In meiner Kammer wurde es jetzt lebendig. Der ungeheure Whiskygenuß entlockte den Kehlen dieser Seemänner allerlei Mißtöne, die anscheinend das bekannte Tipperarylied vorstellen sollten. Auch vom Vorschiff drang Gesang oder, besser gesagt, ein furchtbares Grölen, wie von einer Indianerhorde, zu uns her= über. Na, das konnte ja lustig werden! Wir verabredeten noch, den Kerlen jetzt mal energisch auf den Zahn zu fühlen und sie dann baldmöglichst abzuschieben.

Als ich die Kammer wieder betrat, hielt mir der würdige Kapitän eine Photographie entgegen, die er von der Wand genommen hatte, und fragte, ob das meine Braut aus Christiania sei. Ich bejahte lachend. Es war ein Bild meiner Schwester, die ihren ältesten Sproß auf dem Arm hielt! Immerhin hatte ich jetzt die Beruhigung, daß die Engländer von unserer Echtheit als Norweger durchaus überzeugt waren. Ich sah jetzt auch, daß sie bei „Aquavit" angelangt waren. Wenn sie so weiter durcheinander tranken, würden sie wohl bald an Alkoholvergiftung drauf= gehen. Trotzdem dem Kapitän das Sprechen schon außerordent= lich schwer fiel, wurde er zusehends redseliger. Mit lallender Stimme erzählte er uns, daß er hier im Vorpostendienst statio= niert sei. Er mache es sich aber sehr bequem, denn spätestens zwei Stunden vor Dunkelwerden zöge er sich mit seinem Boot an einen ruhigen Ankerplatz hinter Kerry Head zurück, um des Nachts ruhig schlafen zu können. Auch seine Leute seien sehr für die Nachtruhe! Das einzige, was sie hier entbehren müßten, sei der Whisky. Der sei streng verboten auf englischen Kriegs= schiffen. Darum freue er sich, endlich eine Gelegenheit erwischt und einen so freundlichen Gastgeber gefunden zu haben.

Ich nickte wohlgefällig und fragte ihn dann, wie lange er schon hier sei. „Noch nicht lange," antwortete er, „ich bin vor kurzem von Aberdeen nach hier geschickt worden, haupt= sächlich, **um einen deutschen Dampfer abzu= fangen, der hier in diesen Tagen landen soll.**"

Wir „Aud"=Leute sahen uns unwillkürlich einen Augenblick an; die Geschichte wurde ja zusehends interessanter! Nachdem sich mein erstes Erstaunen gelegt hatte, erkundigte ich mich nach Einzelheiten. „Ja," meinte der Kapitän, „Sie glauben, die Deutschen kommen nicht durch die Blockade? Und ich sage Ihnen, sie kommen doch durch! Diese Deutschen sind ganz verteufelte Kerle. Sehen Sie doch mal, wie fein die ‚Möwe' erst vor kurzem wieder zurückgekommen ist." Um den schlechten Eindruck zu verwischen, den die „Möwe"-Rückkehr auf sein englisches Seemannsherz machte, tat er schnell einen langen Zug, wobei ihm der Whisky aus beiden Mundwinkeln herunterlief. Dann fuhr er fort: „Sehen Sie, ich will Ihnen die Sache ganz genau erzählen. Ihr Norweger seid anständige Kerle. Darum darf ich's euch wohl sagen, obschon es eigentlich streng geheim bleiben soll. Also wir, d. h. unsere Admiralität, hat erfahren, daß die Deutschen, diese verdammten Schw . . . e, hier eine Revolution mit den Iren zusammen machen wollen. Darum hat man mich ausgesucht, um den Hilfskreuzer, der hier landen und den Iren Waffen bringen soll, abzufangen! Sehen Sie sich mal den Hafen und die ganze Bucht an — alles ist mit Kanonen gespickt! Oh, diese Deutschen, was werden die für einen Empfang bei uns haben! Schlau sind die Kerle ja, aber wir Engländer sind doch noch ganz bedeutend schlauer!"

Nun konnte ich aber mit dem besten Willen nicht mehr an mich halten. Ich platzte laut heraus vor Vergnügen und meine Steuerleute ebenso. Das setzte doch allem bisher Erlebten die Krone auf! Zum Glück faßte der Engländer unser Lachen so auf, als ob wir über die Dummheit der Deutschen lachten, denn er wiederholte ein ums andere Mal: „Ja, entsetzlich dumm sind die Kerle bei all ihrer Schlauheit!" Ich mußte jetzt genug. Schnell sprang ich an den Schrank, und indem ich dem tüchtigen, überschlauen Engländer viel, viel Glück zu seinem Vorhaben wünschte, packte ich nacheinander noch sechs Whiskyflaschen und eine Kiste Zigarren aus, die ich ihm und seiner tapferen Mannschaft mit der Versicherung meiner vorzüglichen Hochachtung zum Geschenk anbot. Er selbst war nicht mehr imstande, die Flaschen zu halten, deshalb steckten wir sie ihm und seinem Unteroffizier in die Taschen und erklärten den Herren gleichzeitig, daß wir jetzt leider an die Arbeit gehen und sie bitten müßten, das Schiff zu verlassen. Mit einem liebevollen Blick auf unsere Geschenke erklärten sie sich auch gern damit einverstanden. Im Aufstehen winkte mich der Kapitän zu sich heran und lallte mir mit vorgehaltener Hand ins Ohr: "Wenn Sie den deutschen Hilfskreuzer draußen vielleicht sehen sollten, dann seien Sie vorsichtig, daß der Kerl Sie nicht ab= schießt. Benachrichtigen Sie sofort eine Signalstation oder einen unserer Kreuzer, die in großer Anzahl draußen auf ihn warten. Sie bekommen eine gute Belohnung von der Regie= rung. Das sage ich Ihnen als — Freund!" Ich versprach's ihm lachend und schob dann die Gesellschaft zur Türe hinaus. An der Verabschiedung dieser widerlich betrunkenen Leute lag mir nichts. Meine Leute sorgten für das Weitere, und nach etwa zehn Minuten konnte Düsselmann mir melden, daß alle Engländer, total betrunken, von Bord seien und der "Shatter II" in Zickzackkursen dem Ausgang der Bucht zustrebe. Später konnten wir gewahren, daß er tatsächlich Wort hielt und in etwa fünf Seemeilen Entfernung von uns "U=Boot=Sicherung" fuhr. Der Ahnungslose!

Zunächst setzte ich mich erst mal in die Messe, um zu ver= schnaufen und meine Gedanken zu sammeln. Die Uhr stand auf halb acht. Wir hatten die Gesellschaft also volle zwei Stunden bewirtet! Wenn mir vor kurzem jemand vorgerechnet hätte, daß in sechs Wochen die Welt untergehen müßte, das hätte ich vielleicht geglaubt. Wenn mir aber jemand gesagt hätte, daß ein englischer Vorpostenbootskommandant mich in meiner eigenen Kajüte vor mir selbst warnen würde, den hätte ich glatt für verrückt erklärt. Was wir soeben erlebt hatten, war so märchenhaft komisch, daß es mir wie ein Traum hätte vorkommen können, wenn nicht die Äußerungen des "Shatter"= Kapitäns mich zu sehr an den Ernst unserer Lage gemahnt hätten. Bitterernst stand es um uns!

Auf den Erfolg einer Landung oder Verbindung mit den

Sinn-Feinern war jetzt so gut wie gar nicht mehr zu hoffen. Verrat war im Spiel! Gefahr von allen Seiten, wohin ich auch sah! Wir waren mitten in ein Wespennest geraten und konnten uns glücklich schätzen, wenn wir innerhalb der nächsten 24 Stunden lebend wieder herauskamen.

Ich ließ alle Mann aufs Oberdeck kommen und entwarf ihnen meinen Plan. Um wenigstens die kostbare Ladung zu retten, wollte ich sofort nach Einbruch der Dunkelheit die Bucht verlassen und versuchen, noch ehe der Mond aufging, wenigstens 30 Seemeilen weit in den Atlantik hinauszukommen. Im Vertrauen auf unser bisheriges Glück glaubte ich fest an das Gelingen der Flucht. Waren wir erst einmal draußen auf hoher See, dann würde sich das Weitere schon finden. Ich dachte an die Möglichkeit, die Ladung in Spanien, das wir in anderthalb Tagen erreichen konnten, zu verkaufen. Vielleicht auch in Mexiko, wenn sich das machen ließ. Gänzlich verfehlt schien es mir, schon jetzt die Bucht zu verlassen. Denn es war unmöglich anzunehmen, daß alle Engländer so dumm und tölpelhaft waren wie diese „Shatter"-Leute. Trotzdem den umliegenden Signalstationen der „Shatter"-Besuch von heute morgen gewiß nicht entgangen war, hätten sie doch unbedingt Verdacht schöpfen müssen, wenn wir jetzt plötzlich auf und davon gingen; denn nur, um die Schönheiten der Tralee-Bay bei Nacht zu genießen, waren wir hier sicherlich nicht eingelaufen. Zweifellos hatten sie auch beobachtet, daß wir bis jetzt noch nicht im Hafen selbst gewesen waren. Fragten sie nun beim „Shatter" nach dem Grunde unseres Hierseins, so war die Erklärung, wir lägen hier wegen Maschinenhavarie, in jedem Falle bedeutend weniger verdächtig, als wenn wir uns jetzt aus dem Staube machten und Tralee Lebewohl sagten. Der Ansicht waren wir alle. Ich beschloß deshalb, wenn möglich, noch bis zum Abend zu bleiben. Sollte sich bis dahin noch ein beherzter Sinn-Feiner finden, so würde er sicherlich nichts unversucht lassen, um uns wenigstens ein Zeichen zu geben.

Der Vorsicht halber ließ ich, so gut es ging, die Munition

mit Tauwerk und altem Gerümpel überdecken und dann die Luken schließen. Man konnte nicht wissen! Der Obermaschinist Rost machte sich sofort mit seinen Leuten daran, die Maschine gründlich nachzusehen und alles für eine forcierte Fahrt vorzubereiten. Mit diesen Arbeiten verging der Vormittag, ohne daß sich weiter etwas ereignete. Heute am Karfreitag zeigten sich gewiß noch weniger Menschen als gestern!

XVII.

Eine wilde Jagd.

Kurz nach 1 Uhr mittags gewahrten wir oberhalb Kerry Head, an der Nordseite des Shannon River, einen kleinen Dampfer. Seine schäumende Bugwelle verriet eine äußerst hohe Geschwindigkeit. Da er auf westlichem Kurs lag, hegte ich zunächst noch keinen Verdacht. Die Entfernung zwischen ihm und uns war noch so groß, daß wir selbst mit unseren gewöhnlichen Prismengläsern keine Einzelheiten erkennen konnten. Ich nahm deshalb mein großes Glas zur Hand, das mir schon wiederholt so vortreffliche Dienste geleistet hatte, und sah zu meinem Erstaunen, daß auf der Back des Dampfers, vollkommen unverdeckt, eine große Kanone stand. Die langen Stengen an seinen Masten zeigten, daß er mit Funkentelegraphie ausgerüstet war.

Also wieder ein Vorpostenboot, dieses Mal aber ein bedeutend größeres und moderneres als unser „Shatter". Ich gab meinem Steuermann das Glas, damit auch er sich davon überzeugen konnte. Kaum hatte der das Boot unter die Lupe genommen, als er hastig ausrief: „Der Kerl dreht ab! — Kommt direkt auf uns zu!" Bei näherem Hinsehen konnte ich's nun auch mit bloßem Auge erkennen. Hallo, hier war die Luft nicht sauber! Was jetzt zu geschehen hatte, bedurfte keiner langen Überlegung mehr.

„Alle Mann auf! Klar zum Anker lichten! — Maschine klarmachen für äußerste Fahrt!" Im Nu stand alles auf Stationen. Das Ankerspill knirschte und quietschte in allen Fugen. Knack! Rums! — Mit einem Male stand's still. Der Anker hatte sich scheinbar in dem felsigen Grund geklemmt. Ich stand wie auf heißen Kohlen. Schon hatte ich den Telegraphen nach vorn gelegt, um die Ankerkette einfach abzureißen bzw. ausrauschen zu lassen, da fing die schwere Maschine wieder an, sich zu drehen. Sobald der Anker vom Grunde frei war, setzten wir uns in Bewegung. Kurs West! Es war die höchste Zeit, denn der Fremde kam zusehends näher. Wir schätzten die Entfernung auf höchstens neun Seemeilen. Solange er uns nicht einholte, konnte er uns nichts anhaben, denn vorläufig waren wir für ihn immer noch ein neutraler Dampfer. In Gedanken hatte ich mir bereits kombiniert, was hier los war. Vermutlich hatte Loophead die Marinebasis Limmerick über uns benachrichtigt, und der dortige Admiral, der vielleicht nicht allzuviel Vertrauen in seinen „Shatter II" besaß, hatte sofort ein größeres Boot mit einem Offizier nach Tralee abgeschickt, um sich den verdächtigen Norweger einmal näher anzusehen. (Ein höherer englischer Offizier versicherte mir später, daß ich mit meiner Kombination ziemlich das Richtige getroffen hatte.) Wenn ich noch im Zweifel gewesen wäre, so wurde meine Annahme gleich darauf bestätigt, als ich einen Flottillenstander im Top zu erkennen vermeinte und das Vorpostenboot, sobald es unsere beschleunigte Abreise bemerkte, auf Südwestkurs ging. Seine Absicht, uns den Weg abzuschneiden, war demnach unverkennbar. Mehr noch als an früheren Tagen hieß es darum jetzt: Beine in die Hand. Auf eine zweite Untersuchung durften wir es ebensowenig ankommen lassen wie auf eine Unterhaltung mit Granaten, bei der wir mit unseren sechs alten Russengewehren und den selbstgezimmerten Kanonen zweifellos den kürzeren ziehen mußten.

Um möglichst schnell den Dampf hochzubringen, befahl ich alle Mann in den Heizraum. Ich selbst stellte mich ans Ruder und steuerte den „Aud" dicht an der Küste entlang, an die man wegen der steil abfallenden Felsen bis auf etwa vierzig

Meter herangehen konnte. Die dicken Rauchwolken aus unserem Schornstein zogen sich in langen Schwaden an der Felswand entlang und wirbelten sich in deren tiefen Spalten wie in einem Windfang. Der Engländer kam bedenklich näher. Es kam jetzt also lediglich darauf an, wer von uns beiden die längsten Beine hatte. Nach Schätzung lief er gute zwölf Seemeilen pro Stunde; wir hatten es bei früheren Gelegenheiten nicht über elf Seemeilen gebracht. Es stand also zu erwarten, daß er uns langsam, aber sicher einholen würde. Das durfte um keinen Preis geschehen.

Um das Heizraumpersonal noch mehr anzuspornen, gab ich von Zeit zu Zeit die Entfernung durchs Sprachrohr hinunter. Die Leute arbeiteten wie die Pferde, und so konnte ich schon nach einiger Zeit feststellen, daß unser Abstand jetzt auf gleicher Höhe blieb. Daß der Engländer uns nicht wenigstens einen Schuß vor den Bug schickte, ist mir heute noch unverständlich, zumal wir seinen ständigen Flaggensignalen keinerlei Beachtung schenkten.

Mittlerweile waren wir in die Nähe unseres Freundes „Shatter" gekommen, der direkt unterhalb der Batterie, etwa 500 Meter von der Felswand entfernt, gemächlich hin und her trottelte. Er schien uns jetzt endlich bemerkt zu haben, denn er drehte, etwas schwerfällig, nach uns hinüber und kam uns langsam entgegengedampft. Ich rief deshalb den 2. Steuermann nach oben, damit er das Boot im Auge behielt. Dem Matrosen Strehlau übergab ich das Ruder.

Allmählich hatten wir uns so weit genähert, daß wir ohne Glas sehen konnten, wie die Batterie ihre Geschütze auf uns eingestellt hielt. Zwischen der Signalstation und unserem Verfolger entwickelte sich ein lebhafter Signalverkehr. Auch auf dem „Shatter" ging jetzt ein Signal hoch. Leider war es nicht sogleich zu erkennen, weil völlige Windstille herrschte. Donnerwetter! Trieb der Kerl ein falsches Spiel mit uns? War am Ende die ganze Betrunkenheit nur Verstellung, damit er uns jetzt im Verein mit der Batterie von vorn packen konnte, während der andere uns von hinten faßte?

Einen Augenblick lang war ich geneigt, an eine solche List zu glauben, denn es schien mir unzweifelhaft, daß das Signal auf dem „Shatter" nichts anderes bedeuten konnte als „Stoppen Sie sofort!"

Zur Sicherheit befahl ich darum, zum Sprengen klarzu=machen. Gleichzeitig ließ ich Steuerborbruder geben, um den „Shatter" über den Haufen zu rennen. Wenn wir einmal draufgehen sollten, wollte ich ihn wenigstens mit in die Tiefe nehmen. In den nächsten Sekunden mußte es sich entscheiden. Trotzdem wir mit voller Fahrt auf ihn losjausten, machte der ‚Shatter" noch keinerlei Anstalten, der Rammung aus dem Wege zu gehen. Nanu? — Unverwandt hielten wir die Gläser in den Augen. Da plötzlich bog der „Shatter" nach Backbord ab; bei der scharfen Drehung holte er nach der Seite über, die Flaggen wehten einen Augenblick aus und nun erkannten wir das Signal. Wir trauten unseren Augen nicht. War denn so etwas überhaupt möglich? An der Signalleine des „Shatter" flatterte lustig das mir von meinen früheren Schnelldampfer=fahrten wohlbekannte Signal T D L, d. h. „Glückliche Reise!"

Mit einem Satz sprang ich ans Ruder, riß das Rad nach Backbord herum und zählte gespannt die Sekunden, bis unser ‚Aud" anfing, dem Ruder zu gehorchen. Es war ein Glück, daß wir so hohe Fahrt liefen, so daß der Wasserdruck bald auf das Ruderblatt wirken konnte, denn es war die höchste Zeit! Unser aller Leben hatte an Bruchteilen einer Sekunde gehangen! Schon in der nächsten Sekunde schossen wir an dem Engländer vorüber, kaum eine Schiffslänge voneinander entfernt.

Das alles ging natürlich viel schneller vor sich, als sich mit Worten sagen läßt. Die größte Überraschung erlebten wir aber jetzt erst. Der brave Kommandant stand hoch oben auf seiner kleinen Kommandobrücke und hielt sich (der Whisky zwang ihn wohl, einen Halt zu suchen) krampfhaft am Geländer fest; seine Mannschaft stand oder, besser gesagt, torkelte an Deck herum. In dem Augenblick, als wir mit voller Fahrt an ihm vorüberbrausten, riß er die Mütze vom Kopf, schwenkte sie mit Indianergeheul durch die Luft und — brachte ‚Three cheers for the „Aud" aus (Drei Hurras für den „Aud"!) — worin seine Leute mit begeistertem Grölen einstimmten.

Hätte ich in diesem Augenblick ein paar Flaschen Whisky auf der Brücke gehabt, ich hätte sie den Kerlen zum Dank für diese Ovation gern hinübergeworfen, denn es unterlag keinem Zweifel, daß die Batterie, die wir zu gleicher Zeit dichtbei passierten, durch das Gebaren der „Shatter"-Leute zum mindesten stutzig werden mußte. (Später habe ich erfahren, daß die Batterie auf Grund eines Signals unseres Verfolgers im Begriff war, auf uns zu schießen, als wir querab von ihr standen, es aber unterlassen hat, weil sie infolge der Hurras ihrer Landsleute glaubte, wir seien das Opfer eines Irrtums geworden!) Natürlich beantworteten wir den Gruß der „Shatter"-Leute mit Mützenschwenken und einem freundlichen „Good bye!" Düsselmann hatte sogar das Signal X O R angesteckt, d. h. „Ich danke Ihnen." Zum Überfluß ließ ich auch noch die Flagge dippen*, dann waren wir vorüber an diesem freundlichsten aller Engländer, der mir je auf meinen Seefahrten begegnet ist! Uns allen wird dieser Augenblick zeitlebens unvergeßlich bleiben, des bin ich gewiß.

Erst später hörte ich von meiner Mannschaft, daß dieser Augenblick uns beinahe zum Verhängnis geworden wäre. Einer der Leute hatte das Wort „Flagge dippen" in der Aufregung falsch verstanden und geglaubt, ich hätte „Tyske" gerufen, das verabredete Zeichen für „Sprengen". Er war gerade im Begriff gewesen, am Heck die Kriegsflagge zu setzen, während der Obermaschinist bereits an den Zünder gesprungen war, um die Spindel herauszureißen, als der Irrtum noch in letzter Sekunde durch einen Dritten verhindert werden konnte. Dieses Intermezzo war also gut abgelaufen — für uns wenigstens. Nicht so

---

* Die Flagge dippen = zum Gruß senken.

für den armen „Shatter"-Kapitän, denn einige Monate später erfuhr ich, daß die englische Admiralität sein Verhalten doch etwas zu „gentlemanlike" gefunden und ihn in hohem Bogen aus der Marine entfernt hatte, nicht ohne ihn zuvor durch kriegsgerichtliches Urteil zu längerer Einsamkeit zu verurteilen.

Die Batterie lag nun schon eine gute Seemeile hinter uns, aber noch waren wir im Bereich ihrer Geschütze und hatten unseren Verfolger dicht auf den Fersen. Wir mußten darum jetzt unser äußerstes tun, um den Abstand nach Möglichkeit zu vergrößern. Dabei kam es natürlich auch auf ganz genaues Steuern an. Der 1. Steuermann übernahm deshalb jetzt das Ruder, der zweite bediente den Maschinentelegraphen. Halbnackt und vor Schweiß förmlich triefend, arbeiteten meine braven Leute vor den hochroten Feuern und warfen immer neue Nahrung in die großen Schlünde. Unermüdlich schleiften die übrigen Leute Körbe voll Kohlen aus den Bunkern heran. Die Maschinisten standen auf ihren Stationen in der Maschine, jeden Augenblick bereit, die hinunterkommenden Befehle auszuführen. Wir fuhren mit äußerster Dampfspannung.

Der Engländer war inzwischen wieder etwas vorgekommen. Sofort rief der 2. Steuermann durchs Sprachrohr: „Besser Dampf halten, der ‚Engelschmann' ist gleich bei uns", und mit verkniffenem Lächeln setzte er noch hinzu: „Wenn euch da unten die Bouillon ausgeht, sagt's gleich. Der Zünder ist klar! Aber dann numeriert gefälligst euere Knochen." Schaufel- und Türengeklapper und ein lautes Hurra war die Antwort, die aus der Maschine heraufdrang. Famose Kerle! Jemand kam die Treppe heraufgeprustet: der Obermaschinist. „Herr Kap'tän, wenn wir so weiterfahren, fliegen uns gleich die Kessel um die Ohren! Der Dampf ist schon weit über'm roten Strich!", rief er mir zu.

„Hab's mir schon lange gedacht. Aber es hilft nichts, lieber Rost, wir m u s s e n durch! Hier haben wir wenigstens noch eine Chance; kriegt der uns aber zu fassen," und dabei wies ich mit der Hand nach hinten, „dann können wir unser Testament machen." Bedenklich schüttelte er den Kopf; dann lief er wieder nach unten in sein Reich und feuerte die Leute an, als ob die Sintflut hinter uns hergekommen wäre.

Mittlerweile war das F.-T.-Boot beim „Shatter" angelangt, der immer noch gemächlich auf Tralee zudampfte. Zu unserer Freude sahen wir, wie der andere vorsichtig an den „Shatter" heranmanövrierte, um bei ihm längsseit zu gehen. Hurra! Jetzt bekamen wir Vorsprung! Wir konnten deutlich wahrnehmen, wie eine Anzahl Leute vom F.-T.-Boot, dem eine zischende weiße Dampfwolke entstieg, an Bord des „Shatter" sprang und sich dort zu schaffen machte. Was jetzt dort hinter uns vor sich ging, war nicht schwer zu erraten. Der „Shatter"-Kapitano wird wohl sicherlich nicht darüber sprechen, solange er lebt. Nur schade, daß wir nicht aus nächster Nähe Zeuge dieser Begegnung sein konnten.

Nach Verlauf von etwa fünf Minuten machte der „Shatter" kehrt, und nun machten sich beide Boote an die Wiederaufnahme der Verfolgung. Durch das umständliche Längsseitgehen hatten die Engländer aber so viel Zeit verloren, daß sie diesen Verlust kaum noch einholen konnten, denn unser braver „Aud" lief jetzt, wie Logge und Peilungen ergaben, mehr als 13 Knoten!

Die Küste bog jetzt nach SW ein, und da wir uns in immer gleicher Entfernung von ihr hielten, war die Batterie bald unseren Blicken entzogen. Ungefähr anderthalb Stunden noch fuhren wir in diesem Tempo weiter und konnten zu unserer Freude konstatieren, daß unsere Verfolger zusehends mehr zurückblieben. Auch bei den Engländern schien man das Aussichtslose dieser Jagd einzusehen, denn sie drehten mit einem Male nach links ab und dampften mit gemäßigter Fahrt auf die Küste zu, wo sie bald in einer der vielen Buchten verschwanden. Die Uhr ging auf halb vier zu. Wir hatten also ein hübsches Stückchen Wegs zurückgelegt. Mit drei donnernden Hurras wurde die Nachricht, daß unsere Verfolger abgebrochen hatten, in der Maschine begrüßt. Erleichtert atmeten wir alle auf, nicht zuletzt der brave Obermaschinist, der nun so schnell wie möglich den

Dampf wieder unter den gefährlichen roten Strich am Manometer herunterdrückte.

Schnell näherten wir uns jetzt dem Ende der Bucht. Immer zahlreicher wurden die kleinen Inseln und Rocks, die hier dem Festlande vorgelagert sind. Teilweise ragten sie nur wenige Fuß aus dem Wasser heraus. Eine der größeren Inseln erregte besonders unsere Aufmerksamkeit. Am Fuße des riesigen Felsens befand sich eine von der Natur gebildete halbkreisförmige Öffnung, die so groß war, daß man mit einem Segelboot bequem bis zur andern Seite hindurchfahren konnte.

Leider zeigte die Karte so viele Untiefen zwischen den nahe beieinanderliegenden Inseln, daß es mir unter den gegebenen Umständen ratsamer schien, den etwas längeren Weg um die äußerste Insel herum zu machen. Dort hatte ich auf alle Fälle mehr Bewegungsfreiheit. Und das war im Augenblick wichtiger denn je, denn daß der Kommandant des F.=T.=Bootes, nachdem er die aussichtslose Verfolgung aufgegeben hatte, jetzt nicht die Hände in den Schoß legen würde, stand außer Zweifel. Wir waren darum nicht sonderlich erbaut, als wir an dem nach dem Wasser zu gelegenen Abhang der Insel Dunmore, der letzten Insel auf der Südseite der Bucht, einen Leuchtturm mit Signalstation und F.=T.=Einrichtung gewahrten. Fraglos waren die Leute da oben über unsere Flucht schon unterrichtet. Zum Glück war die Station unbewaffnet. Wir hatten also nur damit zu rechnen, daß sie uns im Auge behalten und jede Änderung unseres Kurses sofort an die nächstgelegenen Küstenstationen und Schiffe melden würde.

Der Atlantik lag nun vor uns. Ich hatte die Wahl, ob ich nach Norden, Westen oder Süden steuern wollte. Das letztere schien mir zunächst das beste, denn wenn wir auch verdächtig waren, so hatten die Engländer doch bis zur Stunde keinerlei positiven Beweis für die Richtigkeit ihrer Vermutung. Noch wehte an unserem Heck die norwegische Flagge, und da ich dem „Shatter"=Kapitän erzählt hatte, wir wollten nach Cardiff und von dort nach Italien, hielt ich es für das beste, solange es noch hell war, wenigstens den Schein zu wahren und jetzt auf südlichen Kurs zu gehen. Kam dann wirklich ein Kriegsschiff, so konnten wir diesen Kurs mit unseren Ladungspapieren begründen, was auf jedem andern Kurs unmöglich gewesen wäre. Bei Dunkelheit gedachte ich dann so schnell wie möglich nach Westen abzudrehen, um aus dem Bereich der Küstenbewachung herauszukommen.

XVIII.

Das „Spukschiff" in der Falle.

Am Ausgang der Tralee-Bay empfing uns eine frische Nordbrise, hier und da zeigten sich kleine Schaumköpfe auf den Wellen. Ein paar kleine tiefbeladene Dampfer krebsten dicht unter der Küste entlang nach Norden. Die Angst vor den deutschen U-Booten gab ihnen nicht die Courage, sich auf die offene See hinauszuwagen. Der letzte von ihnen war ein „Landsmann", denn er trug, genau wie wir, die norwegischen Farben auf der Bordwand. Der Name war wegen der großen Entfernung nicht lesbar. Die Form des Schiffes war der unseres „Aud" verteufelt ähnlich. Ob das am Ende der r i c h t i g e „Aud" war, der, wie wir wußten, in diesen Tagen vom Mittelmeer zurückkommen mußte? Das hätte eine nette Begegnung werden können! Ich habe es leider auch später nicht feststellen können. Das einzige, was ich über unseren Doppelgänger einige Monate später erfuhr, war eine Zeitungsnotiz, die besagte, daß der norwegische Dampfer „Aud" aus Bergen am 2. Oktober desselben Jahres torpediert und untergegangen sei.

Von Wind und Strömung begünstigt, liefen wir jetzt mit flotter Fahrt in den Atlantik hinein, langsam aber stetig mehr von der Küste abhaltend, ohne daß es auffällig wirken konnte. Wird's glücken? Ich hätte lieber gesehen, wenn der Himmel bedeckt und die See recht wild gewesen wäre. Das war immer der beste Schutz gegen englische Bewachungsschiffe. Es war und blieb aber leider prachtvolles, klares Wetter. Nicht die kleinste Rauchwolke ließ sich am Horizont sehen. Beinahe vier Stunden hatten

wir noch vor uns, bis es dunkel wurde. Da erübrigt es sich zu
sagen, wie sehr wir den Sonnenuntergang herbeisehnten!

Angesichts der soeben geglückten Flucht aus Tralee schwelgten
meine Leute schon wieder in Zukunftsträumen. Nun konnte
nach ihrer Meinung der Krieg mit den Holzkanonen losgehen.
Sie waren so vergnügt ob der bevorstehenden Aussicht auf den
von mir angekündigten Kaperkrieg, daß sie nach den Klängen
einer Ziehharmonika allerlei lustiges Zeug sangen. Um ihnen
die Freude nicht zu nehmen, ließ ich sie nicht merken, daß ich für
musikalische Genüsse dieser Art vorläufig noch kein Interesse
hatte.

Etwa gegen sechs Uhr abends wurde im Südosten eine
Rauchwolke sichtbar, die sich zusehends vergrößerte und schnell
näherkam. Kurze Zeit später gewahrten wir eine zweite Rauch=
wolke. Sie war so dicht hinter der ersten, daß sie unbedingt
von ein und demselben Schiff herrühren mußte. Wir hatten
also ein Schiff mit zwei Schornsteinen vor uns! Bald darauf
tauchten auch die Mastspitzen auf: Funkenstengen, Signalraa,
Ausguckkorb. Kein Zweifel, ein englisches Kriegsschiff!
Nach Schätzung lief der Bursche mindestens 20 Seemeilen
pro Stunde. Rissen wir jetzt aus mit unserer Tramp=
geschwindigkeit, dann hatte er uns in spätestens einer Stunde
eingeholt, falls er uns nicht schon vorher mit einer Granate
beehrte. Also weiterfahren! Nur ruhig Blut konnte jetzt helfen.
Und eine gute Portion Dreistigkeit. — Der Engländer fuhr mit
höchster Geschwindigkeit. Es dauerte nicht lange, dann kamen
auch seine Aufbauten und schließlich der ganze Rumpf zum
Vorschein. Ein Hilfskreuzer! Einer von den schnellen Kanal=
dampfern, die im Frieden den Verkehr zwischen England und
Frankreich vermitteln. Natürlich waren wir schon längst im
Alarmzustand, d. h. alles war klar zum Sprengen, das ver=
dächtige Material lag im „Zauberkasten", die Maschine ging
„Halbe Fahrt", und wir selbst schlenderten mit noch kleinerer
Fahrt über Brücke und Deck. Wir waren wieder die alten
Trampschiffer von vor wenigen Tagen.

Der Kreuzer war gewiß schon einer von denen, die wenige Stunden zuvor von dem F.-T.-Boot gewarnt worden waren. Das, was uns also jetzt bevorstand, war zum mindesten eine gründliche Untersuchung und, falls eine nochmalige Täuschung gelingen sollte, daran anschließend wahrscheinlich ein Begleitkommando, das uns nach dem nächsten Hafen bringen würde, um dort das verdächtige Schiff auszuladen und die Munition an den Tag zu bringen. Minuten gespannter Erwartung folgten jetzt. Nur noch eine gute halbe Seemeile trennte uns von dem Kreuzer. Seine 10,5-Zentimeter- und M.-G.-Bestückung war deutlich zu erkennen. Wir erwarteten, daß er in Rufweite kommen würde. Das tat er aber nicht, sondern fuhr etwa zehn Minuten lang mit Zizackkursen neben uns her. Das von ihm erwartete Signal blieb aus. Drüben stand fast die ganze Besatzung an Deck und sah neugierig herüber. Wir taten, als ginge uns das alles gar nichts an. Wer beschreibt aber unser Erstaunen, als der Engländer, nachdem er sich scheinbar sattgesehen, plötzlich scharf nach Osten drehte und in demselben Tempo, mit dem er gekommen, wieder davonsauste! Nanu — — —? Wir ahnten damals noch nicht, daß er sich nur aus Angst vor unserer vermeintlichen „schweren Artillerie", unseren „Torpedos" und „den uns begleitenden U-Booten" nicht herantraute, wie sich später herausstellte, und daß er darum erst Verstärkung abwarten wollte! Die ließ leider nicht lange auf sich warten. Die Sonne stand bereits tief im Westen und warf ein so grelles Licht übers Wasser, daß man nur mit Mühe den Horizont absuchen konnte. Dabei machten wir denn auch schon bald die unangenehme Entdeckung, daß unser Kreuzer nicht der einzige auf dem Plan war. Beinahe rechts voraus kam ein zweiter Engländer angedampft und an Steuerbord — ja, zum Henker, was war denn das? Schräg vor uns, querab, hinter uns, kurz rings um uns herum wurden Rauchwolken sichtbar, und es bedurfte nur weniger Minuten, um genau zu erkennen, daß es sich um eben solche Ungeheuer handelte wie das zuerst erschienene. Es waren lauter Hilfskreuzer, alle vom gleichen Typ.

Man hatte scheinbar die gesamte Kanaldampferflotte gegen uns auf die Beine gebracht*.

Langes Überlegen erübrigte sich jetzt. Wir waren regelrecht umstellt, in ein Kesseltreiben geraten, aus dem es wahrscheinlich kein Entrinnen mehr gab! So viele mit Geschützen und Maschinengewehren bewaffnete Schiffe gegen unseren kleinen „Aud", dessen einzige „Armierung" in ein paar Holzkanonen bestand! Und trotzdem hatten die Kerle, wie es schien, eine Heidenangst vor uns, denn sie fuhren, vorsichtig Abstand haltend, immer noch Zickzackkurse. Das bewies, daß sie in einem der nächsten Augenblicke eine Granate oder einen Torpedoschuß befürchteten. Ich mußte wirklich lachen über diese Seehelden!

Da uns bis jetzt noch niemand den Weg verlegt hatte, fuhren wir mit gleichem Kurs und Tempo weiter. Irgend etwas muß ja schließlich mal geschehen, dachte ich, denn als Ehreneskorte ist diese Gesellschaft wohl kaum gedacht. So kam es denn auch. Lange genug dauerte es allerdings. Kurz nach 7 Uhr. kam der Kreuzer, den wir zuerst sichteten, so dicht heran, daß wir seinen Namen „Bluebell" deutlich lesen konnten. Gleichzeitig ließ er ein Signal hochgehen: „Stoppen Sie sofort!" Die anderen Schiffe hielten sich in respektvoller Entfernung, die Geschütze klar zum Feuern. Wir waren auf alles vorbereitet. Auf dem Vordeck bellte der Hund wie toll. Sein Instinkt sagte ihm, daß er seine Rolle jetzt besonders gut spielen müsse.

---

* Einige Tage später erfuhr ich durch einen englischen Seeoffizier, daß das F.-T.-Boot bereits bei Kerry Head, also kurz nachdem wir Anker gelichtet hatten, einen dringenden Funkspruch nach Fastnet sandte, von wo der dortige Admiral sofort einen ganzen Schwarm von Hilfskreuzern und Zerstörern (im ganzen zirka 30 Schiffe) auf uns hetzte. Diese Schiffe konnten es infolge ihrer hohen Geschwindigkeit in kürzester Zeit ermöglichen, einen Ring von Fastnet bis oberhalb des nördlichen Ausganges der Tralee-Bay zu bilden. Wir wären also in jedem Falle in die Klemme gekommen, gleichviel welchen Kurs ich auch eingeschlagen hätte.

Nachdem ich das Schiff zum Stoppen gebracht hatte, folgten weitere Signale: „Wie heißen Sie?" — „Woher kommen Sie?" — „Wohin fahren Sie?"

Cardiff konnte ich jetzt nicht mehr gut als nächstes Ziel angeben, dafür waren wir inzwischen zu weit vom Kurs abgekommen. Um also eine glaubwürdige Antwort zu geben, ließ ich die letzte Frage mit „Genua—Neapel" beantworten. Zur Not hatten wir ja auch noch eine Anzahl Türen und Fensterrahmen an Bord, die diese Aufschrift trugen. Ich hatte sie s. Zt. zwecks Aufsetzen eines Deckshauses zurückbehalten, um gelegentlich unser Äußeres verändern zu können. Beim Aufheißen des Signals riß Battermann absichtlich die Flaggenleine ab. Das war ein guter Gedanke, denn jede Minute Zeitgewinn konnte jetzt für uns bedeutungsvoll sein. War es kein U=Boot, das uns durch Zufall zu Hilfe kam, so konnte uns am Ende die bald hereinbrechende Dunkelheit retten. Auf einem Tramp von der Sorte des „Aud" hat man natürlich keine zwei Flaggenleinen. Um aber die Engländer nicht an unserer Bereitwilligkeit zweifeln zu lassen, wendeten wir jetzt ein etwas ungewöhnliches Verfahren an und hingen die Flaggen, die zu einem Signal gehörten, einzeln, nacheinander über das Brückengeländer. Auf diese ziemlich umständliche Weise signalisierten wir mehr als eine Viertelstunde lang hin und her. Dann gab's eine lange Pause, während welcher man auf dem „Bluebell" die Scheinwerfer in Tätigkeit setzte, um mit den übrigen Schiffen zu signalisieren. Das beständige Knattern seiner Antenne verriet, daß man auch mit Funksprüchen nicht sparte. Inzwischen waren noch weitere Schiffe auf dem Plan erschienen, darunter eins, das scheinbar den Chef dieser Flottille an Bord hatte, denn der Signalverkehr aller Fahrzeuge konzentrierte sich jetzt auf diesen einen Hilfskreuzer. Plötzlich ging auf dem „Bluebell" wieder ein Signal hoch: „Proceed!", d. h. „Weiterfahren!"

Alles andere hatten wir erwartet, nur nicht, daß man uns hier ungeschoren laufen lassen würde. Natürlich ließen wir uns das nicht zweimal sagen. Wenige Augenblicke später setzte unser

"Aud" sich wieder in Trab. Und um die Sache ganz echt zu machen, ließ ich durch den Ersten Steuermann langsam und recht ehrerbietig die Flagge dippen, was auf die Engländer sichtlich Eindruck machte, denn sie grüßten hübsch artig wieder zurück. Es sah so aus, als ob auch diese Engländer die Überzeugung gewonnen hätten, wir seien wirklich der Norweger "Aud", für den wir uns ausgaben. Trotzdem hatten wir beim Weiterfahren ein etwas unbehagliches Gefühl. Es wollte keinem von uns so recht in den Kopf, daß auch diese Gesellschaft sich hatte bluffen lassen, nachdem sie nicht nur gewarnt, sondern sogar auf uns gehetzt war, wie aus dem soeben stattgefundenen Signalverhör hervorging. In einiger Entfernung ließ ich deshalb die Fahrt langsam steigern, um möglichst bald aus dem Bereich unserer Feinde zu gelangen.

Wir brauchten uns nicht lange Gedanken zu machen. Ein gutes Stück waren wir schon vorwärtsgekommen. Die Kreuzer hatten inzwischen gestoppt und lagen nun wie die Maikäfer auf einem Fleck zusammen, wo sie scheinbar Kriegsrat abhielten. Wir hatten gerade "8 Glasen" angeschlagen, als es hinter uns wieder lebendig wurde. Die ganze Mahalla drehte plötzlich auf Südkurs und kam wie eine Meute Hunde hinter uns hergesaust. Am Mast des vordersten Schiffes wehte wieder das bekannte Signal "Stoppen Sie sofort!" Zum zweitenmal stoppten wir jetzt die Maschine und warteten der Dinge, die da kommen sollten, denn etwas anderes blieb uns leider nicht übrig! Die Kerle hätten uns sonst sofort beim Wickel gehabt. Nachdem wir beinahe fünf Minuten lang gewartet und sich nichts weiter ereignet hatte, als daß die Engländer uns bedenklich nahe gekommen waren, wurde mir die Geschichte zu dumm. Ich ließ ein Signal hinübergehen: "Warum?"

Anstatt das Signal zu beantworten, kam unser Freund "Bluebell" auf etwa 150 Meter herangedampft, stoppte und machte Anstalten, den Stb.=Kutter zu Wasser zu lassen. Zwei Offiziere und einige 12 Mann, alle bis an die Zähne bewaffnet, hatten darin Platz genommen. Aha! Nun kam also das schon so oft erwartete Begleitkommando! Ein Stein fiel uns allen vom Herzen, denn nun hatten wir die beste Aussicht, im Dunkel der Nacht zu entkommen, während man in Fastnet oder Queenstown vergeblich auf unsere Ankunft warten würde. Als ich nach unten rief: „Achtung! Gleich kommt Prisenkommando!", da grinste unser Smuttje Hoffmann vor Vergnügen übers ganze Gesicht. Und viele andere mit ihm, denn „nun gab's doch endlich mal was Ordentliches zu tun", wie sie sagten.

Währenddessen war mein Obermaschinist auf dem Vordeck damit beschäftigt, eine Dampfwinde zu reparieren, und um zu sehen, ob sie wieder funktionierte, ließ er sie einen Augenblick laufen. War nun dieses Geräusch daran schuld, oder hatten die Engländer vielleicht eine treibende Blechbüchse für ein Periskop gehalten — genug, als das Gerassel der Winde ertönte, hörte man laute Rufe ringsum, vermischt mit dem Klingeln von Maschinentelegraphen, und im nächsten Augenblick stob die ganze Gesellschaft auseinander, als ob der Blitz in sie hineingefahren wäre. Auf dem „Bluebell" wurde gleichzeitig in aller Eile der Kutter wieder geheißt, der bereits halb zu Wasser war*.

Wir standen nun wieder ganz allein auf dem Ozean. Fürwahr ein neckisches Spiel, das man hier mit uns trieb! Um der Geschichte ein Ende zu machen, fragte ich jetzt durch Signale an, ob ich weiterfahren könne, worauf aus der Ferne die Antwort kam: „Warten!" Während die Engländer sich langsam wieder etwas heranwagten, machte ich ein weiteres Signal: „Bitte Auskunft, warum?" Dieses Mal dauerte es sehr lange, bis die Antwort kam. Und die war leider wenig erfreulich. „Follow me to Queenstown, South 63° East!" machte der Engländer,

---

* Die englischen Zeitungen meldeten später auf Grund authentischer (!) Berichte, der Kommandant des „Bluebell" hätte wegen zu schlechten Wetters „leider kein Boot aussetzen können, um ein Prisenkommando auf den ‚Aud' zu schicken". Demgegenüber sei hier ausdrücklich festgestellt, daß Wind und Seegang um diese Zeit ganz gering und dazu noch in ständigem Abnehmen begriffen waren!

das hieß auf deutsch: „Folgen Sie mir nach Queenstown Kurs Süd 63° Ost!"

Verflucht! Man hatte Verdacht geschöpft! Nun war unser Schicksal entschieden!

Mit einem Prisenkommando an Bord, für dessen Unschäd= lichmachung alles vorbereitet war, hätten wir über Nacht noch das Weite suchen können; unter Begleitung einer Eskorte von armierten und schnellaufenden Schiffen war das völlig ausge= schlossen. Selbst bei dickem Nebel und dunkler Nacht mußte es sehr fraglich sein, ob ein Ausbrechen aus der Eskorte würde gelingen können.

Wie schon vorher bei verschiedenen anderen Signalen, machte ich auch jetzt zunächst einmal: „Nicht verstanden", denn es kam jetzt lediglich darauf an, Zeit zu gewinnen und vielleicht doch noch das Anbordsenden einer Prisenmannschaft zu ermöglichen. In diesem Falle hätte sich dann eine Eskorte von Schiffen erübrigt. Der Engländer gab sich redlich Mühe, uns sein Signal begreiflich zu machen. Je mehr er aber zeigte, wie sehr ihm daran lag, um so weniger Verständnis zeigten wir für seine Bemühungen. Auf unserem „Aud" schien man plötzlich jegliches Begriffsvermögen verloren zu haben. Der Gerechtig= keit halber muß ich gestehen, daß die „Bluebell"=Leute sich jetzt, ganz im Gegensatz zu ihrer bisherigen Gewohnheit, der größten Zuvorkommenheit befleißigten, wie besessen an der Flaggenleine zerrten und alle möglichen Kurse fuhren, damit der Wind die Flaggen richtig zum Auswehen brachte. Vergebens! Wir be= griffen nichts von dem, was er wollte!

Der Engländer schien gar nicht zu merken, daß wir ihn zum Narren hielten, denn nun kam er sogar — welch ein Leichtsinn! — ganz nahe herangefahren, so daß selbst der kurzsichtigste Mensch das Signal hätte erkennen müssen. Wir schüttelten bloß die Köpfe, hoben das Signalbuch hoch und zeigten verneinend mit dem Finger darauf, um anzudeuten, daß dieses Signal in unserem Buch nicht vorhanden sei. Da faßte sich der „Bluebell" ein Herz und kam ganz, ganz vorsichtig bis auf etwa 50 Meter an unser Heck heran.

Während dieser spaßigen Signalunterhaltung war es allmählig dämmerig geworden, so daß es nun wirklich schwer war, das Signal abzulesen. Das schien wohl auch der "Bluebell" einzusehen, denn auf seiner Brücke schickte man sich an, uns durch ein großes Megaphon etwas zuzurufen. Um ihm zuvorzukommen, rief ich, ebenfalls durchs Megaphon, zu ihm hinüber: "Soll ich eine Treppe überhängen lassen für Ihre Prisenmannschaft?" Anstatt meine Frage zu beantworten, schor der "Bluebell" um einige vierzig Meter von uns ab, und seine Offiziere zeigten durch allerlei Gesten an, daß sie weit davon entfernt seien, ein Boot zu schicken. Mit der freundlichen Einladung war's also nichts!

Hätten wir gewußt, für was für ein Spukschiff die Engländer uns hielten und was für eine riesige Armierung und U-Boot-Begleitung sie bei uns vermuteten, dann wäre uns allerdings manches verständlicher vorgekommen. Wenn ich heute die englischen Zeitungen von damals durchlese, dann stoße ich auf die unglaublichsten Berichte über unsern kleinen "Aud". "The mysterious ship" (Das mysteriöse Schiff), "The flying Dutchman" (Der fliegende Holländer) und ähnliche aufsehenerregende Überschriften, denen die märchenhaftesten Erzählungen folgten, lassen die Aufregung erkennen, in die seinerzeit das englische Volk und nicht zuletzt die Küstenwachschiffe geraten waren, als es hieß: "Der ‚Aud' kommt!"

Mittlerweile hatten die übrigen Kreuzer einen Kreis um uns gebildet, so daß man jeden Schritt, jede Bewegung von uns beobachten konnte. Auf sämtlichen Schiffen waren die Geschütze bemannt und auf uns gerichtet. Bei der geringsten feindlichen Haltung wären wir also wie ein Sieb durchlöchert worden. Auf dem "Bluebell", der scheinbar die Eskorte leiten sollte, turnte jetzt ein kleiner Leutnant mit einem riesigen Megaphon auf die oberste Signalbrücke und rief mit quäkender Stimme: "Fol— low — me — to — Quee—ee—eenstown. — South —

sixty — three — East!" Dieser Vorgang wiederholte sich noch einige Male, jedoch immer mit demselben negativen Erfolg. Kopfschütteln, Nichtverstandenzeigen und unverständliches Gerede war unsere Antwort. Um aber mein Entgegenkommen zu zeigen, ging ich aufs Achterdeck und rief, während der drüben unverdrossen, nun schon mindestens zum zehnten Male, seinen Vers wiederholte, durch mein Sprachrohr: „Wollen Sie meine Papiere sehen?"

Jetzt schien auf einmal der Engländer taub geworden zu sein! Um uns besser verstehen zu können, kletterten wir, trotzdem wir uns schon förmlich anschrien, hüben wie drüben von einem Platz zum andern, auf Luken, Boote, Reling und ähnliche, hochgelegene Stellen, ohne zu einer Verständigung zu kommen. Es war das reine Theater. Langsam riß mir die Geduld, und so fing ich an, auf englisch zu schimpfen, was das heißen solle, mich hier zum Narren zu halten, und daß ich bei meinem Konsulat in Genua Beschwerde einlegen würde, weil man mich als „Neutralen" ohne Berechtigung solange festhielte. Dann rechnete ich dem Engländer vor, wieviel Zeit ich verlieren würde, wenn ich ihm folgte, und daß diese Verzögerung unverantwortlich sei, weil ich eine wichtige Ladung für die Alliierten an Bord hätte. Ich verlangte deshalb eine Prüfung meiner Papiere hier an Ort und Stelle und erklärte mich bereit, ihm ein Boot zu schicken, falls er selbst nicht zu mir kommen wolle.

Als ginge ihn das alles gar nichts an, quäkte der Leutnant drüben mit geradezu bewundernswerter Ausdauer in einem fort sein monotones: „Follow — me — to — Quee—ee—eenstown, South 63° East!" durchs Megaphon. Auf diese Weise hätten wir uns wahrscheinlich noch bis in die späte Nacht hinein unterhalten, wenn dieser Zeitvertreib auf die Dauer nicht zu anstrengend gewesen wäre. Auch dem englischen Kommandanten schien die Sache allmählich zu lange zu dauern, denn ich konnte im Halbdunkel noch erkennen, wie er dem Sprecher winkte, herunterzukommen. Dann hörten wir ein paar kurze Kommandos, der Kreuzer schor an unserer Bb.-Seite vorbei, im nächsten Augenblick blitzte es neben uns auf, und mit lautem Knall schlug eine Granate aus dem Buggeschütz des Engländers dicht vor unserem Vorsteven ein, eine hohe Wassersäule aufwerfend. Da wir direkt vor seiner Rohrmündung standen, war der Luftdruck so stark, daß wir einen Augenblick jeglichen Halt verloren.

Auf gut deutsch hieß das: „Schluß der Komödie, Vorhang!" Da wir auf weitere Granaten, die sicherlich nicht vor, sondern in unseren Bug gingen, keinen Wert legten, zog auch ich es jetzt vor, der Geschichte ein Ende zu machen, und rief deshalb so laut, daß der Engländer es hören mußte, zur Brücke hinauf: „Volle Kraft voraus, Süd 63° Ost." Gleichzeitig schickte ich einen Mann in die Maschine und ließ dem Obermaschinist sagen, daß ich ihn am Großmast aufknüpfen würde, wenn diese höchste Fahrgeschwindigkeit auf mehr als 5 Seemeilen die Stunde käme. Auch ohne diese liebenswürdige Versicherung hätte er in diesem Sinne gehandelt, wie überhaupt jeder der Besatzung im gegebenen Augenblick stets von selbst schon das richtige fand, was zu tun war.

Wir rechneten uns aus, daß wir mit dieser Fahrt ungefähr um 10 Uhr am nächsten Morgen in Queenstown sein mußten. Es blieb vorläufig nichts übrig, als den Engländern zu folgen. Weiteres Sträuben wäre sinnlos gewesen. Wir trotteten jetzt also mit der „Schnelligkeit" von 5 Seemeilen hinter dem „Bluebell" her, der die Führung übernahm, während die übrigen Schiffe sich seitlich und hinter uns gruppierten. Für uns 22 Mann eine stattliche Eskorte! Von Norden her zog eine leichte Regenbö übers Wasser, sie hielt nur wenige Minuten an, dann drehte der Wind auf NNW und flaute plötzlich ganz ab. Auch die wenigen Wolken, die noch am Himmel standen, verzogen sich nach und nach, und damit schwand unsere letzte Hoffnung auf Rettung, denn bei Vollmond und spiegelglatter See war an ein Entkommen nun nicht mehr zu denken. Es sei denn, daß die berühmten „Heinzelmännchen" kamen und uns halfen.

Wie zu erwarten stand, war der „Bluebell" mit unserem

Tempo schon bald nicht einverstanden. Alle seine Proteste, die er mit der Morselampe gab, halfen ihm jedoch nichts. Je mehr er hinüberblinkte, desto renitenter wurden wir. Die nun folgende Unterhaltung war äußerst spaßig. Wir gaben die Signale nämlich nicht mit der elektrischen Morselampe, sondern mit einer kleinen Petroleumlampe, indem wir die langen und kurzen Blicke durch Davorhalten der Hand markierten. Das war natürlich recht umständlich und wir amüsierten uns köstlich über die immer größer werdende Wut der Engländer.

Wohl ein dutzendmal morste er anfänglich: „Fahren Sie schneller." Nach wiederholtem „Nichtverstanden"-Zeigen gab ich darauf kurz und bündig zurück: „Geht nicht!"

„Warum?" fragte er mehrmals. Antwort: „Maschine kaput!" — Pause. — Man überlegte wohl, wie man uns zwingen könne, schneller zu fahren. Nach einiger Zeit kam das Signal: „Wenn Sie nicht sofort volle Geschwindigkeit aufnehmen, werde ich Sie dazu zwingen!" Das klang nicht sehr freundlich, machte mir aber kein Kopfzerbrechen, denn ich sagte mir jetzt, daß die Engländer wohl kaum auf uns schießen würden, nachdem sie durch die Eskorte bewiesen hatten, wie sehr ihnen daran lag, uns heil bis zum nächsten Hafen zu bekommen. Sie würden also höchstens ein Begleitkommando an Bord schicken, das die Kontrolle ausüben sollte. Das war aber gerade das, was ich wollte. Selbst wenn die Schiffe dann noch weiter bei uns verblieben, würde ihre Wachsamkeit im Vertrauen auf das Begleitkommando sicherlich bedeutend nachlassen. Anstatt also auf seine Drohung einzugehen, ließ ich darum zurückmorsen: „Bitte! — Stelle Ihnen anheim, sich selbst zu überzeugen!" Das war reichlich unverschämt, konnte aber vielleicht noch unsere Rettung werden!

Leider zeigte der Engländer gar keine Lust, dieser Einladung Folge zu leisten. Er zog es vor, sich in sein Schicksal zu ergeben, und so wurden seine Signale jetzt immer seltener. Und unsere Geschwindigkeit zusehends kleiner. Geduldig wie die Schafe dampften die Engländer neben uns her, bald nach rechts,

bald nach links ausscherend, aus Furcht, wir könnten ihnen am Ende einen Torpedo in den Leib jagen. Alle Befehle für Kurs=
änderungen ließen wir uns einige zehnmal wiederholen, ehe wir „Verstanden" zeigten. Auch daran gewöhnte sich unser Freund „Bluebell" ohne weiteres Knurren. Wir hatten das Gefühl, daß die Engländer vor Wut sicherlich schon blau und rot an=
gelaufen waren.

Gegen Mitternacht gab es eine kleine Abwechslung. Eine Zerstörer=Halbflottille, die von Osten kam, löste unsere Begleit=
schiffe ab, mit Ausnahme des „Bluebell", der die Führung bei=
behielt. Die Kreuzer fuhren zurück nach Westen. Die Nacht war so klar, daß wir jeden Vorgang in unserer Nähe genau beobachten konnten. Im Norden tauchten ab und zu einige Lichter auf von passierenden Schiffen. Wenn doch jetzt nur ein U=Boot kommen und uns heraushauen wollte! Aber es kam leider keins. Als nun auch noch der Mond sein baldiges Er=
scheinen verriet, da gab es leider keinen Zweifel mehr, daß unsere so schön begonnene Expedition in wenigen Stunden ein jähes Ende finden mußte.

Ich ließ darum die Besatzung auf die Brücke kommen und erklärte ihr schweren Herzens, daß ich, wenn nicht unerwartet Hilfe käme, spätestens am kommenden Morgen gezwungen sein würde, den „Aud" in die Luft zu sprengen, da das Schiff unter keinen Umständen in Feindeshand fallen dürfe. Ernst und schweigend hörten sie mich an. Dann machten sie ihren Herzen in einer Flut von Verwünschungen Luft, die an den Eng=
ländern nicht viel Gutes ließ und mir am besten zeigte, daß ihnen dieses unglückselige Ende nicht weniger nahe ging wie mir selbst. All unsere kühnen und stolzen Träume waren zunichte! Wehrlos hingen wir schon jetzt in den Klauen unserer Todfeinde.

Wir benutzten schnell noch die kurze Zeit bis zum Mond=
aufgang, um einige wichtige Arbeiten zu erledigen. Dazu ge=
hörte in erster Linie das Verbrennen sämtlicher Geheimsachen, insbesondere aller Papiere, das ich selbst in die Hand nahm.

Alles nicht verbrennbare wertvolle Material ließ ich vorsichtig über Bord werfen. Es war ja immerhin möglich, wenn auch nicht wahrscheinlich, daß die Sprengung nicht gut funktionierte. Für diesen Fall mußte alles für den Feind wichtige Material vom Schiff herunter sein. Einen Augenblick dachte ich daran, ein paar Maschinengewehre aus der Ladung heraufzuholen und zu montieren, ließ den Gedanken aber wieder fallen. Es wäre sinnlos gewesen, mit einem Maschinengewehr auf unsere stark armierten Begleiter losgehen und sich auf einen Kampf einlassen zu wollen, zumal keiner meiner Leute mit diesen Dingern ausgebildet war, weil sie den neuesten Typ unserer Armeemaschinengewehre darstellten. Jedesmal, wenn ein schwarzer Gegenstand an der Bordwand hinunter ins Wasser glitt, was natürlich ein lautes Klatschen verursachte, stoben die Engländer auseinander. Sie hatten doch eine verteufelte Angst vor uns! Die Offiziere des „Bluebell" erzählten mir später, daß sie befürchtet hatten, wir hätten Minen geworfen! Während der ganzen Nacht hatten sie vergeblich gewartet, daß sich plötzlich unsere Relingspforten öffnen und wir sie mit Geschützfeuer begrüßen würden. Meine Besatzung hatten sie auf 150 Mann taxiert! Schade, daß es nicht wirklich der Fall war; dann wäre gewiß alles anders gekommen!

Währenddessen machte ich einen Rundgang durchs Schiff und überzeugte mich, daß alles zur Sprengung bereit war, prüfte die Sprengkörper, Brandbomben und Zünder und steckte Kriegsflaggen und Wimpel so an, daß sie im Nu gehißt werden konnten. Falls sich eine Gelegenheit bot, wollte ich den „Bluebell" oder einen seiner Genossen rammen und dann sprengen, damit wir wenigstens nicht allein in die Tiefe gingen. Es schien aber fast, als ob die Engländer meine Absicht witterten, denn sie hielten sich ständig in sehr respektvoller Entfernung und bogen sofort ab, sobald ich mein Schiff auch nur einen Augenblick lang vom Kurs abweichen ließ; ein Beweis, daß sie höllisch gut aufpaßten.

XIX.

Der Untergang der „Libau".

Mitternacht war längst vorüber. Der Mond stand beträchtlich hoch. Es war eine wunderbar klare und ruhige Nacht. Unter normalen Verhältnissen hätte man sie sich nicht prächtiger wünschen können. Tausende und aber Tausende Sterne glitzerten am Himmel, und nicht das kleinste Wölkchen war zu entdecken, das ihr leise zitterndes Licht getrübt hätte. Die See war fast spiegelglatt; kaum, daß von Zeit zu Zeit ein leichter Hauch über's Wasser strich und die Oberfläche ein wenig kräuselte.

Das einzige, was diesen nächtlichen Frieden von Zeit zu Zeit störte, waren ein paar gedämpfte Kommandorufe und Signalpfiffe auf den Begleitschiffen, die uns unaufhörlich umkreisten, ähnlich wie Schäferhunde ihre Herde umstreichen. Mit ihren scharfgeformten Steven warfen sie fortgesetzt tiefe Furchen auf, die sich in zahllosen Wellen keilförmig nach hinten erweiterten und die Wasserfläche mit Millionen silbern schillernder, kleiner Fleckchen bedeckten. Mitunter wurden auch lautere Rufe aus den einzelnen Maschinen- und Kesselräumen vernehmbar. Dann hörte man kurz darauf das Klappern von Eisentüren, Feuerzangen und Kohlenschaufeln. Wenige Augenblicke später zeigten dann dicke Rauchwolken, die den Schloten der grauschwarzen Ungeheuer entquollen, daß man dort drüben weit davon entfernt war, die Hände in den Schoß zu legen.

Immer zahlreicher wurden die Lichter passierender Schiffe,

die weit im Norden von uns, in sicherem Schutz der Küste, ihrem Bestimmungsort zustrebten. Auch viele Schiffe ohne Lichter kamen uns entgegen oder kreuzten unseren Kurs. Das waren die englischen Wachschiffe, Vorpostenboote und Zerstörer, die mit abgeblendeten Lichtern fuhren, um von den deutschen U=Booten nicht gesehen zu werden, die hier an der Südküste Irlands gerade in der letzten Zeit besonders tätig waren zum Schrecken und Schaden aller, die ein schlechtes Gewissen hatten.

Bei uns auf der Brücke herrschte eisiges Schweigen. Jeder war mit seinen Gedanken beschäftigt. Und die waren bei allen gewiß die gleichen: Wenn das Glück uns nur noch ein einziges Mal zu Hilfe kommen wollte! Aber es kam nicht. Das Wetter ließ bis zum Morgen keine Veränderung erwarten. Das sehn= süchtig erwartete U=Boot, nach dem wir angestrengt ausspähten, blieb aus. Und auch die Heinzelmännchen kamen nicht! So oft wir nach den Engländern hinübersahen, gewahrten wir auf jedem der Schiffe ein paar dunkle Gestalten, die unverwandt ihre Gläser vor den Augen hatten und uns aufmerksam betrachteten. So ging's vorwärts, Meile um Meile. Im Norden wurde jetzt ein langgezogener dunkler Streifen sichtbar; wir näherten uns der Küste. Es war darum an der Zeit, sich mit der Beschaffenheit des Hafens von Queenstown etwas näher zu befassen, denn wenn der „Aud" einmal in die Tiefe mußte, dann sollte er wenigstens da zu liegen kommen, wo er den Engländern noch einigen Schaden an= richten konnte. Leider stellte sich bei dem nun folgenden Suchen nach einer geeigneten Karte heraus, daß wir wohl von afrika= nischen und amerikanischen Häfen Spezialkarten besaßen, dummer= weise aber nicht von Queenstown, weil wir begreiflicherweise s. Zt. an alles andere gedacht hatten, nur nicht daran, daß wir gerade nach diesem Hafen verschlagen werden könnten. „Ja, dieses verd... Quee — ee — eenstown!" brummte mein Zweiter Steuermann vor sich hin, indem er die Stimme des Engländers nachahmte, die auch mir noch immer in den Ohren klang. Der kleine, behende Mann behielt doch bei allem Mißgeschick noch immer seinen gesunden Humor!

An Hand einer allgemeinen Karte von Irland studierten wir nun die Wassertiefen bei Queenstown. Viele Angaben enthielt die Karte leider nicht. Immerhin konnten wir feststellen, daß die äußere Einfahrt dieses Hafens durchschnittlich 20 bis 25 Faden tief war. Das war gerade das Richtige. Nicht zu wenig, damit das Wrack nicht gehoben werden konnte, und nicht zuviel, so daß es vielleicht möglich war, die Einfahrt zu behindern, je nachdem, wie das Schiff auf dem Grunde zu liegen kam.

Als es Tag wurde, nahm der „Bluebell" immer mehr Kurs nach der Küste zu, deren niedrige Kreidefelsen mit dem saftiggrünen Wiesenteppich darüber einen recht freundlichen Anblick gewährten. „Da können wir ja morgen Ostereier suchen", hörte ich hinter mir eine Stimme. Battermann natürlich! Der Signalgast mit dem ewig grinsenden Gesicht! Wahrhaftig, wir schrieben ja den 22. April; morgen war Ostern! In der Aufregung der letzten Tage hatte ich's schon ganz vergessen. Mit Sonnenaufgang glaubten die Zerstörer ihre Schuldigkeit getan zu haben, denn sie machten nach kurzem Signalwechsel mit dem Führerboot kehrt und dampften in westlicher Richtung davon. Die in dieser Gegend patrouillierenden Kriegsschiffe waren allmählich so zahlreich geworden, daß man uns jetzt sicher glaubte. Nichtsdestoweniger hielt der tapfere „Bluebell" es für besser, nunmehr die Spitze zu verlassen (vielleicht fürchtete er irgendeine List von uns) und den Schluß des Zuges zu bilden, von wo er uns besser im Auge behalten konnte. Bald beschnüffelte er uns von der Steuerbord-, bald von der Backbordseite, natürlich immer in angemessener Entfernung bleibend.

Ich hatte unterdessen Befehl gegeben, Uniform anzuziehen und darüber das norwegische Kostüm anzulegen. Die Marinemützen wurden in den Taschen verstaut, so daß die Leute im gegebenen Augenblick nur die schweren Düffeljacken abzuwerfen brauchten, um als deutsche Matrosen sofort kenntlich zu sein. Meine Steuerleute und ich nahmen die gleiche Prozedur vor. Kein Fremder konnte ahnen, was unter unseren langen Wachmänteln verborgen war. Galley-Lighthouse, der hohe, weiße

Leuchtturm unterhalb der Einfahrt von Queenstown, wurde sichtbar. Kurz darauf kam auch das Feuerschiff in Sicht, das auf seiner jetzigen Kriegsposition mitten in der Einfahrt lag. Da in der westlichen Hälfte der Einfahrt keinerlei Schiffsverkehr war, vermuteten wir richtig, daß dort ein Minenfeld lag. Das ersparte mir weiteres Überlegen.

Noch eine Viertelstunde, dann mußten wir dort sein. Auf der Reede tummelten sich Dutzende von Kriegsfahrzeugen aller Art. Um gründliche Arbeit zu machen, hatte ich angeordnet, vor der Sprengung den Kondensator einzuschlagen. Der Obermaschinist hatte infolgedessen den Dampf so weit fallen lassen, daß wir kaum noch mehr als zwei Seemeilen pro Stunde liefen oder, besser gesagt, im Schneckentempo daherkrochen, ohne daß der Engländer dagegen zu protestieren versuchte. Er fühlte sich wohl angesichts der Nähe des Hafens und seiner vielen Kollegen seiner Sache noch sicherer als bisher. Wie siegesgewiß und zugleich ahnungslos er war, bewies am besten, daß er seit einer Stunde bereits tätig war, alles „Hafenklar" zu machen! Die Kanonen wurden eifrig geputzt und mit Bezügen verdeckt, das Tauwerk in Ordnung gebracht, die Decks gesäubert, und überall sah man schon Leute in Landgangsuniform herumstehen, die sich gegenseitig abbürsteten. Wahrscheinlich erlebten wir gleich auch noch das Schauspiel einer Beurlaubtenmusterung! Uns stand beinahe der Verstand still, als wir diese Sorglosigkeit gewahrten, denn sie stand in zu großem Gegensatz zu dem ungeheuren Mißtrauen, das man uns bislang entgegengebracht hatte.

Unsere Schicksalsstunde rückte bedenklich näher. Im Hinblick auf die gefährliche Ladung, die über den Sprengkörpern lag, war damit zu rechnen, daß wir bei der Sprengung allesamt in die Luft flogen. Ich ließ darum von Mund zu Mund geben, daß ich vier Freiwillige zum Sprengen und zum Aufhissen der Kriegsflagge benötigte und allen übrigen Leuten freistellte, sich kurz vor der Sprengung im Boot herunterzulassen, da ich unnötige Menschenverluste vermeiden wollte. Ein allseitiges, beinahe entrüstetes „Nein!" war die Antwort. „Wir bleiben bei unserem Kapitän bis zum letzten Augenblick!" Eine andere Antwort hatte ich eigentlich auch nicht erwartet. Sie bestätigte mir nur von neuem, was für eine prächtige Besatzung ich hatte.

Um mich zu vergewissern, was der „Bluebell" jetzt mit uns vorhatte, und um ihn noch mehr in Sicherheit zu wiegen, machte ich das Signal: „Wo soll ich nachher ankern?" Kurz darauf kam die unverschämte Antwort: „Warten Sie, bis Sie weitere Order bekommen!" Na, der sollte sich noch wundern! Es war mir eine heimliche Befriedigung, konstatieren zu können, daß ich eigentlich doch bis zum Schluß der Tonangebende blieb.

Ungeähr drei viertel Seemeilen trennten uns noch vom Feuerschiff, da kam mir plötzlich ein teuflischer Gedanke. Von Backbord voraus kam ein großer englischer Frachtdampfer mit voller Fahrt aufgedampft. Er war zirka 8000 Tonnen groß und lag im Ballast, also hoch über Wasser. Den konnten wir am Ende noch mitnehmen!

„Backbord 10! — — 15! — — Aufkommen, Ruder! — Recht so! Kurs halten!" Langsam und beschwerlich gehorchte der „Aud". Es war nicht mehr genug Fahrt im Schiff. „Alle Mann auf Stationen! Klar bei Zündern und Brandbomben! Kriegsflaggen und Wimpel besetzen!" — — Erwartungsvoll standen alle auf ihrem Posten, um auf ein gegebenes Signal das verhängnisvolle Werk auszuführen. Wir waren jetzt auf etwa 800 Meter dem Dampfer nahe gekommen. Ein fetter Bissen! In den nächsten Sekunden mußten die Würfel fallen.

Da geschah etwas Unerwartetes. Vermutlich auf Grund einer Warnung vom „Bluebell", auf dessen oberster Brücke ein Signalgast sich eifrig mit Winkflaggen betätigte, gab der Dampfer plötzlich hart Ruder und schor in großem Bogen an uns und dem Kreuzer vorüber. Mit der Rammung war's also nichts. Wir sollten scheinbar kein Glück mehr haben. Noch 200 — 150 — 100 Meter bis zur Höhe des Feuerschiffs! Hastig suchten wir noch einmal die Wasserfläche ab. Kein Periskop ließ sich sehen.

Nun denn! —

„Alles klar?" — „Alles klar!" kam es aus der Maschine und von Deck zurück. Die nicht beschäftigten Leute hielten sich unauffällig in der Nähe der Boote auf, die sie, auf dem Bauch liegend, während der letzten Stunde ruckweise bis in Relingshöhe hinuntergelassen hatten, ohne daß es den Engländern aufgefallen wäre. Vielleicht war es noch möglich, sie zu gebrauchen. Aus der Maschine dröhnten wuchtige Hammerschläge herauf — der Kondensator mußte dran glauben. Ein „Zurück!" gab's jetzt nicht mehr.

„Hart Steuerbord das Ruder! — Maschine dreimal ‚Stopp'!"

Das war das verabredete Signal. Mit letzter Kraftanstrengung, wie ein weidwundes Tier, drehte der „Aud" langsam nach Steuerbord und legte sich genau quer zur Einfahrt. Am Großmast flatterte bereits der Kommandantenwimpel, und in der nächsten Sekunde sausten an beiden Masten und am Heck die deutschen Kriegsflaggen hoch, allen Engländern zum Trotz*! Jacketts und Mäntel flogen über Bord; drei Hurras für unsern obersten Kriegsherrn! Dann gab's einen dumpfen Knall. Der „Aud" zitterte in allen Fugen. Balken und Splitter sausten durch die Luft, von einer schmutziggrauen Rauchwolke gefolgt, aus Kajüte, Kartenhaus, Ventilatoren und aus dem Vorschiff schlugen die ersten Flammen heraus. Mehr sahen wir in diesem Augenblick nicht. „In die Boote!" Vielleicht konnten wir noch vom Schiff abkommen, ehe die Munition explodierte.

Das Backbordboot unter Führung des Ersten Steuermanns hatte schon abgelegt, auch das Steuerbordboot ging gerade zu Wasser. „Alles von Bord?" — „Jawoll", erscholl es von unten herauf. Den Hund hatte der Obermaschinist durch einen

---

* Die „Times" und andere englische Blätter schrieben einige Tage darauf in einem für uns wenig freundlichen Artikel, daß der verkappte deutsche Hilfskreuzer „Aud" „defiantly" (herausfordernd) zwei große deutsche Kriegsflaggen gesetzt hätte und daß das Schiff mit den Flaggen im Top untergegangen sei.

Gnadenschuß vor weiteren Qualen bewahrt. So schnell es ging, kletterten wir letzten der an Bord Gebliebenen: Obermaschinist, Zweiter Steuermann, Rudergänger und ich an den Taljen hinunter. Mit einem Beil wurde die Fangleine gekappt. Es war die höchste Zeit. Dicht neben unserem Boot lag der "Zauberkasten", in dem sich noch ein Dutzend Sprengbomben befanden. Das Achterschiff lag bereits tief im Wasser. Gerade waren wir im Begriff, abzulegen, da kam noch der Matrose Schmitz eiligen Laufes aus dem brennenden Vorschiff gerannt, einen großen Gegenstand unterm Arm.

"Himmelherrgott! Mensch, was machen Sie denn noch da oben?" — "Ich hab' eben noch das Grammophon gerettet", rief er mir von weitem zu, sprang mit affenartiger Geschwindigkeit an die Talje und ließ sich wie ein Sack ins Boot hinunterplumpsen. Dabei fiel das so mühsam gerettete Grammophon ins Wasser und — ward nicht mehr gesehen. Um ein Haar hätte der Mann, der schon im Boot gewesen, in der allgemeinen Aufregung unbemerkt aber wieder nach oben geklettert war, bei dieser leichtsinnigen Exkursion sein Leben eingebüßt. Trotzdem konnte ich ihm nicht böse sein; ein ganzer Kerl war er doch!

Das Absetzen von der Bordwand gelang nur mit äußerster Kraftanstrengung, weil der Strudel des immer tiefer sinkenden Schiffes unser Boot krampfhaft an den Schiffskörper zog. Währenddessen erfolgte eine neue starke Explosion im Mittelschiff. Mehrere andere folgten kurz darauf, von dicken, schwefelgelben Rauchwolken begleitet. Wahrscheinlich hatte die Munition das erste Feuer gefangen. Wenn wir jetzt nicht bald das Weite suchten, konnten wir gewärtig sein, daß uns der ganze "Aud" um die Ohren flog. Mit wahrer Berserkerwut legten sich die Leute in die Riemen. Da donnerte ein Schuß übers Wasser, gleich hinterher noch einer. Der "Bluebell" hatte gesprochen. Wo die Granaten einschlugen, konnten wir nicht wahrnehmen, da der vordere Teil des "Aud", um den herum zu rudern wir bestrebt waren, schräg in die Luft ragte und uns vorläufig noch die Aussicht nach der anderen Seite behinderte. Wir sahen nur, wie von allen Seiten die auf der Reede kreuzenden Schiffe auf uns zugedampft kamen. Fast gleichzeitig aber hörten wir laute Schreie, die von unserm zweiten Boot kamen. Sollte der „Bluebell" am Ende — —? Wir wagten den Gedanken kaum auszusprechen, so grauenhaft war er.

Da jeder Widerstand nur zu gänzlich sinn- und zwecklosem Blutvergießen geführt hätte, weil wir wehrlos einer erdrückenden Übermacht von bewaffneten Feinden preisgegeben waren, hatte ich auf Anordnung meiner Vorgesetzten ausdrücklich Befehl gegeben, sofort eine weiße Flagge zu zeigen, falls es gelingen sollte, die Boote noch zu Wasser zu bekommen.

Dieser Befehl ist auch befolgt worden. Der „Bluebell" handelte also völkerrechtswidrig, wenn er jetzt noch auf uns schoß. Als wir wenige Augenblicke später um das brennende Schiff herumfuhren, gewahrten wir zu unserer Beruhigung, daß das andere Boot unbeschädigt geblieben war.

Immer höher reckte sich der „Aud" aus dem Wasser. Das Hinterschiff war schon ganz überspült. Eine Unmenge von Trümmern schwamm auf der Oberfläche. Merkwürdigerweise erfolgte keine weitere Explosion mehr. Die riesige Sprengladung hatte wohl ein solches Loch in die Schiffswand gerissen, daß das Wasser im Nu alles' überflutet hatte. Später stellte sich denn auch heraus, daß wir mit unserer Vermutung recht hatten.

Es mochten etwa 4—5 Minuten seit der ersten Detonation vergangen sein, als auf dem „Aud" ein dumpfes Poltern hörbar wurde. Die Ladung und die Kohlen gerieten ins Rutschen, die Masten zitterten bedenklich hin und her, dann hob sich das qualmende Vorschiff kerzengerade in die Höhe, und im nächsten Augenblick sank der „Aud", wie von unsichtbarer Hand nach unten gerissen, unter lautem Zischen in die Tiefe. Unsere gute, alte „L i b a u" war nicht mehr!

XX.

Baralong II?

Was nun mit uns geschehen würde, unterlag keinem Zweifel. Gefangenschaft war das günstigste, was wir erwarten durften. Waren die Engländer uns aber ungnädig gesinnt, dann würde es auch um uns bald geschehen sein. Während sich an der Untergangsstelle immer mehr Schiffe ansammelten, ruderten wir langsam auf den „Bluebell" zu. Fast glaubten wir unseren Augen nicht zu trauen, als wir beim Näherkommen bemerkten, was für einen Empfang man uns hier bereiten wollte. Mann an Mann stand die Besatzung, größtenteils mit Gewehr im Anschlag, an der Reling. Sämtliche Geschütze und Maschinengewehre des Hilfskreuzers waren auf uns gerichtet und folgten mit ziemlicher Genauigkeit jeder unserer Bewegungen. Waren die Engländer denn rein des Teufels?! Wäre die Situation nicht so schauderhaft ernst gewesen, man hätte wahrhaftig ein Lächeln des Mitleids für diese Menschen haben können, die sich nicht entblödeten, Anstalten zu treffen, um 22 wehrlose deutsche Soldaten wie die Hunde niederzuknallen. Oder fürchteten sie am Ende, wir könnten mit unseren zwei armseligen Rettungsbooten ihren stolzen Kreuzer rammen und zu entern versuchen? Man hätte es beinahe glauben können.

Um mich erkenntlich zu machen, richtete ich mich hoch auf und winkte mit der Hand. Das konnte vielleicht noch verhindern, daß im nächsten Augenblick eine Salve krachte. Da niemand auf mein Zeichen reagierte, rief ich, so laut ich konnte, in englischer Sprache hinüber, daß wir deutsche Marineangehörige seien, und daß wir den Schutz unserer weißen Flagge beanspruchten. Nach Verlauf einiger Minuten kam darauf von dem Kreuzer die Antwort: "Der Kapitän allein soll hier an Bord kommen!" Ich ließ daraufhin längsseit rudern.

Wir sahen unsere Feinde jetzt zum erstenmal aus direkter Nähe. Der Eindruck, den sie machten, war alles andere als vertrauenerweckend. Im Gegensatz zu der Mannschaft regulärer englischer Kriegsschiffe, die ich vordem und später gesehen habe, machte diese Hilfsschiffbesatzung den denkbar verwahrlosesten Eindruck. Nur ein Teil der Leute steckte in Uniform. Die übrigen Matrosen und Heizer, in buntfarbigen Hemden und Zivilkleidern, ungewaschen und unrasiert, hätten ebensogut zur Mannschaft eines kleinen Kohlentramps gehören können. Einer der Offiziere, scheinbar der Schiffsarzt, trug sogar eine braune Zivilhose zum schwarzen Uniformjackett. Noch viel wilder als das Äußere dieser Mannschaft war aber ihre martialische Bewaffnung. Wer kein Gewehr besaß, hatte irgendein anderes Mordinstrument in der Hand. Säbel, Messer, Pistolen, ja sogar Entermesser mit ungeheuren Körben, die wohl noch aus den ältesten Zeiten der englischen Marine stammen mochten, waren in bunter Reihenfolge vertreten. Diese ganze Aufmachung, die fortwährenden Drohrufe und nicht zuletzt die z. T. abschreckende Physiognomie vieler dieser Leute ließen mich nichts Gutes ahnen. Ich hatte schon, als ich aus dem Boot herausstieg und die Offiziere mit geladener Pistole jeden meiner Schritte verfolgten, das Gefühl, als ob ich im nächsten Augenblick hinterrücks ein paar Schüsse bekommen würde. Meine Leute haben mir später versichert, daß sie, während ich an Bord kletterte, genau das gleiche Empfinden gehabt hatten. Und das war wohl berechtigt, denn der "Baralong"-Fall war damals schon lange nicht mehr der einzige Schandfleck in der Geschichte englischer Seekriegführung, den man in Deutschland kannte und der in aller Herzen ebensoviel Verachtung wie Mißtrauen gegen die Engländer wachgerufen hatte.

Am Fallreep empfing mich ein kleiner, blutjunger Leutnant in voller Kriegsausrüstung. Er bedeutete mir, nach dem Achterdeck zu gehen. In dem Glauben, daß sein Kommandant dort mit mir sprechen wolle, tat ich dies. Mein Boot erhielt währenddessen Befehl, auf 50 Schritte Abstand vom „Bluebell" zu fahren. Die Besatzung bildete einen Halbkreis um mich, doch sorgte der Leutnant dafür, daß ein gemessener Abstand zwischen mir und ihnen blieb. Dann traten auf seinen Befehl sechs Mann unter Gewehr vor, die sich in knapper Entfernung von mir aufstellten. Merkwürdigerweise waren mit einemmal sämtliche Offiziere von Deck verschwunden. Durch einen Zufall gewahrte ich kurz darauf den Schiffsarzt, wie er auf dem Oberdeck neugierig hinter einem Scheinwerfer hervorguckte. Eine dunkle Ahnung beschlich mich. Sollte es wirklich möglich sein, daß die Engländer das Völkerrecht so mißachteten? Noch wollte und konnte ich es nicht glauben. Die nächsten Minuten aber belehrten mich schon, daß ich mit meiner Ahnung recht behalten sollte!

Ich stand am äußersten Ende der Schanze, direkt vor dem Flaggenstock. Mit etwas zitteriger, gedämpfter Stimme gab der Leutnant einen Befehl. Die sechs Mann, die im Halbkreis vor mir standen, brachten ihre Gewehre in Ordnung. Wie schon fortgesetzt vorher, erging sich die dahinterstehende Besatzung jetzt in einer wahren Flut von Drohrufen und Beschimpfungen gemeinster Art gegen mich, ohne daß irgend jemand sie daran zu hindern versuchte. „Schießt ihn nieder, dieses deutsche Schwein! — Schlagt ihn tot, den Hund! Der ist das Pulver nicht wert!" Das waren noch lange nicht die schlimmsten Ausdrücke, deren sich diese Horde bediente. Kein Zweifel, hier ging's um Kopf und Kragen. Ich sollte ohne jegliches Verhör niedergeknallt werden, und hinterher kamen wahrscheinlich meine braven Leute an die Reihe. Ich ersuchte deshalb den Leutnant in höflichem, aber bestimmtem Ton, mich sofort vor seinen Kommandanten zu führen, bevor er weitere Schritte unternähme. Als Antwort erscholl von seiten der „Bluebell"-Mannschaft ein höhnisches Gelächter, vermischt mit weiteren Unflätigkeiten ordinärster Art. Der

Leutnant sagte etwas zu seinen Leuten, was ich nicht verstehen konnte, worauf einige derselben das Gewehr in Anschlag brachten. Die anderen machten sich noch mit dem Verschluß zu schaffen. Es schien so, als ob die Mannschaft des "Bluebell" das grausige Schauspiel gar nicht abwarten konnte, denn jetzt fingen die Kerle an zu pfeifen und zu trampeln. "Holt die andern Piratenhunde auch gleich heran!" riefen sie in einem fort.

Meine Leute in den Booten, die diesen Vorgang aus nächster Nähe mit ansehen mußten, fingen an, unruhig zu werden und machten Miene, an Bord zu kommen. Ich gab ihnen durch Zeichen zu verstehen, daß sie keine Unvorsichtigkeiten begehen sollten, die vielleicht alles verderben konnten. Dann raffte ich meinen ganzen englischen Sprachschatz zusammen und verlangte von dem Offizier nochmals auf das energischste, vor seinen Kommandanten geführt zu werden, mit dem Hinweis, daß wir rechtmäßige Soldaten seien und laut Völkerrecht als solche behandelt zu werden verlangten.

Unschlüssig stand der Leutnant vor mir und sah, wie hilfesuchend, bald nach mir, bald nach hinten zu seinen Leuten, als ob er von dort eine Entscheidung erwarte. Da kam mir ein rettender Gedanke. So laut, daß man es auf der Kommandobrücke des "Bluebell" hören mußte, rief ich dem Leutnant zu: "**Wenn Sie, statt uns wie reguläre Kriegsgefangene zu behandeln, hier einen zweiten 'Baralong'-Fall provozieren wollen, dann melden Sie vorher noch schnellstens Ihrem Kommandanten, daß die deutsche Regierung für jeden einzelnen von uns, den Sie unrechtmäßig erschießen, zwei englische Offiziere erschießen lassen wird. Wenn Sie vor Gott und Ihrem Gewissen diesen Mord, den Sie vorhaben, verantworten zu können glauben, dann tun Sie jetzt, was Sie nicht lassen können! Ich habe Ihnen weiter nichts mehr zu sagen!"**

Das machte sichtlich Eindruck auf die Engländer, denn alles Geschrei verstummte plötzlich, und der Leutnant sagte nach einigem Zögern etwas im Flüsterton zu seinen Leuten, worauf diese die Gewehre herunternahmen. Gleichzeitig schickte er einen Mann mit einem Auftrag nach vorn. Die „Bluebell"-Mannschaft begleitete diese Maßnahme mit wüstem Zischen und Pfeifen und erneuten Drohrufen. Es dauerte etwa zehn Minuten, bis der Mann zurückkam und dem Offizier eine Meldung ins Ohr tuschelte. Der Leutnant rief darauf meine Boote längsseit und befahl den Leuten, an Bord zu kommen. Dann wurden wir gründlich durchsucht, und die Engländer erlebten dabei die grobe Enttäuschung, daß wir weder Waffen noch irgendwelche geheimen Papiere bei uns hatten. Als einer meiner Leute gefragt wurde, ob er noch Waffen besäße, antwortete er mit einem lauten „Ja". Die Frage „Wo?" beantwortete er finster mit einem Fingerzeig auf seine hohen Seestiefel. Vorsichtig tasteten die Engländer an seinen Beinen entlang, während zwei Mann ihn bei den Armen gepackt hielten. Er schien ihnen besonders gefährlich zu sein. Voller Spannung verfolgten wir diesen Vorgang. Und was holten die Engländer heraus? — Eine riesige Zervelatwurst, die der gute Bruns als „Proviant" mit in die Gefangenschaft nehmen wollte! Mit wütenden Püffen stießen sie ihn beiseite.

Dann wurden wir nach unten gebracht. Von meinen Leuten wurde ich getrennt. Jetzt erschienen auch wieder die Offiziere, und der kleine Leutnant versicherte mir ein ums andre Mal in gewissermaßen entschuldigendem Tone, „er hätte vorhin nur seinen Befehl ausführen müssen"! Die Maschinen des „Bluebell" fingen an zu arbeiten, wir fuhren scheinbar in den inneren Hafen. Eine halbe Stunde später holte uns eine Barkasse ab und brachte uns mit riesiger Eskorte auf den in der Nähe liegenden Kreuzer „Adventure", das Flaggschiff des dortigen Flottenverbandes. Offiziere und Besatzung standen neugierig an Deck. Der Empfang war äußerst kühl.

Ich hatte noch Gelegenheit, meine Leute zu warnen, sich

auf keinerlei Gespräche oder Verhöre einzulassen, vor allem sich nicht betrunken machen zu lassen. Dann wurden sie nach vorn und ich mit meinen Steuerleuten in die Achterbatterie in einer Verschlag gebracht, wo man uns streng bewachte.

Die Verpflegung war gut. Auch die Behandlung seitens einzelner Offiziere war von jetzt ab durchaus höflich. Der Kommandant und der Erste Offizier des Schiffes ließen es in nichts an Takt fehlen. Es bedarf natürlich keiner Erwähnung, daß ihr Entgegenkommen nicht nur auf rein menschlichem Mitgefühl mit uns beruhte. Dafür lag den Engländern zu viel daran, aus uns Näheres herauszubekommen. Ich habe aber doch die feste Überzeugung, daß ihre anerkennenden Worte, „unsere Expedition sei smart gewesen", ehrlich gemeint waren.

Nachmittags wurden wir mit einem Dampfer nach Spyke Island gebracht, einer kleinen, als Fort ausgebauten Insel, die mitten im Hafen lag. Aus Gesprächen und dem aufgeregten Hin- und Herstürzen von Ordonnanzen schlossen wir, daß draußen ernste Dinge vor sich gehen mußten. Man brachte uns vom Kreuzer weg, aus Furcht, die Iren könnten uns zur Flucht verhelfen, da er so dicht an der Mole lag. War die Revolution schon ausgebrochen? Wo mochte denn nur Roger Casement stecken? —

Unsere Eskorten wurden zusehends umfangreicher. Acht Offiziere und beinahe eine ganze Kompagnie brachten uns paar Menschen nach dem Fort. Auf dem Wege wurde uns von der irischen Bevölkerung verschiedentlich ermunternd zugerufen. Das gab mir die Hoffnung, daß man uns vielleicht noch heraushauen würde. Darum wohl auch die starke Eskorte. In schwer vergitterten Räumen wurden wir, natürlich immer getrennt, untergebracht. Doppelposten bewachten die Eingänge. Mehrere hohe Mauern verboten jegliche Aussicht. Ein als Pfarrer verkleideter Mann besuchte uns in dem Verließ, in dem sich außer einer eisernen Bettstelle und einem rohgezimmerten Tisch keinerlei Inventar befand. Ich hatte das Gefühl, daß unsere Erschießung nun innerhalb dieser Mauern stattfinden würde. Der Pfarrer sollte uns wohl den letzten Trost spenden.

Meine Sorge stellte sich jedoch bald als unbegründet heraus. Der Mann, der wohl nie ein Pfarrer gewesen war, verriet durch seine ungeschickten Fragen nur zu schnell, daß er uns aushorchen wollte. Als er mir schließlich „im Vertrauen" zuflüsterte, er sei ein begeisterter Ire (!), wußte ich genug. Der Aufenthalt im Fort dauerte zum Glück nicht lange. Nach Verlauf von zwei Stunden wurden wir wieder auf den Kreuzer gebracht. Ich hatte das Gefühl, daß die englischen Behörden in ihrer Aufregung nicht recht wußten, wo sie uns am sichersten unterbringen konnten. Auf dem Kreuzer blieben wir volle zwei Tage.

Ich hatte während dieser Zeit Gelegenheit, den ungeheueren Unterschied zwischen diesem Schiff und dem „Bluebell" festzustellen. Disziplin, Ordnung und Sauberkeit auf dem „Adventure" waren musterhaft. Die Offiziere und Mannschaften, mit denen ich zusammenkam, waren höflich, aber streng dienstlich. Ich erwähne das besonders darum, weil ich noch des öfteren Gelegenheit hatte, neben einigen anständig gesinnten englischen Offizieren und Mannschaften eine weit größere Anzahl kennenzulernen, deren Taktlosigkeiten und Gehässigkeiten einem wehrlosen Gefangenen gegenüber ihresgleichen suchen.

Währenddessen sickerten Nachrichten durch, daß die irische Revolution in vollem Gange sei. Aus einer Zeitung, die ich mir trotz meiner Wächter zu verschaffen wußte, konnte ich entnehmen, daß Roger Casement gefangen war. Mehr stand leider nicht darin. Wohl fand ich noch eine andere, scheinbar absichtlich gefälschte offizielle Mitteilung, die besagte, daß ein maskierter deutscher Hilfskreuzer, der versucht hätte, Waffen und Munition für die irischen Rebellen zu landen, im Hafen von Queenstown untergegangen sei, und daß sich Roger Casement unter der gefangengenommenen Besatzung befände! Das letztere war eine Lüge; dagegen sagte die erste Notiz leider nur zu deutlich, daß die Engländer genau Bescheid wußten. Unsere Lage war dadurch äußerst kritisch geworden.

Mehrere Male wurde ich „zu einem Gläschen Whisky", alias Verhör, zum Ersten Offizier „befohlen". Der ganze Stab des Schiffes war dort versammelt. Zum größten Leidwesen der Engländer lehnte ich den Whisky dankend ab und trank mit Ausdauer Kaffee, wofür die Herren kein Verständnis hatten. Ihre zahllosen Fragen beantwortete ich damit, daß ich ihnen die für unsere Situation notwendigen Bären aufband. So erzählte ich u. a., ich hätte Waffen und Munition für unsere Schutztruppe in Afrika an Bord, schwere Geschütze usw., die ich nach dem Passieren ihrer Blockade aufmontieren wollte, um Kaperkrieg zu führen, und ähnliches mehr. Im Laufe dieser Gespräche erhielt ich auch meine Vermutung bestätigt, daß die „Bluebell"-Leute hauptsächlich darum so wütend gewesen waren, weil ihnen das hohe Prisengeld — die von der englischen Admiralität ausgesetzte Belohnung für das sichere Einbringen des „Aud" — durch unseren Streich entgangen war.

Am Abend des nächsten Tages lichtete der „Adventure" die Anker. Ich hatte inzwischen die Kammer des Ersten Offiziers bezogen, die dieser mir zur Verfügung gestellt hatte. Ein Posten kam herein und schraubte die Blenden vor die Bullaugen, damit ich nicht mehr hinaussehen konnte. Aha! Wir passierten also gleich die Untergangsstelle des „Aud".

Unter fortwährendem Hin- und Hermanövrieren, das mir eine Ewigkeit dünkte, klemmte sich der Kreuzer, wie ich durch eine Ritze sehen konnte, dicht am Feuerschiff vorbei auf die offene See hinaus. Zahlreiche Fahrzeuge machten sich an der Unfallstelle zu schaffen. Der „Aud" lag anscheinend also sehr gut, denn wenn ein so kleines Schiff wie der „Adventure" schon soviel Schwierigkeiten hatte, um die Stelle zu passieren, wieviel mehr mußte das dann erst bei großen Schiffen der Fall sein. Wenn mich nicht alles getäuscht hatte, waren auch Taucher am Werke gewesen. Na, viel konnten sie da nicht sehen, denn in dieser Tiefe konnte ein Taucher nicht viel mehr wollen. Darum hielt ich auch eine Hebung des Schiffes für ausgeschlossen, zumal der „Aud" bei der starken Unterströmung bald versanden mußte.

XXI.

Soldat oder Pirat?

Gegen 5 Uhr morgens wurde ich an Deck geholt. Wir lagen im Hafen von Mylfordhaven, an der Südwestküste Englands. Eine starke Seesoldateneskorte, die in aller Eile von Chatham, unterhalb London, nach hier geschickt war, holte uns ab. Achtzehn volle Stunden dauerte die ungemütliche Bahnfahrt mit dem Extrazuge. Unsere Verpflegung bestand während des ganzen Tages aus zwei Scheiben Brot, auf dem die Butter eben angedeutet war. Das Wetter war kalt und regnerisch. Wir froren an allen Gliedern. Wohin die Fahrt ging, konnte ich nicht in Erfahrung bringen. Auf verschiedenen Bahnstationen kam das Publikum an die Wagenfenster und schrie und spie uns in der gemeinsten Weise an, so daß unser englischer Hauptmann wütend die Gardinen vorzog. Die Gänge unserer beiden D-Zugwagen waren voll mit Soldaten unserer Eskorte besetzt. Auf die Fragen des Publikums, wohin man uns brächte, hörte ich wiederholt antworten: „Nach London. Sie sollen im Tower erschossen werden!" Das klang wenig hoffnungsvoll.

Bei stockdunkler Nacht langten wir nach Mitternacht in Chatham an. Erkennen konnte man nichts. Alles war abgeblendet, weil kurz zuvor ein Zeppelinangriff stattgefunden hatte. Nur das Klappern von Gewehren und Bajonetten war vernehmbar. Hier und da unterbrach ein gedämpfter Kommandoruf die Stille. Wir wurden von einem Trupp Marinesoldaten umringt, und dann ging's im Marschschritt über dunkle Straßen und Wege zur Kaserne. Vor einem großen Gebäude machten wir halt. Meine Mannschaft war in einer anderen Richtung abgeführt worden. Nur die beiden Steuerleute hatte man bei mir gelassen. Wir wurden zwei Treppen hoch gebracht.

Mit unheimlicher Ruhe ging das alles vor sich. Mehrere Zellen wurden aufgeriegelt. Die mittlere war für mich bestimmt. Kaum hatte ich sie betreten, als auch schon der Riegel vorgeschoben wurde; ein schwerer Schlüssel drehte sich knirschend im Schloß herum; ich war mir selbst überlassen.

Schon früh am nächsten Morgen erhielt ich Besuch von einem Admiral mit seinem Adjutanten. Dieser Herr hielt es nicht für nötig, meinen Gruß zu erwidern. Ich beantwortete deshalb seine Fragen kurz und barsch, so daß er bald wütend von dannen zog.

Der Tag wurde mir, wie auch alle folgenden, endlos lang. Zwischen vier kahlen Wänden, ohne Bücher, Schreibmaterial, Zeitungen oder etwas ähnliches kann man sich eben nicht beschäftigen. Um die trüben Gedanken zu verscheuchen, versuchte ich's mit Freiübungen, doch blieb ich den größten Teil des Tages darauf angewiesen, meinen Gedanken nachzuhängen. In der nun folgenden Nacht konnte ich zufällig ein Gespräch meiner Wächter belauschen, die direkt vor dem Guckloch meiner Zellentür standen. Sie sprachen von einem Angriff der deutschen Flotte auf Lowestoft. Zu meiner Freude konnte ich aus ihrer Unterhaltung entnehmen, daß die Engländer dabei schlecht abgeschnitten hatten.

Wohl zwanzigmal des Nachts kam eine Ronde in die Zelle, überzeugte sich, daß ich mich noch nicht aufgehängt hatte, und verschwand dann wieder mit lautem Schlüsselgerassel. Zwischendurch sah der Doppelposten vor meiner Tür alle paar Minuten durchs Guckloch. Als ich die Zelle zum erstenmal betreten hatte, war mein erster Gedanke gewesen: „Wie kannst du hier wieder herauskommen?" Leider hatte ich schon bald einsehen müssen, daß hier nicht die geringste Möglichkeit zu einer Flucht bestand. Selbst das Allernotwendigste, ein Messer, fehlte mir. Zu den Mahlzeiten, die gut und reichlich waren, bekam ich nur einen Löffel. Gabel und Messer fand man wohl zu gefährlich für mich. Das Fleischschneiden war infolgedessen eine Kunst. Aber es ging schließlich doch auch mit dem Löffel Und da damit die Zeit verging, dehnte ich dieses Manöver solange wie möglich aus.

Das Unangenehmste an dieser Gefangenschaft war, daß ich

zuviel Zeit hatte, um über unser Schicksal nachzudenken. Keine Ahnung, was draußen vor sich ging; keine Ahnung, was mit meinen Leuten und mit mir selbst nun geschehen sollte! Hatte man wirklich die Absicht, uns zu erschießen oder wollte man uns bis zum Kriegsende hinter diesem Gitter halten? Meine Fragen hiernach blieben ebenso unbeantwortet wie meine Proteste.

Ich hatte in Erfahrung gebracht, daß rechts von mir in einem wohnlich eingerichteten Zimmer der wachhabende englische Offizier wohnte und an der linken Seite meiner Zelle der Feldwebel der Wache. In den rechts und links daran anschließenden Zellen steckten meine Steuerleute. Es war also unmöglich, durch die Wand hindurch Signale zu geben.

Als ich am nächsten Morgen aufstehen wollte, war mein Zeug verschwunden; Uniform, Wäsche, Schuhe, kurz alles, was ich abgelegt hatte, war weg. Gerade wollte ich klopfen, um nach dem Grunde zu fragen, da erschien ein englischer Maat und erklärte mir, die Sachen seien noch beim Schneider und Schuhmacher, wo sie wieder zusammengeflickt würden. Man hätte über Nacht alles auseinandergenommen und eine große Menge englischer, norwegischer und dänischer Banknoten in den Sachen gefunden. Es sei für mich besonders belastend, daß ich das Geld im Futter eingenäht hatte. Geheimpapiere hätten sie leider nicht gefunden, setzte er mit bedauernder Miene hinzu. Nun war es also auch mit Bestechungsversuchen vorbei. Das nannte man Pech. Nachdem ich meine Sachen wiederbekommen hatte, wurde ich nach unten gebracht. Die Eskorte wartete schon, um uns zum Bahnhof zu bringen. Unterwegs schlossen sich meine Leute mit einer zweiten Eskorte an. Ich freute mich, daß sie guten Mutes waren. Sie ahnten noch gar nicht, was auf dem Spiele stand.

Der Pöbel von Chatham benahm sich so ordinär gegen uns, daß die englischen Soldaten wiederholt einschreiten mußten. Mit dem Schnellzug ging's nach London, wo wir von zwei offenen Lastautos am Bahnhof abgeholt wurden. Die ganze Aufmachung glich der eines Viehtransportes, den man zum Schlachthof bringt. Vor dem Scotland Yard, dem berüchtigten Londoner Polizeipräsidium, wurde haltgemacht. Hier sollten wir verhört werden. Eine große Menschenmenge empfing uns mit Pfui= und Drohrufen. Man schien allgemein in großer Aufregung zu sein.

Wie zu erwarten stand, war der Empfang im Scotland Yard eisig kühl und unfreundlich. Ich wurde sofort vor die hohe Admiralität geführt. Drei Seiten des großen Zimmers, das ich betreten mußte, waren vollbesetzt mit Seeoffizieren, Generalstäblern, Kriminalbeamten und Detektiven. Auch der Polizeipräsident von London war anwesend. Der englische Commander Brandon und sein Kollege, Hauptmann Trench, die s. Zt. in Deutschland wegen Spionage mehrere Jahre im Zuchthaus gesessen hatten, fungierten als Dolmetscher und Beisitzer dieses Tribunals. Da der Hauptmann Trench nicht nur schlecht, sondern scheinbar auch absichtlich falsch übersetzte, lehnte ich seine Vermittlung ab und sprach in der Folge Englisch.

Jeder von uns kam einzeln heran. Mir fühlten sie natürlich ganz besonders auf den Zahn. Mit allen Mitteln versuchten sie uns auszuquetschen, mit Freundlichkeiten und mit Drohungen schlimmster Art. Von meinen Leuten bekamen die Engländer natürlich dieselben Märchen zu hören wie von mir. Auch an komischen Zwischenfällen fehlte es nicht. So z. B. antwortete einer meiner Leute, ich glaube, es war der Matrose Schabbel, auf die Frage nach der deutschen Flotte nach längerem Besinnen: „Ja, das kann ich Ihnen ganz genau sagen. Sie ist schon seit langem unterwegs, um die englische Flotte zu suchen, hat sie aber bis jetzt noch nicht finden können." Daß die Engländer uns darob nicht grün waren, konnten wir ihnen nicht verdenken.

Gleich zu Anfang des Verhörs hatte ich dem Vorsitzenden dieses Tribunals, einem Kapitän zur See, mit Nachdruck erklärt, daß er von mir und meinen Leuten keine Antwort erwarten dürfe, die auch nur im entferntesten geeignet sein könnte, unseren deutschen Interessen zu schaden. Da er trotzdem nicht aufhörte mit Fragen aller Art, durfte es ihn hernach nicht wundern, daß wir ihm Falsches erzählt hatten.

Im Verlauf des Verhörs stellte sich leider heraus, daß die

Engländer nicht nur Wind von der Ankunft der „Libau" bekommen hatten, sondern daß sie fast bis in alle Einzelheiten über sämtliche Vorgänge orientiert waren. Besonders genau kannten sie die Vorbereitungen zu unserem Unternehmen.

Verrat! Spionage! Ich zerbrach mir vergeblich den Kopf, wie und wo das möglich gewesen sein konnte. Was die Engländer mir von meinem Aufenthalt in den verschiedenen deutschen Hafenstädten und in Berlin erzählten, ließ darauf schließen, daß ein Spion oder eine Spionin mir s. Zt. auf Schritt und Tritt gefolgt sein mußte. Ich stand vor einem Rätsel. Auf wiederholte Fragen nach Sir Roger Casement erklärte ich immer wieder, diesen Mann überhaupt nicht zu kennen. Darauf las man mir aus einem großen Schriftstück einige Stellen vor, die genau denselben Wortlaut hatten wie mein Geheimbefehl! Den meinigen hatte ich eigenhändig verbrannt. Es konnte also nur das einzige noch vorhandene Exemplar aus Casements Besitz sein!

Sollte ich noch weiter leugnen? — Ja, es mußte sein. Schon im Interesse meiner Leute, denn aus dem Verhalten der Engländer war zu schließen, daß sie meine Besatzung genau so völkerrechtswidrig zu behandeln gedachten wie mich selbst.

Daß Casement gefangen war, wußte ich. Es war mir aber unbekannt, wo man ihn gefangenhielt. Wohl um zu bluffen, sagte mir der englische Kapitän, daß Casement im Zimmer nebenan als Gefangener säße und daß ich ihm in wenigen Minuten gegenübergestellt werden sollte. Leugnen meinerseits hätte keinen Zweck mehr. **Casement hätte, um seinen Kopf zu retten, alles verraten!** Ich mußte mich zusammennehmen, um mir nicht anmerken zu lassen, wie sehr diese Mitteilung auf mich wirkte. Zum Glück behielt ich mich in der Gewalt. Bluff wider Bluff! Hier konnte nur die größte Dreistigkeit helfen. Darum antwortete ich ruhigen Tones, daß mir eine baldige Gegenüberstellung mit Casement sogar sehr erwünscht wäre, damit die englische Admiralität sich selbst überzeugen könne, daß wir uns völlig unbekannt seien.

Es war ein gewagtes Spiel, das ich jetzt trieb. Hatte Casement wirklich alles verraten, dann waren wir verloren. Im anderen Falle konnte meine Unverschämtheit vielleicht zu unserer Rettung beitragen. Verdutzt sahen sich die Engländer eine Weile an, dann richteten sich aller Augen auf mich. Man suchte aus meinem Mienenspiel zu lesen, wie der Name Casement auf mich wirkte. Eine lange peinliche Pause entstand, während welcher ich mir die größte Mühe geben mußte, ein gleichgültiges Wesen zur Schau zu tragen. Endlich nahm das Verhör seinen Fortgang. Und — aus der Gegenüberstellung mit Casement wurde nichts! Weder an diesem Tage noch später. Die Art und Weise, wie die Engländer das Verhör handhabten, veranlaßte mich wiederholt, ihnen zu erklären, sie sollten nicht vergessen, daß sie einen deutschen Offizier und deutsche Soldaten vor sich hätten. Ich hatte ihnen gesagt, daß ich eine versiegelte Order bei mir führte, die ich erst nach Verlassen der deutschen Gewässer öffnen durfte. Daraus sollten sie ersehen, daß meine Leute von nichts eine Ahnung hatten, als sie mir folgten. Der englische Kapitän entrüstete sich darauf voller Wut, weil ich diesem Befehl Folge geleistet hatte! Ich hätte, sagte er, nachdem ich den Befehl gelesen, sofort umkehren und mich weigern müssen, einen solchen Auftrag auszuführen!! Eine solche unverschämte Zumutung konnte ich natürlich nur mit einem verächtlichen Achselzucken beantworten und mit der Bemerkung, daß so etwas vielleicht in England, aber niemals in Deutschland möglich sei, wo jeder Soldat, ohne mit der Wimper zu zucken, jeden Befehl seiner Vorgesetzten unverzüglich ausführe.

Nach dieser Debatte wurde ich in einen Nebenraum geführt, von mehreren Detektivs sorgsam bewacht. Es war den Engländern nicht möglich, mir nachzuweisen, daß ein geheimer Verkehr zwischen uns und den Iren in Tralee stattgefunden hatte. Sie mochten darum wohl selbst zu der Überzeugung gekommen sein, daß sie uns nicht, wie angedroht, erschießen oder erhängen konnten, ohne in gröblichster Weise gegen das Völkerrecht zu verstoßen. Deshalb suchten sie nach einem andern Grund, um ihre Wut an mir auszulassen und mich fassen zu können. Als ich wieder hereingeführt wurde, eröffnete mir der englische Kapitän, daß ich erschossen werden müßte, weil ich mein Schiff gesprengt hätte, nachdem ich bereits gefangen war!

Das war natürlich reiner Unsinn. Als ich den Engländern folgte, war ich noch lange nicht gefangen, vielmehr war ich als neutraler Schiffer lediglich ihrer Aufforderung, zu folgen, nachgekommen, weil mir keine andere Möglichkeit blieb. Trotzdem betonte jetzt der englische Kapitän in einem fort, daß nicht sie es seien, sondern einzig und allein wir selbst, die das Völkerrecht unter Mißbrauch einer neutralen Flagge mißachtet hätten. Wir hätten deshalb keinen Anspruch darauf, als Soldaten behandelt zu werden, sondern müßten jetzt das Los erwarten, das jedem Piraten seit altersher zuteil wurde: erhängen oder erschießen. Ich versuchte es auch hier noch einmal mit der Drohung, die deutsche Regierung würde Repressalien nehmen. Dann war das Verhör beendet. Bevor ich jedoch abgeführt wurde, versicherte mir noch der englische Kapitän, daß er mich von jetzt ab nicht mehr wie einen Offizier behandeln lassen könne, weil ich ihm nicht die Wahrheit gesagt hätte! Diese Engländer hatten wirklich eine etwas naive Auffassung von der Ehre und dem Pflichtgefühl eines deutschen Offiziers!

In Chatham angekommen, mußte ich leider schon bald merken, daß der englische Kapitän keine leeren Worte gesprochen hatte. Die Behandlung, die mir von nun an zuteil wurde, ließ außerordentlich zu wünschen übrig. Von der soviel gepriesenen Ritterlichkeit der Engländer ihren gefangenen Feinden gegenüber habe ich hier nichts bemerken können. Und so blieb es auch für die Folge, trotz aller Proteste meinerseits.

Eine lange Reihe von Tagen blieben wir noch in dieser Einsamkeit, ohne zu wissen, was mit uns geschehen sollte. Diese Zeit quälender Ungewißheit wird uns allen zeitlebens unvergeßlich bleiben. In meiner Zelle wurde ich noch mehrere Male verhört. Aus der immer strenger werdenden Bewachung und dem ständigen Geflüster und Getuschel der Wachmannschaften, ihren scheuen Blicken, die sie nach mir hinüberwarfen, wenn sie sich beobachtet fühlten, glaubte ich schließen zu müssen, daß es um uns ernst bestellt war.

An vier aufeinanderfolgenden Nächten fanden Zeppelinangriffe auf London statt, wobei auch Chatam seinen Teil abbekam. Die Aufregung der Engländer läßt sich kaum beschreiben. Ich war allmählich so abgestumpft worden, daß ich mich um dies alles kaum noch kümmerte.

Nach langen qualvollen Tagen wurden wir endlich aus dieser nervenzerrüttenden Haft erlöst. Ich hatte schon alle Hoffnung aufgegeben. Eines frühen Morgens holte uns eine Eskorte ab und brachte uns zuerst nach London und dann in ein Offizierslager. Wie ich hörte, war die übrige Mannschaft schon tags zuvor abtransportiert worden. Als wir nach langer Bahnfahrt in Donington Castle, in der Nähe von Derby, anlangten, erfuhren wir endlich, daß wir ins Lager Donington Hall gebracht werden sollten. Man hatte also wohl eingesehen, daß man uns rechtmäßig doch nichts anhaben konnte. Immerhin war ich erst überzeugt davon, als ich von weitem die ersten deutschen Uniformen sah, die sich durchs Lager bewegten. Bis dahin war ich immer noch auf irgendeine neue, unangenehme Überraschung gefaßt, da die Begleitmannschaft im Gegensatz zu ihrer bisherigen Gewohnheit, zum Überfluß noch mit Handschellen ausgerüstet war.

Eine gute halbe Stunde dauerte der Weg zum Lager, dann schlossen sich mit lautem Krach die großen Tore hinter uns. Eine große Anzahl englischer Offiziere und Tommies nahm uns als „besonders schwere Verbrecher" in sicheren Gewahrsam. Kurz nach meiner Einlieferung in Donington Hall begann das Kriegsgericht gegen Roger Casement, das mehrere Monate dauerte und mit der Verurteilung Casements endigte. Die Fahrt des „Aud" war während dieser Zeit für Regierung und Presse Gegenstand fortgesetzter Erörterungen. Wie ich z. T. durch die Verhandlungen und später durch den Führer des U-Boots erfuhr, hatte Sir Roger Casement am Spätabend unserer Ankunft die Traleebucht erreicht. Das U-Boot hatte von weitem im Dunkeln die Umrisse des „Aud" bei Innishtooskert gesehen, sie aber für die eines englischen Zerstörers gehalten. Um nicht von uns entdeckt zu werden, ist es eiligst auf nördlichen Kurs und dann an der gegenüberliegenden Küste entlanggefahren und hat Casement und seine Begleiter dort mit einem Faltboot an Land gesetzt, worauf es auf demselben Wege sofort die Rückfahrt antrat.* Casement muß sich während des Restes der Nacht in unmittelbarer Nähe der Landungsstelle aufgehalten haben, denn er wurde am frühen Morgen wenige Schritte davon unter einem Strauch entdeckt. So wenigstens berichteten die englischen Zeitungen. Seine Verhaftung hatte unter den Iren solche Erregung hervorgerufen, daß keiner wagte, sich mit uns in Verbindung zu setzen. Casements Verhaftung brachte die irische Revolution zum Ausbruch. Da aber den Iren das Notwendigste, Waffen und schwere Artillerie, fehlte, mußte der Aufstand, so blutig und schwer er war, fruchtlos scheitern. Sir Roger Casement wurde zum Tode durch den Strang verurteilt. Am 3. August wurde die Hinrichtung vollzogen. Die glänzende Verteidigung, die Casement z. T. selbst führte, hatte ihm leider nichts genützt. Er starb als ein ganzer Mann mit dem Bewußtsein, daß sich durch seinen Tod der Gedanke, für den er gekämpft und gelitten, in den Herzen der Iren noch tiefer als bisher eingraben und sie dadurch der Freiheit bald näher bringen würde.

---

* Der U=Boot-Führer hatte, aus mir unbekannten Gründen, lediglich den Auftrag gehabt, Casement nach Tralee zu bringen und dort nach seinen Anweisungen zu handeln. Von unserer Existenz wußte der U=Boots=Kommandant überhaupt nichts. Von ihm und seinen Offizieren erfuhr ich nur, daß Casement während der Fahrt und besonders gegen Schluß derselben sehr verschlossen und meist für sich allein war. Es ist unaufgeklärt und wird wohl ewig ein Geheimnis bleiben, warum Casement den U=Boot-Führer nicht veranlaßt hat, nach uns Ausschau zu halten und auf die verabredeten Signale zu achten, die ich selbst mit ihm vereinbart hatte. Das ist um so unerklärlicher, als Casement die Umrisse unseres „Aud", des vermeintlichen Zerstörers, selbst mit entdeckt hat.

XXII.

Vergebliche Fluchtversuche.

Während der nun folgenden langen Zeit der Gefangenschaft war mein ganzes Sinnen und Trachten darauf gerichtet, eine günstige Gelegenheit zu erkunden, um möglichst bald aus dieser unerträglichen Lage wieder herauszukommen.

Der Prozeß gegen Roger Casement, der im April begann, lieferte den Beweis, daß es für die Engländer keine Schranken gab in der Anwendung ihrer Mittel, um bezüglich der Vorbereitungen zur irischen Revolution das herauszubekommen, was sie trotz ihrer ausgedehnten Spionage noch nicht in Erfahrung gebracht hatten. Der Sergeant Bailey, auf dessen Treue Casement so bestimmt gerechnet hatte, war aus Angst um seinen Kopf zum Verräter geworden.

Völkerrechtlich konnten die Engländer mir und meinen Leuten nichts anhaben. Das wußte ich genau. Ich wußte aber auch ebenso genau, daß das Völkerrecht uns keinerlei Schutz bot, wenn es den Engländern einfallen sollte, mit uns das zu machen, was s i e für gut befanden. Es wäre nicht das erstemal in diesem Kriege gewesen, daß die Engländer sich über die elementarsten Gesetze des Völkerrechts hinweggesetzt hätten, da man in England, wenn es nötig ist, bekanntermaßen nur ein Recht kennt. Und das ist das englische! Solange daher der Prozeß gegen Casement dauerte, mußte ich auf allerlei neue Überraschungen gefaßt sein. Darauf durfte und wollte ich es

aber nicht ankommen lassen, denn ich verspürte nicht die mindeste
Lust, das Los Casements zu teilen, das ihm aller Voraussicht
nach bevorstand, und demnächst zur Befriedigung der Rache=
gelüste englischen Pöbels an einem Galgen im Tower zu hängen.

Wo immer nur sich eine Gelegenheit bot, durchstreifte
ich möglichst unauffällig das Lager, kletterte in die entlegen=
sten Dach= und Kellerräume des alten, verfallenen Schlosses
und prüfte die ausgedehnte Stacheldrahtumzäunung auf ihre
schwächsten Stellen. Dabei mußte ich leider die Entdeckung
machen, daß es — zum mindesten — ungeheuer schwierig war,
aus diesem Gefängnis unbemerkt herauszukommen. Donington
Hall war um die damalige Zeit das bestbewachte und gegen
Fluchtversuche am stärksten gesicherte englische Gefangenenlager.
Den Namen „Schloß" verdiente das Gebäude nur bei Betrach=
tung aus der Ferne, das Innere von Donington Hall glich viel
eher dem einer Mietskaserne als dem ehemaligen Aufenthaltsort
der Grafen Hastings.

Seit der Flucht des Kaptlt. Plüschow im Juli 1915 war es
keinem Gefangenen mehr geglückt, von hier zu entkommen, trotz=
dem es an vielen und z. T. sehr geschickt angelegten Versuchen
nicht gefehlt hatte. Erschwerend kam noch hinzu, daß sich auch
die Möglichkeiten des Weiterkommens nach Verlassen des Lagers
gerade im letzten Halbjahr ganz erheblich verringert hatten.
Die Bewachung innerhalb des Landes, besonders auf den
Hauptverkehrsstraßen, den Bahnhöfen und, was das wesentlichste
war, in den Dockanlagen der Hafenstädte, hatte eine solche Ver=
schärfung erfahren, daß es nahezu unmöglich geworden war, über=
haupt noch durchzukommen. Hinzu kam noch die immer strenger
werdende Paßkontrolle und die inzwischen erfolgte Einführung
von Lebensmittelkarten nach deutschem Vorbild, ohne welche es
unmöglich war, unterwegs irgendeinen Bissen zu erhalten.

Wenn ich darum den Versuch machte, mit einem meiner
Freunde einen Fluchtplan zu besprechen, stieß ich meist auf die=
selbe ablehnende Antwort: „Es hat ja doch alles keinen Zweck.
— Du kommst allenfalls bis vor den Stacheldraht, aber nicht

weiter!" — Ich konnte es den armen Kerlen nachfühlen, daß sie so wenig an einen Erfolg glauben wollten. Die vielen Mißerfolge bisheriger Fluchtversuche und die Einwirkung der langen Gefangenschaft — die meisten schmachteten hier schon mehr als eineinhalb Jahre — hatten ihre Entschlußkraft gelähmt und sie in einen Zustand dumpfer Verzweiflung gebracht.

Ich war glücklicherweise noch nicht von dieser Stacheldrahtkrankheit erfaßt und ließ darum nicht locker in meinen Bestrebungen. Die Hoffnung, über kurz oder lang aus diesem Gefängnis befreit zu sein, war das einzige, was einen vor dem seelischen Zusammenbruch bewahren konnte. Für den, der an diese Hoffnung den Glauben verlor, mußte die Gefangenschaft unerträglich werden.

Leider mußte ich mich schon nach wenigen Wochen mit dem Gedanken abfinden, daß eine Flucht noch vor Beendigung des Casementprozesses unausführbar war. Ich hatte zwar ein paar Kameraden gefunden, die es zum soundso vielten Male im Verein mit mir versuchen wollten, auszubrechen, und auch zu Helfersdiensten fanden sich ständig einige Getreue. Wir hatten jedoch mit so vielerlei Schwierigkeiten zu kämpfen, daß Woche um Woche und Monat um Monat vergingen, ohne daß wir unserem Ziel beträchtlich näher gekommen waren.

Die größte Schwierigkeit bestand darin, daß es nur mit größter List und nur durch Bestechung mit hohen Summen englischen Bargelds möglich war, die erforderlichen Werkzeuge zu bekommen. Im Gegensatz zu allen übrigen englischen Lagern, in denen Mannschaften und Zivilpersonen interniert waren — und leider auch im Gegensatz zu vielen Offizierslagern in Deutschland — war es in den englischen Offizierslagern streng verboten, Werkzeuge irgendwelcher Art zu besitzen, und sei es auch nur der kleinste Hammer gewesen. Selbst Taschenmesser, die größer waren als ein Zeigefinger, wurden sofort konfisziert, und obendrein erhielt der Besitzer desselben noch eine Strafe. Bargeld war — ebenfalls im Gegensatz zu anderen Lagern — verboten. Um unsere Lebensbedürfnisse bezahlen zu können, er=

hielten wir Blechmünzen gegen Quittung. Diese und hunderte
von anderen Maßnahmen, welche in den englischen Offiziers=
lagern teils auf Befehl des „War office" (Kriegsministerium),
teils auf Befehl der Lagerkommandanten getroffen wurden, waren
der Ausführung unserer Pläne natürlich sehr hinderlich, obschon
sie an und für sich für uns deutsche Offiziere ja sehr schmeichelhaft
waren, denn sie zeigten uns immer wieder, welch außerordent=
liche Bedeutung man einem deutschen Offizier beimaß. Charak=
teristisch hierfür war es z. B., daß man in England, wenn nur
ein einziger deutscher Offizier geflohen war, einen bedeutend
größeren Verfolgungsapparat in Szene setzte, als wenn zehn oder
zwanzig Mannschaften ausgebrochen waren. Von jedem „Hun
officer" glaubte man buchstäblich, daß er den Teufel im Leibe
hatte. Den besten Beweis hierfür lieferte die englische Presse,
von deren Blütenlesen ich mir der Kuriosität halber eine reich=
haltige Sammlung angelegt habe. Ich werde an einer anderen
Stelle noch Gelegenheit haben, einige kleine Beispiele dafür anzu=
führen.

Eine zweite Schwierigkeit war die Beschaffung von Zivil=
zeug und falschen Papieren. Auch das war nur durch Be=
stechung englischer Soldaten oder Arbeiter möglich, die gelegent=
lich im Lager zu tun hatten. Bei einer Gelegenheit gelang es
mir, einem solchen Arbeiter, der in der Nähe meiner Baracke
Kanalröhren legte, in einem unbewachten Augenblick seine zer=
rissene Jacke zu entwenden und gleichfalls ein kleines Stemm=
eisen. Ich legte an deren Stelle ein paar Silberstücke, die der
Engländer denn auch, wie ich später hinter einem Strauch beob=
achtete, befriedigt aufnahm, ohne sich um die entwendeten Sachen
zu kümmern, die ich inzwischen längst vergraben hatte.

Die große Aufregung, welche meine Landung in der Tralee=
Bay und die darauffolgenden Ereignisse in Irland und in ganz
England hervorgerufen hatten, und vor allem das unsinnige Auf=
heben, das die englische Presse noch monatelang hinterher davon
machte, hatten es mit sich gebracht, daß man in mir eine Art
„Sherlock Holmes" vermutete und mich, weil man ständig einen

neuen raffinierten Einfall von mir befürchtete, auch im Lager besonders scharf bewachte. Die Posten wurden besonders auf mich aufmerksam gemacht, und da ich obendrein leider auch durch meine Körperlänge auffiel, konnte ich mich kaum irgendwo im Lager sehen lassen, ohne daß sich sofort die Blicke aller englischen Wachposten auf mich richteten. Besonders während der ersten Monate der Gefangenschaft hörte ich öfters, wenn ich in die Nähe des Stacheldrahtes kam, wie die Posten sich leise zuriefen: „Attention! Lieutenant Spindler is coming!" („Achtung, Leutnant Spindler kommt!") Oft auch nannten sie mich kurzweg nur „the Casement fellow" oder „the Casement Captain". („Der Casement-Geselle" oder „Der Casement-Kapitän".) — Wenn englische Generale zur Besichtigung kamen und der Musterung beiwohnten, zeigte der Lagerkommandant, ehe er die Front abschritt, in gewohnter Weise mit seinem Stock nach dem rechten Flügel, wo ich stand, und erklärte den Vorgesetzten: „Der lange Marineoffizier dort, das ist der Kerl, der Roger Casement nach Irland gebracht hat." Wir hatten uns allmählich daran gewöhnt, daß diese etwas sonderbare Vorstellung gewissermaßen zum Musterungsprogramm gehörte. Abgesehen jedoch davon, daß der Engländer eine Unwahrheit sagte, empfand ich diese Schaustellung auf die Dauer denn doch als reichlich überflüssig. Ich ließ darum den englischen Obersten ersuchen, seine Art, mich vorzustellen, zu unterlassen, was er denn auch tat, nachdem ich noch darauf hingewiesen hatte, daß ich nicht ähnlich wie ein besonders prachtvolles Exemplar in einem zoologischen Garten betrachtet zu werden wünschte.

Mit solchen und ähnlichen kleinen Intermezzos, unter welchen meine zahlreichen Beschwerdeschreiben eine große Rolle spielten, verging die Zeit. Aus jahrelanger Praxis wußte ich, daß man dem Engländer nur mit der größten Dreistigkeit imponieren kann. Die Art und Weise, wie einzelne englische Offiziere uns Gefangene behandelten, reizte mich derartig zur Wut, daß ich allmählich eine Art Sport darin sah, das Lagerkommando mit möglichst vielen Beschwerdeschriften in fortwährender Bewegung zu halten. Auch für viele meiner Kameraden, die der englischen Sprache nicht mächtig waren, verfaßte ich solche Schreiben und durfte zu meiner Befriedigung feststellen, daß ich in den weitaus meisten Fällen Erfolg damit hatte, weil die Beschwerden stets berechtigt waren.

Das Todesurteil an Casement war inzwischen vollstreckt worden. Glücklicherweise hatten die Verhandlungen kein Beweismaterial mehr geliefert, das mich kompromittieren konnte. Unterdessen war es einigen von uns geglückt, mit Hilfe eines Wachsabdruckes einen Nachschlüssel zum sog. Glockenturm zu fabrizieren, unter dem sich, wie uns ein vom Kommandanten hinausgeschmissener Schreiber verraten hatte, ein kilometerlanger Gang befinden sollte. Angeblich führte dieser Gang zu dem Dorf Donington Castle und sollte in alter Zeit den Grafen Hastings als Zufluchtsort im Falle einer Belagerung gedient haben. Es bedarf kaum des Erwähnens, daß wir alles daran setzten, um den Eingang zu dieser Höhle zu finden.

Leider konnten wir nur wenige Viertelstunden am Tage in dem Turmkeller arbeiten, da sich neben der Treppe desselben die Schaltung für die Alarmsirene und die elektrische Lichtanlage befand, die je nach Bedarf Tag und Nacht benutzt wurde. Trotzdem gelang es uns, mit Hilfe eines großen Taschenmessers nach Verlauf von etwa vierzehn Tagen mühseliger Arbeit, einen Mauerziegel unbeschädigt aus der Wand herauszubrechen. Nachdem der Anfang gemacht, ging das Ausbrechen weiterer Steine schneller vor sich. Dann wurde mit dem kleinen erbeuteten Stemmeisen weitergebohrt. Den dabei zutage geförderten Schutt sammelten wir in Zeitungspapier und trugen ihn später fort. Wenn von oben, wo natürlich stets einige Offiziere Schmiere standen, ein verabredetes Signal kam, wurden die Ziegel schnell eingesetzt, und dann konnte von der Treppe aus kein Mensch mehr sehen, daß hier gearbeitet worden war. Zweimal wurden wir plötzlich überrascht und konnten uns noch mit knapper Not an die Hinterwand des Kellers drücken, so daß der Sergeant, der die Sirene anstellte, nichts gewahrte. Nach Verlauf von mehreren Wochen hatten wir ein Loch von ungefähr 1¼ Meter Tiefe in die Wand gestoßen. Die Mauer schien fast kein Ende nehmen zu wollen. Zu unserer Freude konnten wir jedoch feststellen, daß der Ton beim Aufstoßen des Stemmeisens merklich hohler wurde. Ob das die Nähe des unterirdischen Ganges verkündete? Mit klopfendem Herzen arbeiteten wir weiter. Noch 3—4 Tage, dann mußten wir nach unserer Schätzung durch sein.

Da geschah etwas Unerwartetes. Am nächsten Morgen, noch ehe wir dazu kamen, in den Keller hinunterzusteigen, sahen wir zu unserem Schrecken, wie ein paar Schlosser unter persönlicher Leitung des englischen Kommandanten die kleine Turmpforte mit einem Sicherheitsschloß und außerdem noch mit einem schweren Sicherheitsvorhängeschloß versahen. Unser Plan war entdeckt!

Bis heute weiß ich noch nicht, wodurch. Ich weiß nur, daß die Herren Engländer in ihrem Übereifer eine furchtbare Dummheit begingen, indem sie nicht wenigstens bis zum Nachmittag warteten, um uns dann gleich beim Einsteigen abzufangen. Dadurch, daß sie das versäumt, haben sie trotz aller Anstrengungen nie herausbekommen, wer die Täter waren.

Mit diesem Tunnel war's nun scheinbar ein für allemal vorbei, denn die einzige Möglichkeit, in den Turm zu gelangen, bestand durch die kleine Turmluke. Zunächst mußten wir jetzt einige Wochen jegliche Arbeit ruhen lassen, um bei der nunmehr verschärften Kontrolle nicht unnötig Verdacht zu erregen. Da aber während des nächsten Monats niemand ausbrach, ließ die Kontrolle allmählich wieder nach, und so fingen wir eine neue Arbeit an, von der wir Erfolg erhofften. Unter der Kapelle des Schlosses hindurch, die einige 20 Meter von unserem bisherigen Arbeitsfeld entfernt lag, mußte schließlich auch an den Turm heranzukommen sein. Gedacht, getan! Nachdem die Abendrunde vorbei war, stieg ich mit einem meiner Freunde, dem Oberleutnant z. See Kühne, mit dem ich schon so manchen Fluchtplan entworfen hatte, aus dem Bett; ans Kopfende legten wir einen dunklen Knäuel, der im Halbdunkel wie ein Menschenkopf aussehen konnte, und tasteten uns über Treppen und Gänge vorsichtig zur Kapelle hinunter. Unter einer Bank seitlich vom Altar lösten wir behutsam eine der breiten Holzplanken und kletterten in die Tiefe. Anfänglich dachten wir, überhaupt keinen Boden unter den Füßen zu finden, da ich als der längste von uns beiden, trotzdem ich ausgestreckt an der Planke hing, mit den Fußspitzen immer noch nichts fühlen konnte. Kurz entschlossen steckten wir ein Streichholz an, und da gewahrten wir denn, daß wir uns gerade über einem tiefen Schacht befanden. Wir versuchten unser Glück also an einer anderen Stelle und hatten dann auch endlich Erfolg. Der Raum unter dem vorderen Teil der Kapelle war so niedrig, daß wir nur in ganz gebückter Haltung darin stehen konnten. Mit Hilfe von Streichhölzern tasteten wir uns vorwärts, zwischen den alten verstaubten Steinsärgen der sagenhaften Grafen Hastings hindurch, die man hier zur letzten Ruhe gebettet hatte. Ein widerlich dumpfer Modergeruch, der uns öfters zum Husten zwang, herrschte in der Gruft. Zeitweilig wurde der Husten so stark, daß wir überlegten, ob wir umkehren sollten, weil das Echo uns von allen Wänden entgegendröhnte, so daß wir befürchteten, von einer der Nachtpatrouillen entdeckt zu werden. Sobald der Schall unseres Hustens sich verloren hatte, war es totenstill in der Gruft. So unheimlich still war es, daß wir das Ticken unserer Uhren hören konnten. Ab und zu huschte etwas vor uns durch das Dunkel oder über unsere Füße hinweg. An Ratten war hier scheinbar kein Mangel. Ich mußte unwillkürlich an eine Erzählung denken, die ich als Junge gelesen hatte und in der ein paar dunkle Gesellen vorkamen, die bei Nacht und Nebel in den Keller eines alten Schlosses einbrachen und sich dabei plötzlich zwischen lauter Särgen befanden, aus denen sich die Geister Verstorbener gerade in dem Augenblick erhoben, als die beiden sich anschickten, einen großen Goldschatz zu heben. Vor Schreck waren sie zu Eis erstarrt, und am nächsten Morgen fand man sie tot im Keller liegen. Wenn ich auch nicht an Gespenster glaubte, so muß ich doch sagen, daß mir die Situation ein paar

Augenblicke lang etwas ungemütlich war. Zoll für Zoll kamen wir vorwärts. Je weiter wir nach innen drangen, desto eisiger wurde die Temperatur. Endlich gelangten wir an eine dicke Steinmauer. Aha! Wir betasteten und betrachteten die feuchten Steine und den halbvermoderten Mörtel zwischen den Fugen. Es waren lauter schwere Basaltblöcke von Quadratmetergröße. Wer konnte wissen, ob ein solcher Stein nicht den Eingang zu dem Tunnel verbarg? Es war kaum anzunehmen, daß der Eingang unverdeckt sein würde.

Nachdem wir in dieser Nacht leider nichts Bemerkenswertes mehr gefunden hatten, stiegen wir wieder nach oben, um am nächsten Abend die Untersuchung fortzusetzen. Nacht für Nacht wiederholten wir diese nächtlichen Exkursionen, wobei wir eines Nachts um ein Haar entdeckt worden wären, als die Ronde gerade in dem Augenblick die Kapelle von innen ableuchtete, wo wir im Begriff waren, das Einsteigeloch mit der Planke zu überdecken. Steif wie die Mumien blieben wir, mit dem Gesicht dem Eingang zugewendet, unter der schweren Eichenbank hocken, deren ganze Last wir auf unseren Köpfen trugen, weil wir in der Eile keine Zeit mehr gefunden hatten, sie auf ihren alten Platz zu schieben. Einer der Soldaten leuchtete uns sogar mehrere Sekunden lang ins Gesicht. Dann wurde die schwere Tür mit lautem Krach zugeschlagen, und im nächsten Augenblick hörten wir die Tommies mit schweren Schritten ihren Rundgang fortsetzen. Wir hatten mal wieder Glück gehabt. Wahrscheinlich waren die Kerle eben erst aus der Koje gekommen und trotteten, noch halb im Schlaf, durch die Gänge des Lagers. Ehe sie an unsere Schlafplätze gelangt waren, lagen wir schon lange wieder in unseren Betten und markierten die Schnarchenden, als uns dieselbe Blendlaterne ins Gesicht leuchtete, die uns wenige Minuten vorher beinahe zum Verhängnis geworden wäre.

Zu unserem größten Leidwesen mußten wir nach ungefähr vierzehn Tagen einsehen, daß wir uns in unseren Erwartungen getäuscht hatten. Auch nicht das geringste Zeichen ließ darauf schließen, daß in der schweren Steinmauer der Eingang zu einem

Tunnel zu finden war. Mehrere angestrengte Versuche, einen der schweren Steine herauszubrechen, mußten wir wegen Mangels an dazugehörigem Material bald als aussichtslos aufgeben.

Auch ohne diese bittere Enttäuschung hätten wir die Arbeit bald einstellen müssen, denn einige Tage später war einer unserer Kameraden, der Oberleutnant z. S. v. Prondczindsky, bei seinem Versuch, mit einer selbstgezimmerten Planke über das etwa acht Meter breite Stacheldrahtverhau zu springen, erwischt worden, so daß aufs neue eine scharfe Kontrolle einsetzte. Es war ein Jammer, daß der Plan Prondczindskys, der ihm sechs Monate Gefängnis einbrachte*, nicht zur Ausführung gelangte.

Fast fünf Monate hatte er darauf verwendet, um sich aus Zigarrenkistenholz ein etwa 6 Meter langes Gehäuse zu zimmern von 20 Zentimeter Breite und 10 Zentimeter Höhe. Die Tragfähigkeit dieses Gehäuses, das er zum Überklettern des Verhaus benutzen wollte, weil so große Holzstücke im Lager nicht zu haben waren, hatte er mathematisch genau berechnet.

Nun war guter Rat teuer, um so mehr, da die Wache nach diesem Ereignis um einige 20 Mann verstärkt wurde. Als der Winter herankam, wurden die Chancen noch geringer, denn nun gab es auch draußen auf den Feldern nichts mehr, womit man nötigenfalls seinen Hunger stillen konnte. Die täglichen Lagerrationen wurden infolge der Wirkungen des U-Boot-Krieges zusehends spärlicher, so daß es schon schwer fiel, sich auch nur für eine Woche Reiseproviant vom Munde abzusparen. Selbst durch Bestechungsversuche war nicht mehr viel zu erreichen, denn es kam zuweilen schon vor, daß englische Soldaten, mit denen wir aus gewissen Gründen gute Freundschaft hielten, zu uns, die wir selbst nichts hatten, kamen und um ein Stück Brot baten, weil ihre Rationen so sehr gekürzt worden waren.

---

* Im Gegensatz zu den 3-—14tägigen A r r e s t strafen, die in deutschen Offizierslagern für Fluchtversuche verhängt wurden, sei hier festgestellt, daß die Engländer bis zum Abschluß des Haager Abkommens im Juli 1917 k e i n e n F l u c h t v e r s u c h u n t e r 6 M o n a t e n G e f ä n g n i s bestraften!

Ich überlegte hin und her und kam von einer Idee auf die andere. Dabei trachtete ich fortgesetzt, nach außen den Anschein zu erwecken, als dächte ich nicht im mindesten an irgendwelche Fluchtpläne. Beim Lagerarzt war ich sozusagen Stammgast geworden, teils mit, teils ohne Berechtigung. Er sollte auf Grund meiner geschwächten Gesundheit den Eindruck bekommen, daß ich die Strapazen einer Flucht überhaupt nicht mehr aushalten könne. Meine englischen Sprachkenntnisse kamen mir im Verkehr mit den englischen Offizieren und Soldaten, die nach und nach immer vertrauensseliger wurden, sehr zustatten. Wenn sie mich gelegentlich fragten, ob ich wohl an Fluchtpläne dächte, sagte ich ihnen mit dem harmlosesten Gesicht von der Welt, daß ich jeden Menschen für verrückt erklärte, der es unter den derzeitigen erschwerten Verhältnissen noch wagen sollte, einen von vornherein aussichtslosen Plan zu beginnen.

Im Lauf der Zeit hatte ich mir ein Chiffrierverfahren ausgearbeitet, das ich auf Umwegen nach Deutschland gelangen ließ. Dieses Verfahren, geheime Nachrichten zu übermitteln, war so ausgedacht, daß auch der geriebenste englische Zensor keinen Verdacht aus dem Inhalt meiner Briefe schöpfen konnte. Sollte es aber doch dazu kommen, so nützten ihm alle seine Künste und Hilfsmittel, wie Lupen, Säurebäder, Photographieren, Aufbügeln der Briefe usw., nichts. Die Briefe gaben nichts her. Um ganz sicher zu gehen, ließ ich die chiffrierten Briefe auf den Namen von Kameraden schreiben, die bei den Engländern als unverdächtig galten, da ich begründeten Verdacht hatte, daß meine gesamte Post festgehalten wurde. Auf diese Weise gelang es mir, eine Verbindung mit Freunden in Deutschland herzustellen und sie um alle die Hilfsmittel zur Flucht, wie englisches Geld, Werkzeuge, die in Teile zerlegt waren, usw. zu bitten, die sich für die eine oder andere Gelegenheit als notwendig herausstellten. Die Briefe gelangten dann auch wohlbehalten an ihren Bestimmungsort und wurden richtig verstanden und befolgt. Wie diese Sendungen veranstaltet wurden, möchte ich aus naheliegenden Gründen verschweigen. Leider erreichten mich nur wenige davon, da ich, als das erste Material im Lager anlangte, schon geflohen war. Die Sachen sind dann anderen zugute gekommen.

In der Zeitung hatte ich gelesen, daß einige meiner braven Leute, Mathiessen, Bruns, Schmitz und der Heizer Brock, aus ihrem Lager geflohen, leider aber wieder eingefangen waren. Wie ich später erfuhr, hatten sie den — allerdings aussichtslosen — Plan gehabt, mich zu befreien, um dann mit mir gemeinschaftlich ein Weiterkommen zu versuchen. Schade, daß es ihnen nicht geglückt ist! Kurze Zeit später wurde ich nach London zum Prisengericht geholt. Die Abreise erfolgte jedoch so schnell, daß mir keine Zeit blieb, mich mit Zivilkleidung zu versehen, um während der langen Bahnfahrt oder in London entfliehen zu können. Da nur ein englischer Offizier mich begleitete, hätte ich in London die schönste Gelegenheit dazu gehabt. Ohne Geld aber, und dazu noch in Uniform, wäre ein solcher Versuch Wahnsinn gewesen. Immerhin merkte ich mir die Gelegenheiten und prägte mir alles Wissenswerte genau ein. Sofort nach Rückkehr ins Lager setzte ich ein langes Schriftstück an den hohen Prisengerichtshof auf, in welchem ich ersuchte, meine bis dahin nicht bewilligten Forderungen (Ersatz des mir und meinen Leuten abgenommenen Geldes) einer nochmaligen Revision zu unterziehen. Die Schweizer Gesandtschaft war so liebenswürdig, dieses Schriftstück, dessen Weitergabe die damals noch „neutrale" amerikanische Botschaft verweigert hatte, sofort an die richt'ge Adresse zu befördern, und noch viele hinterher. Über den Erfolg dieser Schreiben werde ich im nächsten Kapitel berichten.

Es wäre natürlich falsch gewesen, wenn ich mich nur auf einen einzigen Plan versteift hätte, solange ich für ein Gelingen keine Garantie hatte. Ich ließ deshalb nichts unversucht, um auch auf andere Weise aus dem Lager herauszukommen. Mit Hilfe eines Kameraden verfertigte ich mir aus Besenstielen eine lange Stange, um damit über den Stacheldraht springen zu können. Bei der ersten „Probefahrt" brach jedoch die Stange zusammen. Unverdrossen machten wir uns eine neue. Und als auch diese zerbrach, noch einige weitere. Alle aber mit demselben Mißerfolg.

Es war leider unmöglich, ein paar lange, starke Hölzer ins Lager hineinzuschmuggeln. Aus demselben Grunde scheiterte darum auch ein anderer Versuch, mit Hilfe einer langen Stange von einem der innerhalb des Drahtverhaues stehenden Bäume nach einem der draußen stehenden zu gelangen. Es hätte dazu einer mindestens 12 Meter langen Stange oder eines Strickes bedurft, da man sowohl die unteren Äste wie insbesondere die, welche über den Stacheldraht ragten, vorsichtigerweise abgesägt hatte.

Um dieselbe Zeit, als ich mit diesen und anderen Plänen beschäftigt war, erschien fast täglich ein kleines Auto im Lager. Mit einiger Geschicklichkeit und mit Wissen und Hilfe des Chauffeurs war es möglich, sich darin zu verstecken, da der Posten, der das Auto bewachen mußte, sich leicht ablenken ließ. Der Chauffeur war, wie ich bald herausfand, ein sehr zugänglicher Mann. Ich kam mit ihm überein, daß er mich gegen eine Belohnung von fünfhundert Pfund Sterling aus dem Lager herausbringen sollte. Ungefähr die Hälfte dieser Summe konnte ich teils aus eigenen Mitteln, teils mit Hilfe von Kameraden, die über größere Mengen englischen Geldes verfügten, zusammenbringen. Den Rest sollte der Mann nach Beendigung des Krieges erhalten, wofür ihm genügend Sicherheiten geboten wurden. Die Bezahlung sollte durch einen meiner Freunde stattfinden, sobald der Mann den Beweis erbrachte, daß ich glücklich draußen war. Tag und Stunde wurden verabredet und so schien alles in bester Ordnung zu sein. Nur wenige wußten um meinen Plan, denn ich wollte vermeiden, daß mir meine Chancen eventuell durch unbedachtes Gerede Dritter verdorben wurden.

Eines abends stand ich, vollkommen mit allem ausgerüstet, auf dem Hof in der Nähe der Garage und wartete klopfenden Herzens auf meinen Befreier. Die erste halbe Stunde verging und auch die zweite. Schon dachte ich, einem Betrüger in die Hände gefallen zu sein, da ertönte von fern der wohlbekannte Ton der Hupe. Gottlob! Das Auto kam. Ein paar Augenblicke später leuchteten seine Scheinwerfer den langen Hohlweg hinunter, der zum Hof führte. Als der Wagen die Eingangs=

tore paſſierte, gewahrte ich zwei engliſche Offiziere darin ſitzen. Nanu? Wollte der Chauffeur mich am Ende in eine Falle locken? — —

Vorſichtig drückte ich mich an der Wand entlang in die äußerſte dunkle Ecke der Garage. „Na, nun kann's ja losgehen", hörte ich einen der Offiziere ſagen. Dann bemerkte ich, wie er ſich im Schuppen umſah, als ob er etwas ſuchte. Verflucht! Mein Puls ſchlug in einem heftigeren Tempo. Zum Glück hatten die Worte des Engländers nicht auf mich Bezug, wie ſich gleich darauf herausſtellte, denn die beiden verſchwanden bald um die Ecke und ſchritten nach dem Bureau des Kommandanten. Der Chauffeur machte ſich am Auto zu ſchaffen und ſtellte unter Fluchen feſt, daß er nicht mehr genügend Benzin hatte, worauf der Poſten ſich freiwillig erbot, ihm neues zu beſchaffen. Das war gegen ſeine Vorſchrift, denn er durfte das Auto nicht unbewacht laſſen. Ich machte mich klar, um im nächſten Augenblick in mein Verſteck zu kriechen. Der Chauffeur kam mir jedoch zuvor und erklärte mir, er riskiere mindeſtens zehn Jahre Gefängnis bei dieſem „Scherz", wie er ſich ausdrückte, und müſſe deshalb die fünfhundert Pfund Sterling ſofort in bar und weitere fünfhundert ſpäter verlangen. Er hätte ſich das noch einmal lang und breit überlegt.

Das war gemein. Es war mir unmöglich, die ganze Summe auf einmal zu bezahlen, ebenſowenig konnte ich für den doppelten Betrag gutſtehen. Das überſtieg meine Mittel. Da alles Zureden nichts half und bald darauf vom Hof die Schritte des Poſtens ertönten, der mit dem Benzin zurückkam, mußte ich ſchweren Herzens meinen Plan aufgeben. Nach etwa einer Stunde fuhr das Auto mit den beiden Offizieren wieder von dannen. Ich war um eine Enttäuſchung reicher geworden.

Allmählich wurden mir dieſe fortwährenden Fehlſchläge zu dumm. Ich ſah, daß ich auf dieſe Weiſe nicht zum Ziel kam. Wenn ich herauswollte, mußte ich etwas unternehmen, was bis jetzt noch niemand verſucht hatte. Nur dadurch — und nebenbei durch einen unverſchämten Bluff — glaubte ich mein Ziel erreichen zu können. Ich dachte dabei nicht nur an das Herauskommen aus dem Lager, sondern auch an das Weiterkommen. Fluchtversuche waren in allen Lagern schon zu Dutzenden unternommen worden. Von hundert war gewöhnlich aber nur einer gelungen, d. h. so, daß der Flüchtling nicht nur aus dem Lager, sondern auch aus England herauskam. Das schlimme war ja, daß zwischen England und Deutschland das große Wasser, die Nordsee, lag! Wieviel leichter hatten es doch die gefangenen englischen Offiziere in Deutschland, die in ein bis zwei Tagemärschen im neutralen Holland und damit in Sicherheit waren!

Alle, die bis jetzt aus englischen Lagern zu entfliehen versucht hatten, waren mit dem Gedanken losgezogen, eine Schiffs- oder Bootsgelegenheit zu suchen, um auf diesem Wege nach Deutschland zu gelangen. Die Folge davon war, daß die Küste und vor allem die Hafenstädte besonders stark bewacht wurden, um so mehr, wenn bekannt wurde, daß Gefangene ausgebrochen waren. Wollte ich also wirklich Erfolg haben, so mußte ich unbedingt einen anderen Weg als den bisher üblichen einschlagen. Ich überlegte hin und her. Nach wochenlangem Nachdenken hatte ich endlich etwas gefunden, was mir für ein Gelingen außerordentlich günstig erschien. Ich wollte davonfliegen!

Im ersten Augenblick klingt der Plan etwas reichlich verwegen. Ich war darum meinen Kameraden durchaus nicht böse, daß sie mich für verrückt erklärten, als ich sie von meinem Vorhaben in Kenntnis setzte. Trotzdem ließ ich nicht locker und versteifte mich so sehr darauf, daß ich schließlich auch einige Freunde fand, die sich bereit erklärten, mir behilflich zu sein. Die größte Schwierigkeit bestand nur darin, einen Flugplatz ausfindig zu machen, der sich von Donington Hall bequem erreichen ließ, und einen geeigneten Flieger, denn ich selbst hatte noch nie in einem Flugzeug gesessen. Auf einer Karte aus Meyers Konversationslexikon hatte ich mir ausgemessen, daß die Entfernung von Nottingham (in der Nähe von Donington) bis nach Ostende rund 300 Kilometer in der Luftlinie betrug. Mit einem modernen Flugzeug mußte man also, wenn alles glatt ging, in zirka 2 Stunden in Ostende sein können. Hatte das Flugzeug, das ich mir holen wollte, nicht genügend Benzin für diese Strecke im Tank, so mußten wir eben auf See niedergehen und es dann dem Schicksal überlassen, ob es uns einen Retter schickte. Ich rechnete aber damit, daß im Flugschuppen sicherlich irgendwo Benzin zu finden sein würde. Auf meiner Reise nach London hatte ich gesehen, daß der Flugplatz Hendon, damals der größte, den England besaß, so gut wie gar nicht bewacht war. Wozu sollte man auch viel Posten ausstellen, war doch bis dahin noch kein Mensch darauf gekommen, ein Flugzeug zu stehlen! Bei dem Gedanken, nun vielleicht schneller frei zu sein, als ich jemals gedacht hatte, und obendrein noch ein modernes Flugzeug mit nach Hause bringen zu können, ereiferte ich mich so sehr, daß ich oft nächtelang nicht schlafen konnte.

Von den im Lager befindlichen wenigen Fliegern kam leider niemand in Frage. Sie waren schon zu Beginn des Krieges gefangen worden und hatten noch keine der modernen Kriegsmaschinen in der Hand gehabt. Da aber ständig neue Gefangene eintrafen, konnte ich annehmen, daß über kurz oder lang auch mal ein Flieger darunter sein würde. Es bestand kein Zweifel, daß irgendwo in der Nähe von Donington ein Flugplatz sein mußte, da fast täglich einige Flugzeuge das Lager in nördlicher Richtung überflogen. In einer bestimmten Richtung gingen sie meistens weit in der Ferne nieder. Mit der Uhr in der Hand beobachteten wir täglich ihre Flüge und wann bzw. wo sie niedergingen und konnten auf diese Weise die ungefähre Entfernung des Flugplatzes feststellen. Das gleiche Verfahren wendete ich auch an, um mich über das umliegende Bahnnetz zu informieren. An dem schnellen und langsamen Gang und dem Halten der Lokomotiven ließ sich annähernd feststellen, wo die benachbarten Bahnstationen lagen. Unabhängig voneinander machten wir unsere Beobachtungen und stellten auf diese Weise auch die Richtung fest, in der die Züge liefen, die wir nur hören, aber nicht sehen konnten. Unser Kartenspezialist, Marineingenieur Lauerer, war mir behilflich, an Hand dieser Beobachtungen und einer winzigen Karte, die wir in einem alten Schmöker aufgetrieben hatten, zwei große Karten anzufertigen, wovon die eine die nächste Umgebung von Donington, die andere den südlichen Teil von England und ein Stück der Nordsee bis Ostende darstellte. Die letztere wollte ich zum Fluge benutzen.

Durch gelegentlich im Lager eintreffende neue Gefangene, die über Nottingham kamen, stellte ich fest, daß etwa vier Stunden vom Lager entfernt, an der Bahnlinie ein kleiner, im Bau begriffener Flugplatz sein mußte. Zwei Hallen waren bis jetzt fertig; eine dritte im Bau. Die Aussagen ergaben einwandfrei, daß ein großer Doppeldecker dort bereits stationiert war. Das war außerordentlich günstig. Je kleiner der Flugplatz, desto geringer war die Bewachung. Ein Mann als Nachtwache war gewiß die einzige Sicherung für diesen Platz. Selbst wenn es zwei sein sollten, bestand keine Schwierigkeit, diese beiden bei Nacht und Nebel zu knebeln und davonzufliegen, ehe das Fehlen der Maschine bemerkt wurde.

Ein paar Arbeiter, die einen kleinen Schuppen im Lager bauten, schmierte ich durch reichliche Zigarrenspenden so lange, bis sie sich in immer längere Unterhaltungen mit mir einließen. Auch sie hatten, wie wir alle natürlich, täglich die über uns kreisenden Flieger beobachtet. In der Hoffnung, nähere Angaben von ihnen erhalten zu können, versuchte ich es mit einem Bluff, auf den die Ahnungslosen, die das Pulver sicherlich nicht erfunden hatten, auch prompt hereinfielen. Ich fragte sie, was aus dem Flieger geworden sei, der vor zwei Tagen hier vorübergekommen und dann später bei X. abgestürzt sei. Dabei zeigte ich mit der Hand nach einer Richtung, in der bestimmt **kein** Flugplatz lag. Die Geschichte mit dem Absturz war natürlich erfunden. Wie ich erwartet hatte, schüttelten die beiden ungläubig den Kopf und erklärten auf das bestimmteste, daß bisher noch kein Flieger abgestürzt sei. Außerdem liege in der von mir angedeuteten Richtung kein Flugplatz. Die benachbarten Flugplätze lägen bei L. und bei U. Zur Bekräftigung ihrer Worte beschrieben sie mir genau die Richtung und Entfer=

nung. Als ich ihnen widersprach und sagte, ihre Angaben könnten nicht zutreffen — ich ging sogar so weit, daß ich ihnen scherzhaft vorwarf, sie seien in ihrer Heimatgeographie scheinbar schlecht bewandert —, erklärten sie sich bereit, mir die Richtigkeit ihrer Angaben an Hand einer Karte zu beweisen. Und richtig brachten sie am nächsten Tage eine prächtige große Radfahrkarte mit, die ich, nachdem ich mich von meinem angeblichen Irrtum hatte überzeugen lassen, während der nachfolgenden Unterhaltung unauffällig in meiner Tasche verschwinden ließ!

Der Trick war vorzüglich gelungen. Ich beschenkte sie noch reichlich mit Zigarren und machte mich dann mit meiner Karte so schnell wie möglich unsichtbar

XXIII.

Die Flucht.

Durch den ständigen Zuwachs an Gefangenen erwies sich das Lager nach und nach als viel zu klein zur Unterbringung aller Offiziere und Mannschaften Es wurde deshalb eine Anzahl großer Baracken gebaut, die zum Teil auf dem bisherigen Spielplatz Aufstellung finden mußten. Infolgedessen hatte sich auch eine Vergrößerung des Spielplatzes als notwendig erwiesen. Diese Arbeiten waren während des Winters angefangen und mit Beginn des Frühjahres beendigt worden. Der neue Spielplatz, der direkt an den bisherigen anschloß, war ebenfalls mit einem dicken Stacheldrahtverhau und mit mehreren Postenhäuschen umgeben. Er sollte nur tagsüber geöffnet und mit Sonnenuntergang geschlossen werden.

Am äußersten Ende desselben durften wir uns zwei Tennisplätze selbst anlegen. Die Gerätschaften mußten abends wieder abgeliefert werden.

Um die Rolle des „kranken Mannes" weiter zu spielen, beteiligte ich mich im neuen Jahre an keinerlei Sport oder anstrengenden körperlichen Arbeiten. Mit um so größerem Interesse verfolgte ich aber den Fortgang der Arbeiten am Tennisplatz. Mein Plan stand fest. An der dem Lager abgewandten Seite des Platzes wollte ich durch Kameraden, die in der Tenniskommission waren, eine Rinne auswerfen lassen, damit bei Regenwetter das Wasser ablaufen konnte. Diese Rinne sollte nach und nach unauffällig so lange vergrößert und vertieft werden, daß zwei Menschen darin liegen konnten. Die Anlage des Entwässerungsgrabens wurde vom englischen Kommandanten nach langem Hin und Her genehmigt und von ihm selbst und von seinen Offizieren beaufsichtigt. Dadurch bekamen die umstehenden Posten das Gefühl, daß gegen das Anlegen des Grabens von seiten des Kommandanten keine Bedenken bestanden, und sie fanden nichts dabei, als einige Wochen später von Zeit zu Zeit wieder an dem Graben gearbeitet wurde. Nun allerdings ohne Genehmigung des englischen Obersten. In Ermangelung von Spaten und Schaufeln wurden Konservenbüchsen geschnitten und gerade gebogen. Natürlich ging das Arbeiten damit sehr beschwerlich.

Das Schicksal wollte es, daß in dieser Zeit ein junger Flieger, der Vizeflugmeister Winkelmann, ins Lager gebracht wurde. Er war kurze Zeit vorher an der Westfront abgeschossen worden und wußte allerlei Interessantes zu berichten. Bei den vielen Offizieren, die das Lager allmählich bevölkerten und die oft über Nacht eintrafen, kam es zuweilen vor, daß man die Neuangekommenen erst einige Wochen nach ihrem Eintreffen kennenlernte. So auch hier. Eines Tages wurde ich von W. angesprochen. Wir machten uns bekannt, und W. fragte mich ohne lange Umschweife, ob es wahr sei, daß ich auskneifen wolle. Als er mein erstauntes Gesicht bemerkte, fügte er erklärend hinzu, daß er Flieger sei und den brennenden Wunsch habe, sich mir anzuschließen. Als gelernter Kampfflieger sah er in der Flucht per Flugzeug für sich die einzige Möglichkeit, zu entkommen, da er nur über sehr mäßige englische Sprachkenntnisse verfügte und also nicht lange über Land pilgern konnte.

Er kannte, wie er sagte, alle modernen Maschinen und hatte öfters erbeutete englische Flugzeuge hinter der Front eingefahren. Ich dagegen kannte Land und Leute und verstand mich auf die Landessprache. Auf diese Weise konnten wir uns ja prächtig ergänzen!

Gesagt, getan! Noch eifriger als bisher traf ich jetzt im

Verein mit W. alle noch notwendigen Vorbereitungen. Ich
wußte, daß verschiedene andere Gruppen von Offizieren eben=
falls in aller Stille Fluchtpläne schmiedeten. Ich hielt aber
meinen Plan, den gewiß kein anderer hatte, für den aussichts=
reichsten und mußte deshalb trachten, den anderen zuvorzu=
kommen, damit mir die Chancen nicht verdorben wurden. Um
die Engländer noch mehr als bisher in Sicherheit zu wiegen,
gründete ich ein Theater und übernahm die Leitung desselben.
Als Direktor dieser stolzen Truppe stand ich täglich in Fühlung
mit der englischen Kommandantur, bei der ich für jede Kleinig=
keit eine besondere Genehmigung einholen mußte. Die Herren
Engländer trauten der Sache jedoch scheinbar nicht, denn ich
hörte eines Nachts, nachdem die Ronde durch die Baracke ge=
gangen war und alle Bettinhaber gezählt hatte, wie der Ronde=
offizier draußen vor der Tür den Posten noch einmal ausdrück=
lich fragte: „Ist auch der Leutnant Spindler da?" Hallo! Die
Geschichte gab mir zu denken, besonders, als sich diese Frage
während einiger darauffolgender Nächte wiederholte. In etwa
vier Wochen war der Graben voraussichtlich so weit, daß er uns
aufnehmen konnte. Zum Glück wuchs an dem etwas höher
liegenden Rande desselben langes Gras, das die große Öffnung
teilweise verdeckte.

Es war nun die höchste Zeit, die Engländer in Sicher=
heit zu wiegen. Ich meldete mich deshalb krank und blieb im
Bett liegen. Nervöse Schwäche hieß das Leiden. Jedesmal,
bevor der Arzt kam, machte ich eine Viertelstunde lang Knie=
beugen und rauchte schwere Zigarren. Mein Pulsschlag war
dann oft so hoch, daß der Arzt mich bedenklich anschaute. Er
wußte nicht recht, was er davon halten sollte, da ich äußerlich
leidlich gesund aussah. Um ihn noch mehr irrezuführen, ließ
ich ihn einmal dringend rufen. Meine Freunde, die Ober=
leutnants zur See d. R. Elson und Filter, die mir auch im
weiteren Verlauf der Geschichte treulich halfen, erzählten ihm,
ich sei aufgestanden, vor Schwäche aber bewußtlos zusammen=
gebrochen. Es ging mir an diesem Tage tatsächlich sehr schlecht,

weil ich das Rauchen etwas übertrieben hatte. Der Arzt fand mich daher käseweiß im Bett vor, fühlte lange meinen Puls und verordnete mir Milch, Zwieback und allerlei Pülverchen. Er war von diesem Tage an von meinem kranken Zustand wirklich überzeugt, und ich konnte mit Freude feststellen, daß auch die Fragen des Nachtrondeoffiziers seit dieser Zeit aufhörten. Wenn die Abendronde kam, lag ich mit dem Kopf ganz unter der Decke, angeblich, weil das Blitzen der Blendlaterne mich nervös machte. Während der ersten Nächte hob der Posten jedesmal, wenn er vorbeikam, die Decke auf, um mir ins Gesicht zu sehen. Da ich dann aber des Morgens immer noch da war, gab man auch dieses Experiment auf und begnügte sich mit der Feststellung, daß unter meiner Decke ein Knäuel lag, das unbedingt mit dem nervösen Leutnant Spindler identisch sein mußte. Mein Bett stand in der Längsrichtung ungefähr in der Mitte der Baracke, mit dem Kopfende der Tür zugewendet. Den eisernen Rahmen am Kopfende hatte ich ständig mit ein paar Handtüchern behängt, so daß der Sergeant, der vor der Morgenmusterung die Kranken inspizierte, mich von der Tür aus nicht sehen konnte. Anfänglich kam er immer an mein Bett und stellte meine Anwesenheit fest. Aus Bequemlichkeit unterließ er das nach und nach und begnügte sich damit, daß ich auf seinen Ruf: „Lieutenant Spindler, are you there?" die Hand hochhob, worauf er befriedigt von dannen trottete.

So ging alles nach Wunsch. Zwischendurch stand ich hier und da ein paar Stunden auf und wandelte wie ein altes, gebrechliches Männchen am Stock, interessierte mich wieder fürs Theater und begab mich in Behandlung des englischen Zahn= arztes, der zugleich Wachoffizier war. Der Zahnarzt zog das Plombieren außerordentlich in die Länge; vielleicht um auf diese Weise mit zur Verhinderung einer eventuell von mir geplanten Flucht beizutragen. Das machte die Engländer vollends sicher.

Allmählich rückte der Tag heran, wo wir uns aus dem Staube machen wollten. Ich mußte zu diesem Zweck noch eine beschränkte Anzahl der im Lager Zurückbleibenden ins Vertrauen ziehen. Die geeignetsten Persönlichkeiten hierzu waren der erst kurz zuvor gefangene Kapitänleutnant Frhr. v. Spiegel (der Verfasser von „U 202"), Kapitänleutnant Breithaupt, Leutnant Czmentecf und der türkische Korvettenkapitän Hakki, die mich in rührender Weise und mit allen verfügbaren Mitteln bei der Ausführung des Fluchtplanes unterstützten. Ein mehrtägiges Tennisturnier, das um diese Zeit abgehalten wurde, kam uns noch besonders zustatten. Als sportsmen hatten die Engländer dafür besonderes Interesse und fanden es darum selbstverständlich, daß der Platz jeden Mittag und Abend gewalzt wurde. Zur Bedienung der großen Walze gehörten etwa 10 bis 12 Menschen. Kapitänleutnant Spiegel sorgte aber dafür, daß sich mindestens 20 daran beteiligten und mit viel Geschrei die Walze hin und her schoben. Das Walzen dauerte gewöhnlich so lange, bis der Platz geschlossen wurde. Dann blieb die Walze stehen, und die übermütigen Walzmänner verfügten sich in das innere Lager. Die Posten in den verschiedenen Eckhäuschen gewöhnten sich langsamerhand an dieses neckische Spiel so sehr, daß sie kaum noch hinschauten, wenn das Indianergeheul der Walzmänner ertönte. Ab und zu beteiligte auch ich mich an der Walzerei, damit es später nicht auffiel, wenn ich plötzlich dabei war. Einige der großen, bis zum Erdboden dichtgeflochtenen Korbstühle, auf denen die Zuschauer während des Turniers saßen, ließen wir über Nacht draußen stehen. Auch darin fanden die Engländer nichts Verdächtiges.

Somit war alles klar. Wir konnten verschwinden. Wenn nicht alle gesammelten Angaben täuschten und alles glatt ablief, mußten wir in 4—6 Stunden den Flugplatz erreichen. Wir waren mit allem Erforderlichen für einen 24stündigen Marsch versehen. Den Proviant hatten wir uns trotz der immer spärlicher gewordenen Rationen vom Munde abgespart; Kartenmaterial, englisches Geld und ein paar starke Taschenmesser besaßen wir auch. Leider aber keine Drahtschere. Wir mußten deshalb, so riskant es auch war, versuchen, uns durch das Stachel-

drahtgewirr mit den Händen hindurchzuwinden. Ein paar starke
Handschuhe, die sich später allerdings als hinderlich erwiesen,
sollten uns hierbei vor allzu vielen Rissen und Schrammen be=
wahren. Um evtl. auch bei Tage einen großen Flugplatz betreten
zu können —was dann in Frage kam, wenn wir den kleinen Platz
an der Bahnlinie nicht finden sollten —, hatten wir uns eine rich=
tige Fliegerausrüstung zusammengestellt bzw. teilweise selbst ver=
fertigt: Sturmhauben aus zusammengesuchten Leder= und Stoff=
teilen, richtige große Fliegerbrillen aus Fensterglas, das wir unter
Wasser rundgeschnitten und dann mit Chevreauleder umsäumt
hatten. Das Glas hierzu lieferte eine Scheibe im Komman=
dantenbureau, die wir zu diesem Zweck einschlugen, was
weiter nicht auffiel. In diesem Kostüm, mit Lederweste und
Wickelgamaschen, die Brillen vor den Augen, glaubte ich zu
beliebiger Tageszeit ungeniert jeden großen Flugplatz betreten
und auf einen Schuppen losmarschieren zu können, in dem nicht
gearbeitet wurde. Je unverschämter wir blufften, desto besser
mußte uns der Streich gelingen. Auf einem Flugplatz mit 40
bis 50 Schuppen kennt oft einer den andern nicht. Wenn darum
in einem Schuppen eine Maschine angekurbelt wurde, wozu W.
mir die nötigen Instruktionen gegeben hatte, so würde das wahr=
scheinlich gar nicht auffallen, wenn wir selbstverständlich genug
auftraten. Meines Erachtens bestand die größte Schwierigkeit
und Gefahr nicht hierin, sondern in der Annäherung an die
deutsche Küste, von wo man uns gewiß unter Feuer nehmen
würde. Solange wir über England fliegen würden, waren wir
durch die englischen Abzeichen hinreichend geschützt.

Wetter und Wind waren unserem Fluchtplan außerordentlich
günstig. Wir beschlossen deshalb, am Donnerstag, dem 12. Juli
1917 die ungastliche Stätte zu verlassen. Erst jetzt dachte ich einen
Augenblick ernstlich daran, was für ein Risiko mit der Flucht ver=
bunden war, um so mehr, da der Kommandant nach dem Flucht=
versuch Prondczinskys einen Posten kriegsgerichtlich hatte be=
strafen lassen, weil er aus Gutmütigkeit nicht sofort auf den Aus=
reißer geschossen hatte. Doch das waren nur Augenblicksgedanken,

die ebensoschnell verflogen, wie sie kamen. Der Gedanke, vielleicht morgen schon auf deutschem Boden zu sein, ließ alle Bedenken zurücktreten. Nicht nur wir selbst, sondern auch unsere treuen Helfer glaubten so fest an das Gelingen unseres Planes, daß sie uns Briefe für die Heimat mitgaben.

Schon am frühen Morgen, als die Fortsetzung des Turniers begann, wurden ein paar Korbstühle auf den Platz getragen, unter denen unsere Ausrüstung festgebunden war. Die Stühle wurden etwa 30—40 Meter vom Graben entfernt aufgestellt und während des ganzen Tages von Eingeweihten besetzt bzw. unter Bewachung gehalten, damit kein Unbefugter durch unvorsichtiges Umstoßen die ganze Bescherung ans Licht bringen konnte. Oberleutnant d. R. Böttcher, von der Matrosenartillerie, der fast die gleiche Statur und Haarfarbe wie ich hatte, machte schon seit dem frühen Morgen die verzweifeltsten Anstrengungen, um seinen Linksscheitel auf die rechte Seite zu verlegen, so wie ich ihn trug. Er hatte sich liebenswürdigerweise bereit erklärt, sich, solange es eben ging, während der Nachtrondezeiten in mein Bett zu legen, um die Engländer glauben zu machen, ich sei noch immer da. Wie sich später zeigte, gelang dieses Experiment auch ganz vorzüglich, indem er nur den Scheitel unter der Decke hervorgucken ließ und dann, wenn die Ronde vorbei war, auf Umwegen schleunigst nach seinem im ersten Stock gelegenen Zimmer eilte, so daß er dort in seinem eigenen Bett lag, bevor die Ronde nach oben kam. Um auch die Tagesronde zu täuschen, hatten wir verabredet, daß er sich jeden Morgen, bevor der Sergeant kam, mit dem Rücken zur Tür gewendet, an meinen Tisch setzen und sich rasieren sollte. Wenn er das Gesicht tüchtig einseifte und sich nur ein wenig umdrehte, sobald der Sergeant meinen Namen rief, würde dieser den Trick gewiß nicht merken. In gleicher Weise ließ W. sich durch einen Kameraden vertreten. Ein paar andere sorgten dafür, daß wir dreimal täglich in die Krankenliste eingetragen wurden. Zur Belohnung durften sie sich in unsere Krankenportionen teilen! Auch für Abwehr des Arztes war genügend Sorge getragen worden, falls er in der Baracke erscheinen und nach seinen Patienten sehen wollte. Wir hatten gerechnet, auf diese Weise einen halben, höchstens aber einen vollen Tag lang unsere Flucht verheimlichen zu können. Unsere Kameraden hatten die Sache aber, wie sich später zeigte, so außerordentlich geschickt gemacht, daß die Engländer erst nach vier Tagen die Flucht bemerkten. Und auch das nur durch einen unglücklichen Zufall, an dem unsere Helfer keine Schuld trugen.

Kapitänleutnant v. Spiegel organisierte während des Tages den gesamten „Abwehrdienst" für den Abend, der unbedingt notwendig war, wenn die Flucht gelingen sollte. Für jeden der vielen Posten, die das Lager bewachten, wurden einige Offiziere und Mannschaften ausgesucht, deren ganze Aufgabe darin bestand, daß sie um die Zeit, wo gewalzt werden sollte, die in ihren Bereich fallenden Tommies in auffälliger oder unauffälliger Weise ablenkten, damit die Kerle für einige Minuten ihre Pflicht vergaßen und sich für alles andere, nur nicht für unsere Flucht interessierten. Die in unserer dichtesten Nähe befindlichen Tommies hatten die Ablenkung besonders nötig und darum mußte für diese Stellen etwas ganz Besonderes ausgedacht werden. An der einen Ecke mußten sich ein paar Offiziere nach vorherigem Wortwechsel zum Schein schlagen; an einer anderen hielt jemand einen Vortrag mit Bildern; in der Nähe der dritten gaben Ordonnanzen akrobatische Vorstellungen usw. Kurz und gut, Kapitänleutnant v. Spiegel hatte, wie sich am Abend herausstellte, alles ganz vortrefflich organisiert. Zum Überfluß setzte auch noch unser Musikmeister für den Abend ein Konzert im Freien an, das, wenn unser Fehlen bis zum Zapfenstreich nicht bemerkt war, mit der Melodie: „Wohlauf, Kameraden, aufs Pferd!" endigen sollte.

Nachdem so alles bis ins kleinste vorbereitet war, ging ich kurz vor der Abendmusterung — der letzten, die ich hier mitzumachen gedachte — zum Kommandanten und legte ihm einen von mir gezeichneten Entwurf für den Bühnenvorhang zur Begutachtung vor. Er war sichtlich erfreut darüber und noch mehr über meine Versicherung, daß mein Zustand sich so weit gebessert hatte, daß ich in allerkürzester Zeit mit dem Theater

beginnen zu können hoffte. Der gute Mann war tatsächlich i[n]
dem Glauben, ich hätte vorläufig kein anderes Interesse meh[r]
als das Theater. Wie sollte er auch ahnen, daß ich meine erst[e]
und letzte Vorstellung schon heute abend geben wollte, und da[ß]
ich das dazugehörige Kostüm schon unter meiner Uniform trug[.]

Als die englischen Offiziere und Unteroffiziere zur Musterun[g]
erschienen, konnte ich zu meiner Beruhigung feststellen, daß alle[s]
ganz programmäßig verlaufen würde. Durch wochenlange Beo[b]
achtungen hatte ich im Verein mit einigen Kameraden genau fes[t]
gestellt, in welcher Reihenfolge Offiziere, Unteroffiziere un[d]
Posten ihren Dienst versahen und sich ablösten. Nur selten tr[at]
darin eine Änderung ein. Ich hatte darum den heutigen Ta[g]
zur Flucht gewählt, weil die Offiziere und Unteroffiziere, die zu[r]
Musterung und zur Abendronde erschienen, eine weniger streng[e]
Kontrolle ausübten als ihre Kameraden. Ebenso hatten wir un[s]
ausgerechnet, daß der uns am meisten hinderliche Posten, der i[n]
seinem hochgelegenen Häuschen kaum 10 Meter von dem Grabe[n]
am Tennisplatz entfernt war, an diesem Abend, kurz bevor ich m[it]
meinem Begleiter in das Loch zu verschwinden gedachte, dur[ch]
einen alten Soldaten abgelöst wurde, der kurzsichtig war un[d]
deshalb eine Brille trug. Das war sehr günstig.

Die Musterung verlief schnell und ohne Störung. Die En[g]
länder schienen keinen Verdacht zu haben, und die Wachoffizie[re]
schickten sich an, nach Beendigung dieser „Parade", wie sie de[n]
Appell nannten, zum Dinner zu gehen. Da sich auch der Zah[n]
arzt darunter befand, ging ich ihm schnell nach und fragte ih[n]
ob es ihm recht sei, daß ich am folgenden Nachmittag zu ih[m]
käme. Ich schützte vor, der rechte Backenzahn verursache m[ir]
zeitweilig wieder Schmerzen. Gemütlich, wie er immer wa[r]
suchte er mich zu trösten und erklärte mir, zu seinem Bedauer[n]
sei er während der nächsten 2—3 Tage verhindert, da er heu[te]
Abend auf Urlaub ginge. Er wolle mir aber gern am komme[n]
den Montag helfen! Sprach's und verschwand zum Tor hinau[s]
während ich schnurstracks nach der anderen Richtung verschwa[nd]
— zum Tennisplatz, wo ich schon mit großer Spannung e[r]

wartet wurde. Von meinen Freunden hatte ich mich schon vor der Musterung verabschiedet. Das ganze Lager befand sich in fieberhafter Aufregung, denn es hatte sich angesichts der vielen, deren Mitwirkung wir jetzt bedurften, nicht vermeiden lassen, daß auch die Unbeteiligten von unserem Vorhaben erfuhren. Hoffentlich wurde uns nicht durch die Neugier des einen oder anderen zu guter Letzt noch unser schöner Plan verdorben. Das war jetzt meine größte Sorge.

Das Walzen hatte schon mit dem üblichen Gejohle seinen Anfang genommen. Winkelmann saß als Schwergewicht auf der Querstange mit mehreren anderen zusammen. Ich suchte mir einen Platz neben der Zugstange aus und schob eifrig mit hin und her. Links von uns stand der Posten mit der Brille und versuchte krampfhaft zu erkennen, was für ein merkwürdiges Buch die unterhalb seines Häuschens auf dem Rasen sitzenden Offiziere vor sich hatten. Kapitänleutnant v. Spiegel hatte die glänzende Idee gehabt, allerlei bunte Bilder aus Zeitschriften auszuschneiden und dieselben in einem beinahe riesenhaften Bilderbuch zu vereinigen. Damit saß er nun oberhalb des Platzes und erklärte meinen neben ihm sitzenden Freunden Filter und Elson unter fortwährendem Lachen die Unsinnigkeit dieser Bilder, was den Posten, der davon nichts verstand, lebhaft interessierte. Ein kurzer Blick nach den übrigen Posten überzeugte mich, daß auch alle anderen „Abwehrstellen" vortrefflich arbeiteten. Besonders die Akrobaten, die sich weithin sichtbar aufgestellt hatten, schienen die diensttuenden Wachposten besonders zu interessieren. Jetzt galt's zu handeln. Ich gab W. ein Zeichen. Wir walzten noch einmal nach vorn und dann dicht am Rande des Grabens entlang. Schmitz=Winnenthal, ein langer Reserveoffizier von den Kürassieren, der mir auch bei früheren Fluchtplänen treu geholfen hatte, schob an der rechten Seite der Walze, um uns durch seine Körperlänge vor unberufenen Augen zu schützen. Auf einmal gab's einen lauten Plumps, und mein Begleiter lag im Loch. Kein Engländer hatte etwas davon gesehen. Noch eine Fuhre, und dann sprang auch ich hinein, mit dem Gesicht nach unten. Es ließ sich leider nicht vermeiden, daß W.s Kopf dabei in höchst unangenehmer Weise mit meinen Absätzen in Berührung kam. Zum Glück ging sein lautes „Autsch" in dem Geschrei der Walzmänner verloren. Gespannt lauschten wir, ob sich etwas Besonderes jetzt ereignen würde. Es schien aber alles seinen gewohnten Gang zu gehen. Ungefähr zehn Minuten lang hörten wir noch die Walze neben uns rollen, dann wurde es etwas ruhiger, die Walzmänner verzogen sich. Ab und zu drang von fern lautes Lachen und Beifallklatschen zu uns hinüber. Die komischen Akrobaten waren scheinbar immer noch am Werk. Kapitänleutnant Spiegel hörten wir sagen: „So was Blödsinniges habe ich in meinem ganzen Leben noch nicht mitgemacht!" Dann klappte er das Buch zu und wir vernahmen, wie die drei den Platz verließen. Im Vorbeigehen an unserem Graben flüsterten sie uns ein „Alles klar!" und „Gute Fahrt!" zu. Dann wurde es nach und nach ruhig um uns herum. Immer vereinzelter wurden die Schritte der unser Versteck passierenden Spaziergänger, bis sie schließlich ganz aufhörten. Es war die Zeit, um welche der Platz geräumt werden mußte. Bald hörten wir dann auch die schrille Signalpfeife des Sergeanten, der das Schließen des Platzes veranlaßte. An dem uns wohlbekannten Pfiff erkannten wir, daß es „unser" Mann war. Wir konnten also unbesorgt sein. Gott sei Dank! Der erste Teil war gelungen.

Erst jetzt kam ich dazu, mir einmal eingehend den Graben anzusehen, in den wir uns hineingeklemmt hatten und in dem wir nur mit äußerster Anstrengung liegen konnten, weil er weder breit noch lang genug war, um uns zwei großen Menschen genügend Raum zum Ausdehnen geben zu können. Alle Wetter, war das ein schmutziges Loch! Durchaus nicht so bequem, wie es den Anschein hatte, wenn man von oben hineinsah. Der lehmige Boden war mit einer dünnen Wasserschicht überzogen, die sich leider nicht ganz hatte herausbringen lassen, weil es dazu an Gelegenheit fehlte. Das war äußerst fatal, denn wir konnten damit rechnen, etwa 3—4 Stunden hier zubringen zu müssen, bevor wir uns ungesehen ins Freie wagen durften. Am unangenehmsten empfanden wir die vielen schwarzen Käfer, Ameisen und andere kleine Tierchen, die aus allen Löchern herausgekrabbelt kamen und uns dreist durch die Haare und über Gesicht und Nacken krochen, ohne daß wir sie darin hindern konnten, denn es war unmöglich, auch nur die geringste Bewegung zu machen, damit der Posten, der in unserer allernächsten Nähe stand, nichts hörte. Jetzt, wo der Spielplatz nicht mehr benutzt wurde, war es so still, daß man fast das Knicken eines Grashalmes hören konnte. Hätte man sich doch nur von Zeit zu Zeit mal auf die eine oder andere Seite legen können. Die Knochen wurden einem so elend steif bei dieser unbequemen Lage! Die Situation wurde schon nach einer Viertelstunde so verteufelt ungemütlich, daß sowohl Winkelmann als auch ich einen leisen Fluch und ein gelegentliches Stöhnen nicht unterdrücken konnten. Doch es half nichts. Wir mußten uns ins Unvermeidliche fügen.

Langsam schlich die Zeit dahin. Die Minuten wurden uns zu Stunden. Gespannt horchten wir auf die Glockenschläge der Turmuhr. Noch nie in meinem Leben ist mir die Zeit so endlos vorgekommen wie an diesem Abend. „Achtung!" flüsterte W. plötzlich. Wir hörten Schritte näher kommen. Es schien, als ob die ganze Wiese davon dröhnte. Mein Herz schlug schneller und schneller. Wer konnte das sein? Die Schritte des Postens in seinem Häuschen verstummten. Dann hörten wir, wie der Mann mit ein paar Leuten etwas sprach, was wir leider nicht verstehen konnten. Ob man am Ende schon etwas bemerkt hatte? Instinktiv, wie um uns noch mehr zu verbergen, gruben wir uns mit dem Gesicht so tief in den matschigen Lehmboden ein, daß wir nur mit Mühe Atem holen konnten. Es war die reine Vogel-Strauß-Politik! Immerhin beruhigte es aber doch unsere aufgeregten Gemüter ein klein wenig.

Nach wenigen Minuten schon verstummte das Sprechen, und die Schritte der Männer entfernten sich. Erleichtert atmeten wir auf. Im nächsten Augenblick jedoch wurden wir von neuem

wieder erschreckt. Neben uns raschelte etwas durchs Gras. Von
Zeit zu Zeit hörte das Rascheln auf. Wir hatten beide das
Gefühl, als ob sich jemand an uns heranschliche. Vielleicht einer
der Männer, die vorhin mit dem Posten gesprochen hatten?
Immer näher kam das Geräusch. Wie um mich aufs äußerste
zu peinigen, krabbelte in diesem Augenblick gerade ein schwarzer
Käfer über mein Gesicht und spazierte in mein linkes
Ohr hinein. Ich litt Qualen. Was tun? Meine
sämtlichen Glieder fingen an zu zucken. Das Biest krab=
belte immer tiefer hinein. Verflucht! Jetzt konnte ich's nicht
mehr aushalten. W. drückte zwar krampfhaft seinen Kopf an
meine Füße, damit ich mich nicht bewegen sollte, aber das
half nun nichts mehr. Ich mußte mich ein klein wenig herum=
drehen, um den lästigen Käfer aus dem Ohr zu schütteln. Und
nun gewahrte ich etwas, was mich beinahe zu lautem Lachen
gereizt hätte. Statt des erwarteten Soldatenkopfes über mir
sah ich ein ganz harmloses, ausgewachsenes Karnickel, das neu=
gierig zu uns hinunterschaute! Also wieder mal falscher Alarm!

Im weiteren Verlauf des Abends kamen noch viele dieser
mißratenen Hasen an unser Versteck und tummelten sich über
uns oder betrachteten uns mit erstaunten Blicken. Einzelne
rissen erschreckt aus bei unserem Anblick. Wer weiß, vielleicht
waren auch sie schon von der „Daily=Mail"=Pest vergiftet und
sahen in den „Hun officers" eine fürchterliche Gefahr!

So verging eine Viertelstunde nach der anderen, aber es
wollte und wollte nicht dunkel werden, so sehr wir auch auf den
Anbruch der Nacht warteten. Von fern her tönten die ersten
Konzertklänge zu uns hinüber. Das belebte die abendliche
Stille wieder, so daß wir uns hier und da ein klein wenig
rühren konnten. Jedes Millimeter Veränderung unsrer Lage
war ja schon eine Wohltat. In der nassen Lehmerde des engen
Grabens waren unsere Glieder schon ganz steif und unbeweglich
geworden. Teils, um auch nicht durch Flüstern die Aufmerk=
samkeit des nahestehenden Postens zu erregen, teils, um uns die
Zeit zu vertreiben, unterhielten wir uns während der nächsten

Stunden mittels Morsezeichen, die wir durch leises Klopfen mit
dem Fingerrücken gegen die Grabenwand gaben. Das ging sehr
gut. Plötzlich wurden wir durch das Heulen der Turmsirene
unterbrochen. Unwillkürlich schreckten wir zusammen. Be=
deutete das Alarm? Die Uhr hatten wir unter unserem Doppel=
kostüm verborgen, konnten uns jetzt also nicht überzeugen, wie
spät es war. Voller Spannung lauschten wir, ob sich etwas
Besonderes hören ließ. Zum Glück brauchten wir nicht lange
zu warten. Gleich darauf setzte die Kapelle mit dem Schluß=
marsch ein: Wohlauf, Kameraden, aufs Pferd, aufs Pferd! —
Sollte es möglich sein? Ja, eine Täuschung war ausgeschlossen.
Ein Zentnergewicht fiel uns von der Seele.

Nun war gleich die Abendronde, und wenn auch die gut
verlaufen war, sollte im obersten Mittelzimmer des Schlosses
eine kleine, rote Lampe brennen. Das war das Signal für uns.
Langsam fing es jetzt an, dämmerig zu werden. Wieder ver=
rann eine Viertelstunde nach der anderen. Es war aber immer
noch nicht dunkel genug, um den Graben verlassen zu können.
Ob der Posten schlafen gegangen war? Wir wußten es nicht.
Schon seit geraumer Weile waren seine Schritte verstummt.
Dafür tauchten von Zeit zu Zeit andere Geräusche auf. Das
auf den umliegenden Wiesen grasende Rindvieh und zahlreiches
Damwild, das abends zur nahegelegenen Tränke kam, scheuerte
sich an den Pfosten des Drahtverhaus und geriet dabei mit dem
Gehörn zuweilen in den Draht, so daß ein lautes Rascheln und
Rasseln anfing, das sich nach rechts und links weithin fortpflanzte.
Die Posten hatten sich an dieses Geräusch, weil es allabendlich
wiederkehrte, schon gewöhnt. Das war für unser Vorhaben außer=
ordentlich günstig. Ich rechnete überhaupt stark auf die Nach=
lässigkeit der Posten, denn ich hatte bei vielen nächtlichen Streif=
zügen die Beobachtung gemacht, daß die Kerle, wenn es auf
Mitternacht zuging und der Rondeoffizier vorbei war, ihre Ge=
wehre meist in die Ecke stellten und sich entweder an einen
Pfosten lehnten und schliefen oder zum Nebenmann gingen, der
50 Schritte entfernt patrouillierte. Sie steckten sich dann gewöhn=

lich ein Pfeifchen an und unterhielten sich so lange, bis die Ablösung kam.

Die Turmuhr ließ elf Schläge ertönen. Wir lagen also schon über drei Stunden in diesem wüsten Loch. Noch eine halbe Stunde, dann konnten wir's vielleicht wagen. Vorsichtig hoben wir von Zeit zu Zeit den Kopf, um über den Rand des Grabens hinweg Ausguck zu halten. Es wurde jetzt schnell dunkel. Nur noch undeutlich konnte man die in der Nähe stehenden Bäume erkennen. Wir "peilten die Lage". Alles war still. Im Dachgeschoß des Hauptgebäudes brannte ein winziges rotes Licht. Wir stießen uns verständnisvoll an. Der Posten, der oberhalb unseres Verstecks Wache halten sollte, war entweder verschwunden oder eingeschlafen. Jedenfalls konnten wir ihn nirgends entdecken. Nun gab's kein langes Überlegen mehr. Vorsichtig erhoben wir uns und wanden uns über den Rand hinweg, bis wir in unserer ganzen Länge auf der Wiese lagen. So fest wie möglich drückten wir uns auf den Boden, um nicht gesehen zu werden. Die zahlreichen elektrischen Lampen, mit denen das Lager umsäumt war, warfen ihren Schein bis weit hinter uns.

Zunächst blieben wir steif wie die Klötze liegen und horchten. Das Steifliegen fiel uns vorläufig nicht schwer, denn unsere Gliedmaßen waren von der Nässe, in der wir gelegen, fast erstarrt; es dauerte lange, bis das Blut wieder in Zirkulation kam. Wie die Indianer auf Schleichpfaden, so krochen wir jetzt Zoll um Zoll vorwärts, zwischendurch immer eine Pause machend, um nach allen Seiten auszuspähen und um zu verschnaufen, denn mit den doppelten Kleidern und der dicken Lederweste, die wir unter der Uniform trugen, war dieses Kriechen äußerst mühsam. Es dauerte infolgedessen eine gute halbe Stunde, bis wir zu den Korbstühlen gelangten und unsere unter der Sitzplatte befestigten Sachen losmachen konten. Auch dabei war äußerste Vorsicht geboten, weil die Korbgeflechte in allen Fugen knisterten.

Nachdem alles losgebunden, traten wir den Rückweg an,

um an die Stelle zu gelangen, die wir für unseren Durchbruch
auserfehen hatten, weil uns dort der Draht am wenigsten ver=
wickelt zu sein schien. Der Rückweg war doppelt so lang als die
bisher zurückgelegte Strecke. Unsere Sachen teils mit beiden
Händen, teils zwischen den Zähnen haltend, schlichen wir rück=
wärts. So verging wieder eine gute halbe Stunde. Jetzt galt's.
Wir waren am Draht angelangt. Aber o weh! Wieviel ver=
wickelter zeigte sich dieses Drahtgewirr, wenn man dicht davor
lag, als wenn man es aus kurzer Entfernung flüchtig be=
trachtete! Aber das half nun nichts; zu langen Betrachtungen
war keine Zeit. Wir tasteten uns zwischen den einzelnen Drähten
hindurch, bogen sie, so gut es ging, zur Seite und schoben uns
langsam hinein. Um einen gewissen Halt zu haben, suchten wir
uns mit den Händen auf dem Erdboden zu stützen. Das war
aber leichter gedacht als getan, denn über die gesamte Boden=
fläche des Verhaus waren, durch das Gras verdeckt, kreuz und
quer Drähte gespannt, von deren Vorhandensein wir bis jetzt noch
nichts wußten und an denen wir uns schon gleich zu Anfang
Hände und Knie blutig rissen. Von allen Seiten kratzte und
zwickte es uns. Kaum hatte man einen Draht glücklich von den
Kleidern losgehakt, da hing man schon an zehn, zwanzig Stellen
wieder fest. So gut es ging, halfen wir uns gegenseitig die
Drahtzacken von den Kleidern und vom Körper loszulösen. Wir
hatten uns schon so weit hindurchgeschoben, daß wir fast mitten
im Verhau hingen, als die Turmuhr zwölf schlug, und wir von
fern die ablösenden Posten kommen hörten. Was tun? — In
wenigen Minuten, bis die Ablösung da war, konnten wir unmög=
lich das Hindernis überwunden haben. Noch gute zweieinhalb
Meter Draht lagen vor uns. Ein Zurück gab's auch nicht, denn
beim Rückwärtskriechen konnten wir die Hände nicht gebrauchen,
um die Drähte auseinanderzubiegen. So saßen wir vollkommen
fest, während uns dicke Blut= und Schweißtropfen an Gesicht und
Körper herunterliefen. „Stillhalten!" flüsterten wir uns gegen=
seitig zu und versuchten unseren vor Anstrengung keuchenden
Atem anzuhalten, damit wir nicht bemerkt wurden, denn soeben

am ein Soldat außen ums Verhau herum, lustig eine Melodie
vor sich hinpfeifend. Es war eine verteufelte Situation, in der
wir uns befanden. Entdeckte der Mann uns, dann hatten wir
im nächsten Augenblick eine Kugel zu erwarten, denn ein Ent=
rinnen gab's hier nicht. Wir versuchten das Gesicht möglichst
nach unten zu halten, damit die helle Farbe in der Dunkelheit
nicht auffiel.

Zwei Minuten gespanntester Erwartung! Der Schweiß
drang mir aus allen Poren, mein Puls raste förmlich vor An=
strengung und Aufregung. Immer näher kam der Posten. Noch
fünf Schritte, dann war er bei uns. — Gott sei Dank! Die Gefahr
war vorüber. Der Kerl sah ausgerechnet in dem Augenblick, als
er uns passierte, stumpfsinnig vor sich hin und — ging weiter!
Im Postenhaus blieb er stehen, murmelte ein paar unverständ=
liche Worte und setzte sich dann nach dem nächsten Postenhaus in
Bewegung. Ob der Posten nicht mehr darin war? Oder ob der
Kerl am Ende so fest schlief, daß der andere ihn nicht wecken
wollte? Das soeben Gesehene genügte uns, um nun unsere
äußersten Kräfte anzuspannen, damit wir den letzten Teil des
Hindernisses überwanden. Auf die vielen Wunden achteten wir
nicht mehr. Die Aufregung ließ uns die Schmerzen vergessen,
die wir anfänglich bei jedem Stich verspürten.

Eine unglaublich mühselige und verzweifelte Arbeit war
dieses Durchwühlen durch den Draht. Unsere Kräfte verließen
uns zusehends mehr, so daß wir mehrere Male glaubten, nicht
mehr weiterzukommen. Aber doch rückten wir Zoll für Zoll
der äußeren Umzäunung näher. Nur noch ein halbes, ein
viertel Meter, dann hatten wir's geschafft. Das letzte Stück war
ganz besonders anstrengend, weil wir kaum noch über die nötigen
Kräfte verfügten, um die letzten Drähte, die uns den Schritt ins
Freie behinderten, auseinanderzubiegen. Endlich war auch diese
Schwierigkeit überwunden. Pfauchend und pustend arbeiteten wir
uns durch dieses Tohuwabohu von Drähten hindurch, bis wir
endlich, endlich mit dem Kopf ins Freie gelangten. Mit dem
letzten Rest unserer Kraft halfen wir uns gegenseitig, den Körper

und die Beine hindurchzuzwängen, und dann plumpsten wir beide, völlig erschöpft, ins hohe Gras. Wir waren, um einen landläufigen Ausdruck zu gebrauchen, so ausgepumpt, daß wir uns während der nächsten zehn Minuten nicht imstande fühlten, überhaupt nur ein Glied zu rühren. — Der Gedanke, durch Postenketten und Stacheldraht glücklich hindurch und endlich nach langer, langer Zeit wieder frei zu sein, ließ uns jedoch nicht lange untätig. Nachdem wir uns notdürftig ausgeruht hatten, machten wir, daß wir so schnell wie möglich aus der Nähe des Lagers kamen. Es war in dem hohen Grase leider nicht möglich, Fußspuren zu vermeiden. Wir rechneten damit, daß der frische Tau das Gras bald wieder aufrichten würde.

Ungefähr zweihundert Meter vom Lager entfernt standen ein paar hohe, uralte Bäume. In dem morschen Innern eines derselben versteckten wir unsere total zersetzten Uniformen, damit die Engländer, wenn sie die Flucht entdeckten, in dem Glauben blieben, wir seien in Ermangelung von Zivilkleidern in Uniform geflohen. Noch einen kurzen Blick zum Lager, das wir hoffentlich zum letzten Male sahen, und dann setzten wir uns in Trab. Zunächst schlugen wir die Richtung nach dem nahegelegenen Wald ein, um von dort über die Chaussee, die nach Donington führte, zum nahegelegenen Trent zu gelangen. Durch dichtes Gestrüpp bahnten wir uns den Weg. Es war oft so dunkel, daß man die Hand nicht vor den Augen sehen konnte. Daher kam es, daß wir einige Zeit später beim Heraustreten aus dem Gebüsch unversehens auf einen großen lebenden Gegenstand traten, der wutschnaubend emporschnellte. Es war eine Kuh, die wir hier im Schlaf gestört hatten und die uns mit den Hörnern um ein Haar in den Leib gestoßen hätte, wenn wir nicht rechtzeitig zurückgeprallt wären. Von hier ging's über hügeliges Wiesenterrain und ein halbes Dutzend Bretterzäune zur großen Fahrstraße.

Auf derselben angelangt, überlegten wir einen Augenblick, ob wir der Straße folgen oder schnurstracks durch die Felder laufen sollten. Wir brauchten uns nicht lange den Kopf zu

zerbrechen. Wenige hundert Meter rechts von uns, wo die
Straße von einer Anhöhe herabkam, wurden Stimmen hörbar.
Zweifellos kamen dort englische Soldaten, die zur Lagerwache
gehörten, vom Urlaub zurück. Wer hätte sonst um diese Zeit
hier etwas zu suchen gehabt. Ohne langes Überlegen sprangen
wir querfeldein über eine dornige Hecke in ein großes Korn=
feld. In dem Bestreben, möglichst aus der Nähe dieser Leute
zu kommen, deren Begleithund plötzlich laut anschlug, achteten
wir nicht aufeinander, sondern stürmten blindlings vorwärts,
irgendwohin in die Gegend. Hinter einem Strauch blieb ich
stehen, um zu horchen. Der Hund kläffte in einem fort mit der=
selben Heftigkeit, dagegen schien das Sprechen der Leute ver=
stummt zu sein. Ob die Kerle uns am Ende bemerkt hatten?
Ich sah mich nach allen Seiten vorsichtig um. Donnerwetter,
wo war mein Begleiter geblieben?! Leise rief ich ein paarmal
seinen Namen. Keine Antwort. Dann pfiff ich leise. Wieder
keine Antwort. Zum Henker! Auf einmal raschelte es neben
mir. Gespannt hielt ich den Atem an. Freund oder Feind?
Kein Stimmlaut ließ sich hören. Von Zeit zu Zeit raschelte es
wieder, dann sah ich plötzlich eine hagere Gestalt dicht vor mir.
Unwillkürlich ballte ich die Faust, um im nächsten Moment
losschlagen zu können, da hörte ich leise meinen Namen rufen.
Gottlob! Es war Winkelmann. Wir warteten noch eine Weile,
und als dann alles ruhig blieb, wandten wir uns nach Süden.
Im Sturmschritt ging's bergab, über Korn=, Klee= und Stoppel=
felder. Die dicke Kleidung machte uns viel Beschwerden. Wir
wurden reichlich durstig, konnten uns aber keinen Trunk ge=
statten, da wir nur zwei kleine Medizinflaschen voll Whisky für
den äußersten Notfall bei uns hatten und nicht wußten, wann
wir Gelegenheit bekamen, diesen Vorrat aufzufüllen.

Eine gute Viertelstunde mochten wir so gelaufen sein, als
der Boden plötzlich seicht zu werden begann. Aha! Wir waren
in der Nähe des Flusses. Mühsam stapften wir vorwärts. Auf
einmal stieß W. einen leisen Schrei aus. Er stak bis fast an
die Hüften in einem Sumpf. Im nächsten Augenblick ich auch.

Verflucht! Mit äußerster Anstrengung gelang es uns glücklicherweise, uns rückwärts wieder aus dem Morast herauszuarbeiten, der einem die Gliedmaßen mit fast unwiderstehlicher Kraft nach unten zog. Ein paar Schritte weiter, und wir wären vielleicht nie wieder hier herausgekommen. Der Gedanke ließ uns noch nachträglich schaudern.

Wir tasteten nach rechts und nach links. Überall war Schilf und Sumpf. Da wir so nicht weiterkamen, entschlossen wir uns, nach rechts abzubiegen. Nach unserer Schätzung mußten wir dort an eine Flußbiegung kommen. Unsere einzige Streichholzschachtel war in dem Sumpfbad feucht geworden, so daß uns unsere Karte im Augenblick leider nichts nutzen konnte. Mühsam pilgerten wir weiter. Hoffentlich stimmte die Richtung. Wir waren so viel kreuz und quer gelaufen, daß wir uns kaum noch zu orientieren vermochten. So wanderten wir vielleicht eine halbe Stunde, bis wir auf eine Bahnlinie stießen. Kaum hundert Meter vor uns teilten sich die Schienenstränge. Nun war guter Rat teuer. Wo führten die Gleise hin? Aus dem Gedächtnis wußten wir, daß hier in der ganzen Gegend überhaupt kein Eisenbahnknotenpunkt auf unserer Karte verzeichnet stand. Schätzungsweise mußte der linke Gleisstrang über den Trent führen. Also vorwärts. Wir überklommen die hohen Hecken, die den Bahndamm umsäumten, und wanderten auf der anderen Seite weiter.

Im Osten begann es zu dämmern. Pech! Wir hatten geglaubt, um diese Zeit schon beim Flugplatz zu sein, und nun waren wir noch nicht einmal bis zum Trent gelangt! Links von uns schimmerte etwas Helles durch die Bäume hindurch — Wasser! Erleichtert atmeten wir auf. Der Trent war hier kaum 30 Meter breit. Im Nu waren wir drüber. Und nun ging's mit frischem Mut weiter. Die Gegend schien völlig unbewohnt zu sein. Als es fast Tag geworden war, stießen wir auf eine Wegkreuzung. An der Ecke stand ein kleiner, verwitterter Wegweiser. Ja, zum Kuckuck, wo waren wir denn hingeraten? Wir waren ja fast fünfzehn Kilometer von unserem eigentlichen Wege ab! „Schöne Bescherung!" brummten wir uns gegenseitig an und versuchten dann, mit beschleunigtem Tempo das Versäumte einzuholen. Aber der Geist war williger als der Körper. Die Beine wollten nicht mehr recht mitmachen. Das war ja auch schließlich kein Wunder nach allem, was vorausgegangen. So wurde unser Marsch immer mühseliger und langsamer. Einmal leisteten wir uns einen ganz kleinen Schluck Whisky und ein Stück selbstfabrizierter Schokolade, um die erschlafften Lebensgeister aufzufrischen. Gleich darauf erlebten wir die zweite Enttäuschung. W. hatte, um die Schokolade besonders nahrhaft zu machen, allen verfügbaren Zucker hineingemischt. Die Folge war, daß wir nach dem Genuß dieses Selbstfabrikates einen geradezu brennenden Durst bekamen, den wir mit nichts zu stillen vermochten.

Nach und nach kamen wir in eine belebtere Gegend. Jetzt hieß es aufpassen, damit wir nicht gesehen wurden. Ich hatte mit meinem Begleiter verabredet, daß er sich, falls uns jemand begegnen würde, taubstumm stellen sollte, damit er sich durch seine Sprache nicht verriet. Mehrere Male begegneten uns ein paar Arbeiter. Sie sahen uns etwas erstaunt an, sagten brummig „Good morning" und trabten an uns vorbei. Ein etwas besser gekleideter Mann redete uns kurze Zeit später an und fragte, ob wir nicht einen Einspänner in der und der Richtung gesehen hätten. Ich antwortete kurz und verneinend, aber höflich. Dann gingen wir weiter. Wir hatten beide das Gefühl, daß der Mann uns nachschaute. Die Situation wurde dadurch etwas ungemütlich. Vor uns lag ein großes Dorf. Das mußten wir möglichst meiden. Jawoll! Prost Mahlzeit! Rechts vom Weg lagen sumpfige Wiesen, links ebenfalls. Also mußten wir doch durch.

Mit unserem in buntes Gardinentuch eingewickelten Päckchen unterm Arm marschierten wir durchs Dorf, als ob wir zur Arbeit wollten. Zum Glück begegneten uns nur wenige Leute. Nach kaum fünf Minuten passierten wir das letzte Haus und waren wieder im Freien. Um zu der von uns gesuchten

Bahnlinie zu kommen, mußten wir jetzt nach rechts halten. Prompt fanden wir die Stelle, wo die Bahn von Norden über den Trent kam und in der Richtung nach Nottingham in südwestlicher Richtung abbog. Wir konnten nun nicht mehr weit vom Ziel sein. Der Gedanke daran gab uns wieder frische Kräfte. So marschierten wir wohl zwei Stunden unentwegt, hielten nach rechts und links Ausschau und — fanden nichts, aber auch nicht das Geringste, woraus wir auf die Anwesenheit eines Flugplatzes hätten schließen können.

Ja, zum Teufel, war denn der Platz verhext? Wir setzten uns in den Schutz eines Gestrüpps und studierten die Karte. Kein Zweifel. Wir hatten uns in der Gegend nicht geirrt. Hier irgendwo, im Umkreis von etwa 2 Kilometern mußte der Flugplatz sein. Aufs neue machten wir uns also auf die Suche, gingen erst ein Stück seitwärts zurück und dann wieder vorwärts — zwei, drei, vier Kilometer weit. Umsonst! Kein Flugplatz — überhaupt kein Flugzeug war zu sehen. Halt! Doch! W. spitzte die Ohren. „Da kommt einer", sagte er gelassen, als sei das etwas ganz Selbstverständliches. Wahrhaftig. Von Norden her ertönte Motorgeräusch. Kurz darauf sahen wir einen kleinen Punkt in der Luft, der schnell größer und größer wurde. Ein Doppeldecker! Der unsrige? Ich konnte meine Freude kaum verbergen. Nur noch wenige Minuten, dann war er über uns, und dann mußte sich's zeigen, wo er herunterging. In kaum 400 Meter Höhe flog die Maschine über uns hinweg. Gespannt folgten wir ihrem Fluge. Nanu? — — Der Kerl machte nicht die geringsten Anstalten, niederzugehen; flog immer weiter und weiter, schnurgerade seine Richtung beibehaltend. Nach einigen Minuten war er nur noch als ein winziges Pünktchen sichtbar. Hm! Was nun? Fragend sahen wir uns an. Leider wurden wir davon keinen Deut klüger. Wir überlegten hin und her und entschlossen uns dann, noch eine Weile weiterzumarschieren. Vielleicht fanden wir unterwegs irgendeinen Anhaltspunkt Wenn nicht, dann beschlossen wir, in einem kleinen Wald oder Kornfeld Rast zu machen und abzuwarten, ob nicht noch mehr Flieger kamen, aus deren Flug sich vielleicht entnehmen ließ, wohin sie gingen.

Immer höher und höher stieg die Sonne und brannte uns mit wahrer Inbrunst auf unser müdes Haupt. Das Durstgefühl wurde beinahe unerträglich. Wenn doch nur bald mal ein Wasser käme! In der Ferne sahen wir eine Fabrik. Es sah so aus, als ob sie am Wasser liegen müßte. Dorthin richteten wir jetzt unsere Schritte. Hohes Gestrüpp verbarg uns vor den Blicken der Fabrikarbeiter, und so konnten wir ungesehen am Rande desselben entlanggehen. Wir fanden denn auch bald, daß wir uns nicht getäuscht hatten. Wir waren wieder an einen Fluß geraten. Es war kein anderer als der Trent, den wir schon des Nachts passiert hatten. Aber o weh! Was war das auf einmal für schmutziges, stinkendes Wasser! In allen möglichen Farben schillerte die Oberfläche. Richtig! Unterhalb Donington lagen ja allerlei Fabriken, Farbenfabriken oder dergleichen! Das war ja ein schöner Reinfall. Ärgerlich machten wir kehrt und sahen uns nach einem Versteck um, das wir auch bald fanden. Im Schatten eines hohen dichten Gebüsches legten wir uns nieder und sogen begierig die feuchten Grashalme aus, um unsere Durstqualen etwas zu lindern. Dann streckten wir uns lang aus, um ein wenig auszuruhen. Wir waren hundsmüde. Gegen zwei Uhr weckte mich Winkelmann. In der Nähe kläffte ein Hund. War man am Ende schon hinter uns her? Im Lager hatte man unser Fehlen jetzt gewiß bemerkt. Wenigstens schien es uns ausgeschlossen, daß unsere Flucht so lange verborgen bleiben konnte. Vorsichtig steckte ich den Kopf aus dem Gestrüpp und hielt Ausschau. Von der Fabrik her kam ein kleiner Junge des Wegs, der eifrig mit einem Hund spielte. Daher das Gekläff. Ich ging um das Gebüsch herum und trat auf den Weg, um dem Burschen langsam entgegenzugehen. Vielleicht ließ sich von ihm etwas erfahren. Unauffällig warf ich ein Sixpencestück auf den Weg und tat, als ob ich etwas suchte. Der Junge fiel auch prompt darauf herein, half mir bald beim Suchen und fand das Geldstück, das ich ihm daraufhin schenkte.

Wir knüpften ein Gespräch an, und ich benutzte dabei denselben Trick, den ich im Lager bereits angewendet hatte, indem ich auf den abgestürzten Flieger zu sprechen kam, von dem der Kleine natürlich nichts wußte. Im weiteren Verlauf der Unterhaltung erfuhr ich, daß hier irgendwo in der Nähe ein Flugplatz sein mußte. Leider war der Junge aber nicht imstande, mir nähere Angaben darüber zu machen, da er den Platz noch nie gesehen hatte. Dagegen konnte er mir eine genaue Beschreibung der benachbarten Bahnlinien geben. Nachdem er mir noch die Abfahrtszeit einiger Züge gegeben hatte, die von einer nahegelegenen Ortschaft nach Nottingham gingen, schenkte ich ihm eine Zigarette und tat, als ob ich weiterging. Als er sich entfernt hatte, ging ich zu meinem Begleiter und teilte ihm das eben Gehörte mit.

Wir beschlossen daraufhin, unsere Wanderung so lange fortzusetzen, wie dies möglich war, ohne gesehen zu werden, denn wir kamen jetzt in bewohnte Gegenden. Da war Vorsicht geboten. An einer besonders günstigen Stelle wollten wir Rast machen und dann während der Nacht den Marsch fortsetzen. Das war sicherer. Die belebten Straßen und Wege vermieden wir soweit wie möglich und hielten uns seitwärts davon. Man muß aber nur ja nicht denken, daß das so einfach war, als es sich anhört. In dieser Gegend gab es kaum ein Stück Wiese, und war es auch noch so klein, das nicht mit einem hohen Zaun oder einer Hecke umgeben war. Meist waren sie noch mit Stacheldraht durchsetzt. So kam es, daß wir ununterbrochen Kletterübungen machen mußten. Manchen Weg mußten wir jetzt und im Verlauf der nächsten Tage doppelt machen, weil wir plötzlich auf Kanäle mit hohen, glatten Seitenwänden stießen, die das Land durchquerten und fast nirgends eine Brücke aufwiesen. Auch dieses Wasser war ungenießbar. Gar zu gern hätte ich ein Bauernhaus betreten und um einen Schluck Wasser gebeten. Aber das hätte zu leicht Verdacht erregen können. Der Durst peinigte uns jedoch auf die Dauer so sehr, daß wir uns schließlich der Länge nach über einen Wiesentümpel warfen, der dem lieben Viehzeug vielleicht als Tränke gedient hatte, wie allerlei Spuren bewiesen, und gierig das schmutzige Wasser tranken. Herrgott, war das ein Labsal! Zur weiteren Stärkung griffen wir unsere einzige Büchse Leberwurst an (Bestechungspreis dreißig Schilling!), die bei der Hitze schon schlecht zu werden begann. Unsere Hoffnung, Obst und Früchte auf den Feldern zu finden, hatten wir schon lange aufgegeben. In dieser ungemütlichen Gegend gab's scheinbar nichts anderes als Gras, schmutzige Kanäle, Hecken und Stacheldraht, der an uns immer deutlichere Spuren zurückließ. Zum Glück führten wir Nähzeug mit uns, mit dem wir auch schon am frühen Morgen die notwendigsten Reparaturen ausgeführt hatten, denn der Spaziergang durch den Stacheldraht am Tennisplatz hatte uns nicht nur unzählige Schrammen und Risse am Körper, sondern noch mehr natürlich an den Kleidern beigebracht.

So irrten wir drei volle Tage lang in der Gegend umher, bald rechts, bald links von der Bahnlinie, und suchten nach dem Flugplatz. Der nächstgelegene größere Platz, von dem wir ganz genaue Angaben besaßen, lag zu weit entfernt, um ihn ohne Proviant zu Fuß erreichen zu können. Zum Bahnfahren wollten wir uns aber nur im äußersten Notfall entschließen, denn das war nur möglich, wenn wir als blinde Passagiere auf einen vorüberfahrenden Güterzug sprangen. Wenn unsere Flucht entdeckt war, und damit mußten wir rechnen, dann waren die Bahnstationen sicherlich das erste, was unter scharfer Kontrolle stand. Tagsüber hielten wir uns, wenn wir nicht marschierten, in kleinen Wäldern auf oder in kleinen Heuhaufen, die wir aus den letzten Resten, die auf den abgemähten Wiesen verblieben waren, zusammentrugen. In diesen Heuhaufen schliefen wir auch, weil wir dort so leicht nicht gefunden werden konnten. Die Nächte benutzten wir zu ausgiebigen Wanderungen. So sehr wir aber auch suchten, fanden wir nicht das geringste. Der kleine Flugplatz war und blieb verhext.

Allmählich wurde uns die Geschichte zu dumm. Zweimal hatten wir nun schon die Gegend zu beiden Seiten der Bahnſtrecke abgeſucht. Es war faſt ausgeſchloſſen, daß wir den Platz überſehen haben konnten, wenn er dageweſen wäre. Infolge der fortwährenden Strapazen, die dieſer Marſch mit ſich brachte, und des ſich immer mehr fühlbar machenden Mangels an Waſſer und Proviant — wir verfügten nur noch über ein paar kleine, trockene Scheiben Brot — ließen unſere Kräfte zuſehends nach. Hierzu kam noch, daß ich durch das ungewohnte Schlafen auf feuchter Erde, vor allem auch durch das lange Liegen im Tennisgraben, mein altes rheumatiſches Leiden wiederbekam, das ſich beſonders ſchmerzhaft in den Knien und in der rechten Schulter bemerkbar machte, ſo daß ich meine Gliedmaßen oft nur mühſam noch bewegen konnte.

So konnte das alſo nicht weitergehen, und deshalb überlegte ich mit meinem Begleiter, daß wir uns den folgenden Tag nach Nottingham begeben wollten, um einige Eßwaren zu kaufen und dann per Bahn nach London zu fahren, von wo wir leicht nach dem Flugplatz Hendon gelangen konnten. Zu dieſem Zweck mußten wir aber wiſſen, wie weit unſere Flucht bisher bekannt geworden war. In einem zufällig am Wege liegenden Zeitungs=blatt, das vom Tage zuvor ſtammte, hatten wir keinerlei Notiz über unſere Flucht finden können. Merkwürdig! Das war doch ganz gegen die ſonſtige Gewohnheit der Engländer! Steckte dahinter eine neue Finte, um uns möglichſt in Sicherheit zu wiegen, damit man uns dann um ſo beſſer faſſen konnte? Für ſo ſchlau hielt ich die Engländer nicht. Aber wie kam es denn nur, daß man ſo gar nichts von uns ſchrieb? Vergeblich zer=brachen wir uns den Kopf.

Bei herrlichſtem Sonntagswetter gelangten wir gegen Abend des dritten Tages wieder in die Nähe des Trent. Die Gegend wurde zuſehends belebter. Die immer zahlreicher werdenden kleinen Landhäuſer verrieten die Nähe einer großen Stadt — Nottingham. Abend für Abend hatten wir ſeine vielen Schein=werfer über unſere Köpfe hinweg leuchten ſehen. Von Zeit zu Zeit begegneten wir ein paar Anglern, die ſtumpfſinnig vor ſich hinſtarrten. Ein Radfahrer fragte uns, ob er hier richtig ſei auf dem Wege nach X. Ich bejahte seine Frage und versicherte ihm, dies sei der kürzeste Weg. In Wirklichkeit hatte ich keine Ahnung, wo das von ihm genannte Nest lag. Als wir um eine Ecke bogen, sahen wir plötzlich einen Polizisten, der uns entgegenkam. Hallo! Jetzt hieß es, kaltes Blut bewahren. Die kurze Shagpfeife gelassen im Munde haltend und die Hände tief in beiden Taschen vergraben, marschierten wir spuckend und fluchend an ihm vorüber. Der Mann musterte uns mit unheimlichen Blicken, sprach uns glücklicherweise aber nicht an. Das Knattern eines Flugzeugmotors lenkte seine Aufmerksamkeit bald von uns ab. Auch wir sahen jetzt nach oben und gewahrten in einer Höhe von kaum hundert Metern einen großen Zweidecker, der in schnellem Fluge dem Laufe des Trent folgte, an dessen Ufer wir entlang gingen. War das vielleicht ein Verfolger? — —

Links von uns tauchte eine kleine Farm auf. Der Zufall wollte es, daß wir hier einen jungen Burschen wiedersahen, dem wir am Morgen schon einmal begegnet waren, und der mich um eine Zigarette gebeten hatte. Da ich ihm gleich mehrere gegeben, grüßte er jetzt freundlich zu uns hinüber. Das war mein Mann! Geradeswegs ging ich auf ihn zu und fragte, ob er hier wohne. Als er bejahte, forschte ich weiter, ob seine Mutter daheim sei und ob wir für Geld etwas zu essen bekommen könnten.

Sofort lief er ins Haus und kam bald darauf mit der Botschaft zurück, wir möchten hineinkommen. Mein Begleiter stellte sich taubstumm, und ich bat deshalb, allein kommen zu dürfen, während ich gleichzeitig darauf hinwies, daß das Wetter so einladend sei, um im Freien zu picknicken, wofür ich bei dem jungen Burschen auch volles Verständnis fand. Seine Mutter empfing mich mit einem freundlichen „Good afternoon, Sir" und lud mich ein, in der Küche Platz zu nehmen. Und nun begann eine rege Unterhaltung über den Krieg und die „verdammten Deutschen, die nicht klein zu kriegen seien", u. a. m., während die gute Frau uns einen vorzüglichen Tee kochte, von dem ich die ersten Tassen mit Wohlbehagen schlürfte. Dann packte sie mir ein paar kleine Rahmkäse, Butter und Brot in Salatblätter ein und gab mir eine große Flasche warmen Tee in den Arm. Für den ganzen Spaß bezahlte ich einen Schilling, und dann verabschiedete ich mich von den guten Leutchen unter vielen Danksworten, um mit meiner reichen Beute schnurstracks zu Winkelmann zu laufen, der mich schon sehnsüchtig unter einem Baum erwartete. So gierig und so viel auf einmal wie an diesem Abend habe ich nur noch einmal in meinem Leben gegessen. Das war an dem Tage, an dem ich ein Jahr später aus der Gefangenschaft entlassen wurde und zum ersten Mal wieder ein richtiges Essen vorgesetzt bekam, mit Butter, Salz und sonstigen schönen Dingen zubereitet!

Nachdem wir uns reichlich gestärkt hatten, zogen wir weiter. Zuvor holte ich mir aber noch mal den jungen Burschen heran, um ihn auszuhorchen, und erfuhr im Laufe des Gesprächs von ihm, daß nördlich von Nottingham, auf der anderen Seite des Trent, ein großer Flugplatz sei. Das konnte stimmen, denn wir hatten verschiedene Maschinen nach dieser Richtung hin fliegen sehen. „So," sagte ich erstaunt, als er von dem Zweidecker sprach, der vorhin vorbeigekommen war und der nach seinen Angaben in Nottingham stationiert sein sollte, „ich dachte, der sei von dem kleinen Flugplatz da unten an der Bahnlinie?" Dabei wies ich mit der Hand nach der Richtung, aus der wir gekommen waren. „Oh, no, Sir," antwortete der Junge mit fast mitleidigem Lächeln, „der Platz, den Sie meinen, besteht doch schon lange nicht mehr. Der ist doch vor ungefähr sechs Wochen wieder abgebrochen worden!" Um ein Haar wäre mir ein lauter Fluch entfahren. Zum Glück konnte ich mich aber noch rechtzeitig beherrschen, und so verabschiedete ich mich jetzt endgültig unter der Begründung, daß wir noch ein gutes Stück zu wandern hätten.

Ich wußte nun genug. Unser ganzer bisheriger Weg war umsonst gewesen. Die letzte Nachricht über das Vorhandensein des Flugplatzes war vor zirka 8 Wochen ins Lager hineingekommen. Das hatte unbedingt gestimmt. Daß man den Platz

inzwischen wieder abgebrochen hatte, war Pech; namenloses
Pech! Wer hätte das ahnen können! Es hatte keinen Zweck,
lange darüber nachzugrübeln. Zum Glück mußten wir ja jetzt
noch mehr. Also auf nach Nottingham!

Wir studierten die Karte. Ungefähr im Zentrum von
Nottingham führte eine große Brücke über den Trent, der hier
doppelt so breit war als oben bei Donington. Über diese Brücke
wollten wir nach der anderen Seite zum Flugplatz gelangen,
denn an ein Hinüberschwimmen bei Nacht war nicht mehr zu
denken, weil ich wegen meines Rheumatismus die Arme kaum
bis zur Brusthöhe heben konnte. Mit frischem Mut und frischen
Kräften suchten wir uns auf einem nahegelegenen Feld ein
Nachtlager, um bei Morgengrauen in die Stadt zu marschieren.
Wir hatten aber noch keine zwei Stunden geschlafen, als es durch
die dünne Heuschicht, mit der wir uns zugedeckt hatten, zu
träufeln begann. Verflucht! Wir lagen mitten drin im schön=
sten Gewitterregen und hatten infolge unserer Müdigkeit nichts
von dem Unwetter gemerkt, dessen letzten Rest wir jetzt noch
über uns ergehen lassen mußten. Mit Schlafen war's nun leider
vorbei. Überall war's naß und matschig. Wir setzten uns also
wieder in Trab und folgten dem Lichtschein von Nottingham,
der sich am Himmel spiegelte.

Als der Morgen graute, befanden wir uns fast vor den
Toren der Stadt. Auf allen Wegen begegneten wir Arbeitern,
die ihren Fabriken zuströmten. Von rechts kam ein Trupp von
etwa fünfzig Arbeitern und Arbeiterinnen, die auf unseren
Weg abbogen. Denen schlossen wir uns an. Unterwegs trafen
wir verschiedene Polizisten, die uns zum Glück aber nur flüchtig
betrachteten.

Wir passierten die ersten Häuser der Stadt. Wenig ein=
ladend sah es hier aus. Eintönige, kleine, rote Häuser und
viele Fabrikschornsteine. Die Straßen waren nicht sonderlich
gut gepflegt. Vor uns ging ein altes Männchen, das einen Sack
auf den gebückten Schultern trug und ab und zu mit seinem
Stock in den an der Straße liegenden Abfällen herumstocherte.

Zuweilen hob der Mann etwas auf und steckte es in seinen Sack. Daher kam es, daß er bald vor, bald hinter uns war, denn wir blieben von Zeit zu Zeit stehen, um uns zu orientieren und die Plakatmauern anzusehen. An einer Straßenecke leuchtete uns ein riesiges Plakat entgegen, darauf stand mit großen Lettern geschrieben:

Attention!

German officers escaped from Donington Hall on Saturday evening.

Their names and description are:

Karl Spindler. — German naval officer, aged 30, complexion fresh, hair dark, eyes blue, stout build, height 5ft. 11in., clean shaven, speaks good English, dress probably civilian.

Max Ernest Winkelmann. — German naval officer, aged 23, complexion fair, hair dark brown, eyes brown, slim build, height 5ft. 10in., clean shaven, speaks little English, dress probably civilian, jawbones have been broken by bullet.

Arped Horn. — Austrian military officer, aged 28, complexion fair, hair, dark, eyes dark brown, stout build, height 5ft. 6½in., short stubby moustache, dress probably civilian, mole on face.

Übersetzung:

Achtung!

Deutsche Offiziere aus Donington Hall am Sonnabend abend entflohen.

Namen und Beschreibung:

Karl Spindler — deutscher Marineoffizier, 30 Jahre alt, frisches Aussehen, dunkle Haare, blaue Augen, stark gebaut, 5 Fuß 11 Zoll groß, glattrasiert, spricht gut Englisch; Kleidung: wahrscheinlich Zivil.

Max Ernst Winkelmann — deutscher Marinoffizier, 23 Jahre alt, frisches Aussehen, dunkelblonde Haare, braune Augen, hagere Statur, 5 Fuß 10 Zoll groß, glattrasiert, spricht etwas Englisch; Kleidung wahrscheinlich Zivil; Kinnbacken durch Geschoß gebrochen.

Arpad Horn — österreichischer Armeeoffizier, 28 Jahre alt, frisches Aussehen, dunkle Haare, dunkelbraune Augen, stark gebaut, 5 Fuß 6½ Zoll groß, kurz gestutzter Schnurrbart; Kleidung: wahrscheinlich Zivil; Mal im Gesicht.

Nun ja, etwas Ähnliches hatten wir ja eigentlich erwartet. Wir waren darum durchaus nicht sehr verwundert, unseren Steckbrief hier an den Mauern zu lesen. Was uns jedoch sehr verwunderte, war, daß man uns hier noch einen Begleiter andichtete. Was konnte das nur für eine Bewandtnis haben? Ich wußte, daß mein Freund Arpad Horn, seines Zeichens k. u. k. österreichisch-ungarischer Honved-Husarenleutnant und gleichzeitig Direktor unserer Offiziers-Musikkapelle, sich mit Fluchtgedanken trug Wie und wann aber war er herausgekommen? Auf dem Steckbrief stand: „Samstagabend". Sollte unsere Flucht so lange verborgen geblieben sein? Wir standen vor einem Rätsel. Immerhin war es günstig, daß der Steckbrief auf 3 Personen lautete. Wenn wir also zu zweien gingen, glaubten wir weniger Verdacht zu erregen.

Der Elektrischen folgend, gelangten wir immer mehr ins Innere der Stadt. Die Uhr ging auf sieben zu. In den Straßen wurde es lebendig. Immer mehr tauchten wir im Menschenstrom unter. Als die ersten Läden geöffnet wurden, kaufte ich mir ein paar Zigaretten. In dem Laden erkundigte ich mich, wie weit es noch bis zur Brücke sei und erfuhr, daß wir nur noch zwei bis drei Minuten bis dorthin zu gehen hatten. Wir beeilten uns, um möglichst schnell auf die andere Seite des Trent zu kommen. Nach wenigen Schritten sahen wir die große Brücke vor uns liegen. Sie war fast menschenleer. Am Eingang, der durch einen Schlagbaum abgesperrt war, stand links ein Zahlhäuschen, das man durch ein Drehgitter passieren mußte. Mehrere Brückenwärter standen dort und daneben zwei Polizisten. Wer konnte wissen, ob sie nicht unseretwegen dort Posten gefaßt hatten? Jedenfalls schien es uns unter diesen Umständen nicht ratsam, die Brücke zu betreten. Im Weiterschreiten beratschlagten wir, daß es besser sei, den großen Geschäftsstrom, der gegen 8 Uhr einsetzen mußte, abzuwarten. Man konnte darin unauffälliger verschwinden. Wir gingen darum in eine nahegelegene Allee und setzten uns dort auf eine Bank.

Es war ein herrlicher, taufrischer Morgen. Ich muß sagen, daß diese Allee mit ihrem saftig=grünen Wiesenteppich und den lustig zwitschernden Vögeln in den Bäumen mir das einzige Sympathische war, was ich bis jetzt von Nottingham gesehen hatte. Meine Sympathie sollte aber nicht von langer Dauer sein.

Wir mochten vielleicht zehn Minuten gesessen haben, ohne daß sich ein menschliches Wesen in der Allee gezeigt hätte, als rechts von uns ein Schutzmann um eine Straßenecke bog, der an jeder Seite zwei zerlumpt aussehende Kerle führte. Es sah so aus, als ob er sie alle vier gefesselt hätte. Ich hatte ein Notizbuch herausgezogen und rechnete meinem Begleiter einige Zahlen vor, um den Anschein zu erwecken, als gingen uns die fünf Leute nicht das mindeste an. Sie schienen auch von uns keinerlei Notiz zu nehmen. Schon glaubten wir, daß sie vor= übergehen würden. Da geschah etwas ganz Unerwartetes. In dem Augenblick, als die Gesellschaft querab von uns war, machte sie plötzlich „Links schwenkt marsch!", stürzte auf uns zu und — hatte uns von allen Seiten gepackt. Das alles ging so schnell, daß ein Entfliehen ausgeschlossen war. Es wäre auch sinnlos gewesen. Das Beste an der Sache aber war, daß wir in einem der vermeintlichen Verbrecher jetzt unser altes Männchen wie= dererkannten, das wir ein paar Stunden zuvor noch so bedauert hatten.

Im Nu war mir die Situation klar. Wir waren von Detektivs beobachtet und in eine Falle gelockt worden. Bevor ich dem Polizisten auf seine barschen Fragen Antwort gab, ersuchte ich ihn höflich, uns loszulassen. Ich sei zu einer Antwort bereit, jedoch nur, wenn er mich nicht anfaßte. Das half augenblicklich. Nun fragte er mich, was und wer wir seien, wohin wir wollten u. a. m. Ich erzählte ihm, daß wir Grieve und Kendall hießen, Mechaniker seien und nach der anderen Trentseite zur Arbeit wollten. Wo wir wohnten, fragte er dann. Ich nannte den Namen irgendeiner kleinen Ortschaft, die in der Nähe lag. Ich fühlte, daß das Spiel leider verloren war, wollte aber den Kerl erst noch ein wenig zappeln lassen. Der Polizist jedoch ließ sich nicht beirren, sondern legte mir seine große Pranke auf die Schulter und sagte mit der selbstverständlichsten Miene von der Welt: "No, Sir! You are Lieutenant Spindler, and your friend is Winkelmann from Donington Hall, aren't you?" (Nein, mein Herr, Sie sind Leutnant Spindler, und Ihr Freund ist Winkelmann aus Donington Hall, nicht wahr?) Worauf ich mit derselben Selbstverständlichkeit, die die Kerle scheinbar verblüffte, antwortete: "Yes, Sir, right you are! I congratulate you." (Ja, mein Herr, Sie haben recht! Ich gratuliere Ihnen.) Der Mann fand diesen Ton so lustig und beruhigend zugleich, daß er uns von jetzt ab mit ausgesuchter Höflichkeit behandelte und uns ersuchte, ihm zu folgen. Es half nichts. Wir waren wieder gefangen, unser schöner Plan zunichte! So dicht vor der Erfüllung. Wir konnten beide einen lauten Fluch nicht unterdrücken.

XXIV.

Vor dem Prisengericht.

Ich war mir von Anfang an darüber klar und hatte das auch schon vor Antritt der Flucht mit Winkelmann besprochen, daß es keinen Zweck hatte, zu leugnen, falls uns ein Polizist festnehmen sollte. War es erst so weit gekommen, dann war alles Ausreden zwecklos, denn ohne Ausweispapiere wurde man nicht wieder losgelassen. Und es bedurfte nur eines telephonischen Anrufs nach Donington Hall, um einen der englischen Offiziere kommen zu lassen, der unsere Identität feststellte.

Der Weg zur Wache war nicht weit. Kaum hundert Schritte von unserer Bank, unter Bäumen versteckt, so daß wir sie von der Bank aus nicht hatten sehen können, lag die nächste Polizeiwache. In der Tat ein merkwürdiger Zufall! —

Was nun folgte, läßt sich mit wenigen Worten erzählen. Auf der Wache mußten wir uns ausziehen und alle unsere Sachen, die wir in den Taschen hatten, abgeben. Nur ein Taschentuch wurde uns belassen. Als der Kommissar unsere Fliegerausrüstung gewahrte, nickte er beifällig und sagte: „Das hatten wir erwartet! Die Flugplätze waren bereits alarmiert!" — Auf meine Einwendung, daß dazu doch eigentlich kein Grund vorlag, weil doch kein Mensch auf den Gedanken kommen würde, ein Flugzeug zu stehlen, bemerkte er lächelnd: „Ja, da haben Sie wohl recht. Aber in Donington Hall scheint man von dem Casement=Captain eben nur das Un=

möglichste erwartet zu haben!" Das war sehr schmeichelhaft für mich, leider aber ein recht schwacher Trost in diesem Augenblick.

Nach kurzer Zeit wurden wir in einen „Grünen Aujust" verladen, der uns fast drei Viertelstunden lang durch die Stadt fuhr. Unterwegs wurde an verschiedenen Polizeiwachen haltgemacht. Wir bekamen Zuwachs. Es waren lauter englische Soldaten in Uniform. Ihre erste Frage beim Betreten des Wagens war: „Are you absentees?" (Seid ihr Deserteure?) Das Desertieren schien hier selbstverständlich zu sein. Der Polizist, der bei uns saß, versicherte mir, daß sie jeden Morgen 20—25 solcher Leute allein in Nottingham auffischten. Das war für uns ja sehr erfreulich zu hören.

Vor dem Polizeipräsidium hielt der Wagen an. Wir mußten aussteigen und wurden ins Stadtgefängnis gebracht. Nicht nur die Zellen, sondern auch die einzelnen Gänge waren mit starken Eisenstäben vergittert. Ein paar Detektivs stürzten sich auf uns und versuchten mit allerlei gemeinen Redensarten ihren Deutschenhaß an uns auszulassen. Wir hatten für diese erbärmlichen Menschen nur ein mitleidiges Lächeln übrig. Dann kam der Polizeipräsident selbst, ein sehr liebenswürdiger, feiner alter Herr. Er hielt mit seiner Anerkennung für unsere „smart" angelegte Flucht nicht zurück und fragte, ob wir irgendwelche Wünsche hätten. Ich bat ihn, uns von dem uns abgenommenen Gelde ein warmes Frühstück und einige Zigaretten besorgen zu lassen, was er auch sofort bewilligte. Meine Beschwerde über das Benehmen der Detektivs war ihm sichtlich peinlich, und er versprach mir sofortige Abhilfe und Bestrafung der Schuldigen. Die Detektivs wurden auf sein Zimmer befohlen und bekamen dort eine recht kalte Abreibung. In scheuem Bogen gingen sie von jetzt ab um uns herum. Kurze Zeit später wurden wir zur Guild Hall gebracht. Es handelte sich lediglich um die Erledigung einer Formalität. Wir mußten neben Männern und Frauen, die des Diebstahls und anderer Verbrechen bezichtigt waren, auf der Anklagebank Platz nehmen. Auf einem Podium vor uns saßen der Magistrat und einige Richter, davor Journalisten, Poli=

zisten und Detektivs. Die Zuschauertribüne zu beiden Seiten war voll besetzt. Es hatte sich scheinbar schon herumgesprochen, daß die beiden Hun-Officers wieder gefangen waren.

Nachdem eine Anzahl kleinerer Verbrechen auf der Stelle abgeurteilt war, kamen wir an die Reihe. Eine allgemeine Bewegung ging durch den großen Saal. Nur ein paar Fragen brauchten wir zu beantworten. Der Bürgermeister wollte nicht glauben, daß wir schon am Donnerstag aus dem Lager verschwunden waren, da die Kommandantur Donington Hall sich darauf versteifte, wir seien erst Sonnabendnacht ausgerissen. Der Grund für diese Angabe war naheliegend genug. Die Folge davon war denn auch, daß sich das englische Parlament später mehr als acht Tage lang mit dieser Frage beschäftigte und Aufklärung verlangte, wie es kam, daß trotz der starken Bewachung und trotz des elektrisch geladenen Stacheldrahtes (die Leitung funktionierte schon lange nicht mehr!) zwei deutsche Offiziere ausbrechn konnten, und daß dies erst drei Tage später bemerkt wurde. Alle Fragen beantwortete ich ohne Zögern. Nur vermied ich jetzt und auch für die Folge, zu sagen, auf welche Weise wir herausgekommen waren. Das war und blieb den Engländern für immer ein geheimnisvolles Rätsel, und wir hatten unseren Spaß daran. — Gegen Abend wurden wir von einer 12 Mann starken Eskorte abgeholt. Es waren unsere alten Lagerbekannten. Sie waren sehr aufgeräumt und erzählten uns viel von dem Eindruck, den unsere Flucht im Lager gemacht hatte. Auch ihnen war unser Verschwinden rätselhaft. Wir erfuhren jetzt auch Näheres über die Entdeckung. Nachdem am Tage nach unserer Flucht noch nichts bemerkt war, hatte unser Freund Horn sich schnell entschlossen, auf demselben Wege das Lager zu verlassen, was ihm auch mit Hilfe der braven Walzmänner prächtig gelungen war. Und als am Tage darauf immer noch nichts bemerkt war, wurde des Abends wiederum gewalzt, und wieder verschwand einer im Loch. Dieses Mal war es mein Barackenkamerad Henrard. Leider blieb er im Stacheldraht hängen und wurde entdeckt. Darauf kam die ganze Geschichte ans Licht, sonst wäre unsere Flucht vielleicht noch acht Tage lang unbemerkt geblieben, und der Flug von Nottingham wäre uns am Ende geglückt. Summa summarum: Ein scheußliches Pech für alle Beteiligten! Donington Hall hatte sofort das ganze Land alarmiert, vor allem die Bahn- und Flugstationen. Polizisten, Soldaten zu Fuß, zu Rad und zu Pferde, Flieger und Detektivs waren auf die Beine gebracht worden. In Nottingham wurden die Hauptzugänge zur Stadt mit Polizisten und Detektivs besetzt, von denen einer uns dann nachher entdeckte. Auf meine Frage, woran der Detektiv uns denn erkannt hätte, erfuhr ich zu meinem nicht geringen Erstaunen, daß er uns eine beträchtliche Zeit lang gefolgt sei, ohne jedoch eine Identität zwischen uns und den Steckbriefangaben feststellen zu können. Da habe er auf einmal bemerkt, daß wir, wenn wir hier und da aus dem Tritt kamen, ganz mechanisch wieder in gleichen Tritt zu kommen versuchten. Und da habe er sich gesagt: Das müssen unbedingt ein paar deutsche Offiziere sein. Zu dumm!

Interessant war die Nottinghamer Zeitung, die wir jetzt zu sehen bekamen. Sie lieferte wieder einmal den Beweis, welch große Bedeutung die Engländer der Flucht deutscher Offiziere beimaßen. Eine kleine Notiz besagte, daß der Reichskanzler von Bethmann Hollweg abgegangen war, dagegen stand in Riesenlettern über die ganze Breite des Blattes geschrieben: „Two German officers from Donington recaptured!" (Zwei deutsche Offiziere von Donington wieder gefangen.) Und dann folgten spaltenlange märchenhafte Erzählungen über unsere Flucht, die größtenteils auf Erfindung beruhten.

Im Lager wurden wir mit großem Hallo empfangen. Das gesamte englische Offizierkorps und alle Wachmannschaften standen zum Empfang klar. Nirgends jedoch sah ich böse Gesichter. Im Gegenteil. Der stellvertretende Kommandant, Major Cooke, den ich wegen seines taktvollen Auftretens sehr schätzen gelernt und der auch mit seiner Sympathie für mich nie zurückgehalten hatte, versicherte mir ein ums andere Mal, daß er und seine Kameraden es trotz der Unannehmlichkeiten, die wir ihnen bereitet hätten, aufrichtig bedauerten, daß wir nicht weitergekommen seien. Wir hätten die Geschichte so außerordentlich „smart" angelegt, daß wir das verdient gehabt hätten. Das war anständig. Das ganze Lager war auf den Beinen, als wir durchs Tor geführt wurden. Unser Aussehen gab natürlich Anlaß zu größter Heiterkeit. Ein englischer Offizier versicherte mir, ein Kostüm wie das unserige trüge der Engländer eigentlich nur auf der Bühne! Er könne nicht begreifen, wie wir damit ungeschoren über Land gekommen seien. Mag sein, daß er recht hatte. Wir wurden in eine Arrestzelle, die ehemals Pferdestall war, gebracht und saßen dann dort drei Wochen lang, um auf die kriegsgerichtliche Aburteilung zu warten. Henrard saß schon in der Nebenzelle. Drei Tage später wurde Arpad Horn eingeliefert. Man hatte ihn in London erwischt, als er ein Theater betreten wollte, da er erst am nächsten Tage eine Fahrgelegenheit bekommen konnte.

So waren wir also alle wieder beisammen. Leider! Es war ein Jammer um den schönen Plan.

Sechs Monate Gefängnis standen uns in Aussicht. Ich durfte vielleicht noch mehr erwarten, weil man bei mir die große Karte gefunden hatte, auf der insbesondere alle Flugplätze und an der Küste die Feuerschiffe und Signalstationen eingezeichnet waren, soweit wir die Angaben darüber zusammenbekommen konnten. In Nottingham war mir schon bedeutet worden, daß mir das teuer zu stehen kommen würde, weil ich auf Grund dieser Karte spionageverdächtig sei.

Na, so weit kam es nun glücklich nicht. Wir hatten vielmehr ein unerhörtes Glück. Während wir in der Haft saßen, fand im Haag eine Konferenz zwischen deutschen und englischen Vertretern statt, auf der ein Abkommen geschlossen wurde, welches u. a. bestimmte, daß Fluchtversuche von jetzt ab mit höchstens 14 Tagen Arrest bestraft werden durften. Wir fielen darum fast aus allen Wolken, als uns zirka drei Wochen später plötzlich die Tore geöffnet und erklärt wurde, daß wir aus der Haft entlassen seien! —

Aus Furcht, daß wir die Hausgelegenheit zu gut kannten, ließ man uns aber nicht lange mehr hier, sondern brachte uns am nächsten Tage in ein anderes Lager, nach Holyport. Groß war meine Freude, als ich dort einen alten Bekannten, den Oberleutnant z. S. Gebeschus, wiedersah, der als Repressalie drei sehr schwere Monate in einem englischen Zuchthaus hatte verbringen müssen. Gebeschus kannte bereits das Holyporter Gelände, und so entwarfen wir schon bald einen Fluchtplan, um zusammen mit noch drei Freunden (Major Koch, Leutnants Dehning und Schnicke) dieses ungastliche Land zu verlassen. Leider hatten wir die Rechnung ohne den Wirt gemacht. Der Kommandant von Holyport hatte scheinbar keine Lust, durch einen eventuellen neuen Streich meinerseits seine Stellung zu verlieren, und so benutzte er die erste beste Gelegenheit, um mich „schweren Jungen", der ich seiner Ansicht nach war, wieder abzuschieben. Kurze Zeit später wechselte ich also wieder mein Domizil und kam mit Gebeschus leider gerade einen Tag zu spät nach Kegworth, um noch an der Flucht der dreiundzwanzig Offiziere teilnehmen zu können, die unter Anführung des Kommandanten der „Emden", Fregattenkapitäns von Müller, durch einen unter vielen Mühen gegrabenen, vierzig Meter langen Tunnel entkommen, nach einigen Tagen leider aber wieder gefangen worden waren.

Der Hauptkommandant von Kegworth, Oberstleutnant Picot, ein alter Kolonialsoldat, war zufälligerweise derselbe wie in Donington Hall, das nur eine Stunde entfernt lag. Er war ein furchtbares Rauhbein, im Grunde aber doch kein übler Mensch, mit dem man gut auskommen konnte, wenn man ihn zu nehmen wußte. Nur mit der größten Dreistigkeit konnte man ihm imponieren. Er war von meiner Ankunft nicht sonderlich erbaut, was ich ihm durchaus nicht übelnahm. Als er mich beim Abschreiten der Front zum erstenmal wieder in der Reihe seiner Schäflein sah, knurrte er grimmig vor sich hin: „Ich wünschte, ich hätte Sie nie in meinem Leben gesehen!", worauf ich ihm gelassen antwortete: „Ich auch!" Er fand das so selbstverständ=

lich, daß er selbst darüber lachen mußte. Stets und ständig habe ich seine gelegentlichen Ruppigkeiten mit gleicher Münze beantwortet, und ich muß sagen, daß ich darum einer der wenigen war, die mit diesem eigenartigen Mann ganz vortrefflich auskamen — trotz aller Sträuße, die wir miteinander hatten.

So gingen wieder einige Monate ins Land, während welcher ich natürlich nicht untätig blieb. Dehning und Schnicke waren inzwischen nachgekommen. Mit diesen beiden und den Leutnants z. S. Luchterhand, Becker und Sörensen gingen wir sofort wieder an die Arbeit. Es zeigte sich aber bald, daß in Kegworth noch schlechtere Gelegenheit zum Auskneifen bestand als in Donington, besonders nachdem die letzte große Flucht stattgefunden hatte. Zwischendurch ließ ich auch hier wieder einen kleinen Regen von Beschwerdeschreiben an den Kommandanten los zur Weitergabe an das Kriegsministerium und die Admiralität in London. Das hatte zur Folge, daß ich endlich, im November, eine Aufforderung erhielt, Mitte des Monats vor dem Prisengericht zu erscheinen. Gottlob, nun konnte ich vielleicht doch noch meinen Fluchtplan verwirklichen. Dieses Mal allerdings allein. Auf diese Gelegenheit hatte ich lange genug gewartet und war darum bis ins kleinste auf alles vorbereitet. Leider aber die Engländer auch, wie ich bei der Abfahrt bemerken mußte. Statt des einen Offiziers, der mich damals begleitete, wurde ich vom Bahnhof mit drei Offizieren und vier Soldaten mit aufgepflanztem Bajonett abgeholt! Darauf hatte ich allerdings nicht gerechnet. Das Ding sah ja höchst verdächtig aus. Es kam aber noch besser. Anstatt zum Prisengericht, wo ich als Zeuge auftreten sollte, wurde ich ohne jeden Grund in das Militärpolizeigefängnis Cromwell Gardens gebracht, wo ich Gelegenheit bekam, fast zwei Wochen lang über mein Los nachzudenken, ohne auf meine Fragen und Beschwerden, warum und wie lange ich hier sitzen sollte, überhaupt eine Antwort zu erhalten. Ich dachte nicht anders, als daß man mir nachträglich den Prozeß machen wollte wegen meiner „Aud"=Expedition.

Diese 14 Tage in der zwerghaften, schmutzigen und eisig=

kalten Zelle von Cromwell Gardens und die allem Anstand hohn=
sprechende Behandlung seitens der dortigen „Offiziere", die sich
nicht entblödeten, mich Wehrlosen und durch die schlechte Kost
und Unterbringung körperlich Geschwächten in der ordinärsten
Weise zu beleidigen und sogar zu stoßen und zu bedrohen, sind
für mich fast noch schlimmer gewesen als die ersten Tage der
Gefangenschaft in Queenstown und Chatham. Die Zelle lag im
vierten Stock des Gebäudes. Ich konnte von dort auf die benach=
barten Häuser und Kirchen sehen und gewahrte auf diese Weise,
daß ich mich im Viertel von South Kensington befand, auf das in
letzter Zeit dauernd Angriffe unserer Bombenflieger stattfanden.
Sehr interessant, dachte ich mir, aber vielleicht auch sehr unan=
genehm. Am Ende saß ich hier als Repressalie und zum Schutz
gegen weitere Angriffe! Nach einigen Tagen wurde ich abgeholt
und per Frachtauto zum Prisengericht gefahren. Bei dieser
Gelegenheit sah ich auch meine beiden Steuerleute zum ersten
Male wieder, die man ebenfalls eingesperrt hatte. Leider konnte
ich nur flüchtig ein paar Worte mit ihnen sprechen.

Das Prisengericht unter dem Vorsitz des inzwischen ver=
storbenen Deutschenfressers Sir Samuel Evans und unter Mit=
wirkung des Attorney-Generals Sir Frederik Smith, der s. Zt.
die Anklage im Casementprozeß führte, war nur eine Farce. Als
ich im Saal erschien und zwischen zwei aufgepflanzten Bajonetten
Platz nahm, war die Verhandlung schon beinahe zu Ende. Sir
Frederik Smith hatte gerade eine längere Rede beendet und
setzte sich wohlgefällig nieder, indem er abwechselnd nach mir und
nach dem Zopf seiner Richterperücke schielte, die seinem erhitzten
Kopfe unbehaglich zu sein schien. Richter, Dolmetscher, Journa=
listen und Zuschauer rückten auf ihren Sitzen hin und her und
reckten die Hälse, um meine Wenigkeit einer näheren Betrachtung
zu unterziehen. Dann mußte ich die Zeugenbank betreten und
durfte dort einige Aussagen machen, wobei es zu einem erregten
Wortwechsel zwischen Sir Evans und Smith einerseits und mir
andererseits kam, weil ich sowohl gegen meine bisherige Behand=
lung wie gegen die m. E. unzulässige Fragestellung protestierte.

Kurze Zeit später saß ich schon wieder im Auto auf dem Wege zum Gefängnis, mit dem Bewußtsein, nichts erreicht zu haben.

Meine Verpflegung bestand aus ein paar Brotscheiben morgens und abends nebst etwas Teewasser und aus einer wässerigen Fettbrühe mit abwechselnd faulen Heringen oder zwei Kartoffeln. Die Heringe schmiß ich vor die Tür. Zum Essen ein schmutziger, henkelloser Napf und zum Schlafen ein zerrissener schmutziger Strohsack, an dem noch alte Blutflecken klebten. Das war der ganze „Luxus", den man mir gestattete. Nicht einmal ein Handtuch gab's. Frische Luft bekam ich nur durch die zugigen Ritzen meines Fensters. Leider viel zu viel, denn es war bitterkalt in diesen Novembertagen.

An dem Benehmen der Wachen merkte ich, daß irgend etwas Besonderes los sein mußte. Erst später erfuhr ich, daß ich während dieser Zeit Gegenstand lebhafter Erörterung in Parlament und Presse gewesen war. Aber nicht nur wegen der „Libau"-Angelegenheit. Ein Mitglied des Parlaments hatte angefragt, wie es möglich sei, daß ein Hunnenoffizier in einem englischen Speisewagen in Begleitung eines englischen Offiziers frühstückte und sich dabei von einem englischen Steward bedienen lassen konnte! Es handelte sich um meine Fahrt zum Prisengericht, alias Gefängnis, wo mir der Begleitoffizier eine kleine Erfrischung angeboten hatte. In diesen gerade für England so sehr ernsten Kriegstagen hatte das englische Parlament also Zeit gefunden, sich mit einer solchen Lächerlichkeit beinahe acht Tage lang abzugeben! So prangte ich also wieder mal in Wort und Bild in allen Hetzblättern mit der Überschrift „Der Hunnenoffizier aus dem Speisewagen" oder „Casements Spießgeselle" und ähnlichen liebevollen Bezeichnungen.

Zum Glück fand ich in dieser zunehmend unerträglichen Situation an einem der folgenden Tage eine mitfühlende Seele — einen irischen Soldaten von der Wache — und außerdem noch eine Anzahl deutscher Seeleute, die, wie ich mittels stundenlanger Morsesignale durch Klopfen an die Wand und gegen die Decke festgestellt hatte, ebenfalls hier gefangengehalten wurden. Nach und nach bekam ich heraus, daß sie von verschiedenen kurz zuvor vernichteten U=Booten stammten. Den armen Kerlen ging es außerordentlich schlecht. Darum kam mir die Bekanntschaft mit dem Irländer sehr zu statten, denn nun konnte ich ihnen und auch mir selbst Eßwaren und Zigaretten beschaffen, die unsere ermatteten und verzweifelten Lebensgeister wieder etwas auffrischten.

Der Ire war wirklich ein treuer Kerl, wie sich bald herausstellte, und darum faßte ich Mut und bat ihn, mir gegen Einlösung einiger kleiner Wertgegenstände, die ich noch besaß, Geld zu beschaffen. Das tat er denn auch und brachte mir außerdem auch noch einen Geldbetrag, den einer meiner Steuerleute ihm auf seine Frage mitgegeben hatte. Man hatte ihnen also scheinbar ihr Eigentum belassen. Ich war nun glücklicher Besitzer von einigen Pfund Sterling. Nun fehlte mir noch ein Zivilanzug und der Mann, der mir die Zelle öffnete, dann konnte die Flucht vonstatten gehen. Auch hierzu erklärte sich mein irischer Freund nach anfänglichem Zögern bereit. Am übernächsten Abend sollte er wieder Wache haben. Dann versprach er mir, das notwendige Zivilkostüm mitzubringen und mir zur Flucht zu verhelfen. Er erklärte mir auch, wie er es anstellen wollte, um selbst dabei nicht erwischt zu werden. Der Plan hatte wirklich gute Aussichten. Wie ein Kind auf den Weihnachtsmann, so freute ich mich auf den übernächsten Abend. Herrgott, wenn das gelänge!

Das Schicksal wollte es leider auch hier wieder anders. Am folgenden Morgen erschien eine Patrouille in meiner Zelle und holte mich ab zur Fahrt nach — ja, das wüßten sie selbst nicht. Oder wollten es nicht sagen. Spät abends langte ich im Lager wieder an. Die Banknoten hatte ich teils mit Kautschukheftpflaster unter die nackten Fußsohlen geklebt, teils zu einer dünnen kleinen Rolle verarbeitet, die ich schmutzig machte und unter meinem glattgekämmten Haar verbarg. Das Mittel hatte ich schon oft erprobt. Und es half mir auch hier wieder. Auf Grund zweijähriger Gefangenenpraxis kannte ich meine Pappenheimer.

Im Lager angekommen, brachte man mich in die Kom=

mandantur, wo der ganze englische Stab versammelt war. Dort mußte ich mich ausziehen und von allen Seiten befühlen lassen. Da ich zu diesem Zweck auf meinen Füßen stehen mußte, kam keiner der Umstehenden auf den Gedanken, daß gerade dort mein geheimer Schatz verborgen war. Mit dem Gefühl, vorläufig wieder in Sicherheit zu sein, überkam mich wieder der alte Übermut. Ich wollte die Engländer ein bißchen foppen und legte deshalb einige kleine Silber- und Kupferstücke auf den Tisch, um ihnen zu zeigen, daß ich mir im Gefängnis Geld verschafft hatte, denn sie wußten, daß ich ohne Geld in die Zelle gekommen war. — Allgemeine Sprachlosigkeit. Alle sperrten vor Erstaunen Mund und Augen auf. Als erster fand der Kommandant die Sprache wieder. "Haben Sie noch mehr Geld?" fragte er mich. Mit dem unverschämtesten Lächeln, das mir möglich war, antwortete ich laut und vernehmlich: "Ja." — "Wieviel?" fragte er hastig. "Mehrere Pfund." — "Wo haben Sie dieses Geld?" forschte er weiter. "Das müssen Sie selbst ausfindig machen", antwortete ich gelassen. — "Ich kann Sie zwingen, es mir zu sagen." — "Das werden Sie nicht tun", entgegnete ich mit einer abwehrenden Bewegung. "Erstens haben Sie kein Recht dazu, und zweitens werden Sie auch dann nichts finden."

Einen Augenblick lang wußte der Engländer nicht, was er dazu sagen sollte. Er zuckte die Achseln und sah mit einem fragenden Blick zu seinen Offizieren hinüber, die über meine Dreistigkeit scheinbar weniger erstaunt waren als ihr Vorgesetzter, weil sie ähnliche Szenen mit mir schon früher erlebt hatten.

Nach einer Weile gab der Kommandant mir Befehl, mich wieder anzuziehen. Ich war entlassen. Das war anständig! Wenige Minuten später war mein Geld bei einem Kameraden untergebracht, und ich stand wieder mitten unter Freunden, denen ich stundenlang über meine Erlebnisse erzählen mußte.

Die vierzehntägige menschenunwürdige Haft hatte mich jedoch so sehr angegriffen, daß ich am nächsten Tage zusammenbrach und mehrere Wochen mit hohem Fieber und einem scheußlichen Hautausschlag, der von dem schmutzigen Strohsack herrührte, zu Bett liegen mußte.

* * *

Die vielen Aufregungen und Anstrengungen der letzten Monate, nicht zuletzt die immer unzureichender und schlechter werdende Kost, bewirkten allmählich, daß ich mich den Anstrengungen einer neuen Flucht nicht mehr gewachsen fühlte. Glücklicherweise hatte ich auch nicht lange mehr nötig, mir mit weiteren Fluchtgedanken den Kopf zu zerbrechen. Auf Grund des Haager Abkommens wurde ich endlich am 22. April desselben Jahres, also nach genau zweijähriger Gefangenschaft, nach Holland ausgetauscht, wo ich zu meiner großen Freude einige meiner Leute wiedersah, die bereits dort waren. Der weitaus größere Teil meiner Besatzung mußte leider noch längere Zeit auf die Befreiung warten, da der Gefangenenaustausch zeitweilig sehr langsam vonstatten ging.